복지국가의 이해 : 발달과 전환

복지국가의 이해 : 발달과 전환

이명현

KNOWLEDGE COMMUNITY 공동체

머리말

복지국가를 연구하다 보면 발전론에서 출발하여 위기론을 다루게 되고 이어서 재편에 대한 논의에 접근하게 된다. 본 연구자도 대학원 공부를 시작할 때부터 사회복지제도와 정책에 관심을 두고 거시적인 사회복지의 모습이 궁금해지면서 자연스레 복지국가에 눈을 돌리게 되었다. 이후 복지국가 연구의 동향을 접하면서 성숙된 복지국가 이후의 방향 전환에 관심을 두게 되었다. 복지국가의 제도는 현존하고 있다. 하지만 시각에 따라서는 복지국가의 시대는 끝났으며 너무 변하였다는 비난을 가할 수도 있을 것이다. 자유와 평등을 실현하려는 열정과 이념은 흐려지고 오히려 자유경쟁을 실현하려는 방향으로 관심을 돌리려는 게 아니냐고 손가락질할 수도 있겠다. 아마 초창기 복지국가의 모습과는 달리 복지국가의 스펙트럼이 너무 다양하게 펼쳐지고 그 앞에 처음 보는 너무 많은 장애물이 등장했기 때문일 것이다.

복지국가는 20세기라는 특수한 역사적 맥락 속에서 탄생하여 발전한 정치경제 시스템이라 할 수 있다. 복지의 생산을 위해서는 경제를 제외하고 논의할 수 없으며 또한 재분배하는 국가의 역할은 정치과정 없이는 불가능하다. 그런데 21세기 오늘날 복지국가를 낳은 역사적 조건은 달라졌으며 그때의 이념을 유지하기가 어려워졌다. 역사적으로 고유한 복지국가의 의미와 의의가 흐릿해지고 역사적 사명을 새롭게 확인해야 할 상황이라 할 수 있다.

인간의 안전보장에 있어서 사회보장이나 복지서비스의 중요성을 평가 절하할 수 없다. 예상하지 못한 재난적 사태와 지역소멸을 걱정하는 시대에 지속 가능한 제도를 설계하는 것은 긴급한 최우선 과제라 할 것이다. 그러나 복지국가는 단순히 사회보장이나 복지정책의 조합을 뜻하는 것은 아니다. 만일 그렇다면 복지국가라는 의미는 기능적인 수사어에 지나지 않고 복지국가 연구는 사회복지정책이나 사회보장 비교연구와 다르지 않을 것이다. 복지국가는 자본주의 경제와 민주

|머|리|말|

주의 정치의 역동적인 결합으로 탄생한 20세기 정치경제 체제라고 표현하고 싶다. 그것은 20세기라는 역사적으로 특정한 단계에서 선진 경제를 표방한 국가에 공통적으로 나타나는 현상이라 할 수 있다. 그렇다면 복지국가를 각 국가의 고유한 맥락과 거리를 두고 하나의 이념형으로서 구성하여 이해할 수 있을 것이다.

복지국가는 몇 가지 하위범주로 구분하여 이해할 수도 있겠다. 이 경우 구분하는 기준으로 빠짐없이 등장하는 것이 에스핑 안데르센의 유형이다. 따라서 우선 복지국가의 역사를 따라가면서 복지국가 체제가 몇 가지 유형으로 정착하게 되는 과정을 살펴보는 것이 복지국가라는 거대한 정치경제 체제의 구성을 이해하는 데 도움이 될 것이다. 복지국가는 단일한 이념형으로 완성된 것이 아니다. 이념에 따라 그 제도적 다양성을 유지하면서 오히려 오늘날 복지국가에 대한 합의를 이루었던 좌우의 대립축은 희미해지고 애매해지는 것 같다. 복지국가에서 누구와 무엇을 위해 연대하고 승인할 것인가와 같은 사회적 연대와 복지문화에 대한 정치가 새로운 대립축을 이루게 된 것 같다. 이는 세계주의와 민족주의의 대립이며 국민국가를 부정하는 것이 아니라 국민국가로서 복지국가의 정체성을 유지하면서 다중적인 세계화된 시민으로서 복지국가에서 살아가려는 정체성에 대한 전환이라고 생각된다. 국내외적으로 자유경쟁이 부각되면서 복지국가는 국내뿐만 아니라 세계적 규모로 격차와 배제의 확대를 새로운 도전으로 보고 정책적 대응에 고심하고 있다. 자유지상주의적 복지로의 회귀부터 급기야 근대적 노동관으로부터의 해방을 꿈꾸는 기본소득 아이디어까지 채택하고 있다. 이는 권리로서의 복지가 저물고 신자유주의적 합의가 형성되어 노동연계 복지가 강화되는 전환이 전개되는 가운데 근대적 노동과 복지의 관계에 균열을 가하려는 도전이라 생각한다.

이 책의 목적은 각 복지국가 제도의 동향과 특성 등을 기술적으로 분석하는 것이 아니다. 오히려 정치학과 경제학, 사회학 등 학문적 경계를 벗어나 복지국가의 변화하는 모습을 이해하는 데 도움이 되는 정보를 모아서 설명하는 것이다. 가급적 전체적으로 이해하고 복지국가의 가능성을 조명하는 것이다. 복지국가의 발달과 전환은 복지국가의 변화의 양상을 표현하는 단어로 선정하였다. 경제의 세계화는 복지국가의 시민의 의미와 지위에 영향을 끼친다. 새로운 리스크의 등장은 복지국가 시민의 욕구 설정과 그 대응에 영향을 끼치고 사회적 배제에 대한 대응 전략을 변하게 할 것이다. 국적을 초월하는 시민의 등장과 욕구의 확장, 전 지구적 재난과 다양한 리스크 출현에 대해 적극적인 안전보장 역할이 요구되는 시점에서 복지국가는 탈복지국가를 염두에 둔 역할까지 예상해야 할 것이다. 복지국가의 합의가 붕괴되고 세계적 차원에서 빈곤과 배제가 진행되는 현재, 복지국가를 초월한 그 무엇이 필요한지는 필자도 알 수가 없다. 복지국가나 사회보장 재편 등 거의 대부분 논의는 국민 국가의 틀을 기반으로 하고 있으므로 세계적인 규모로 진행되는 사회적 배제와 계층화에 대하여 충분히 배려하고 있지 못한 것이 사실이다. 하지만 인류는 문제를 만나서 회피하지 않고 그것을 해결하고자 하는 힘, 자유와 기회균등을 가져오는 보편적 우애를 지향하는 '이상을 추구하는 힘'이 있다고 생각한다. 이 책은 그러한 힘을 믿고 복지국가의 낙관론을 신뢰하는 필자가 불확실한 사회경제적 상황 속에서 20세기 최고의 유산인 복지국가의 현재와 미래의 모습을 이해하고자 하는 작은 노력의 출발이라고 생각해주면 좋겠다. 읽기 어려운 문장을 잘 다듬고 정리하여 조금은 덜 부끄럽게 내놓을 수 있도록 만들어주신 도서출판 공동체 선생님들께 감사드리며 복지국가 이해를 위한 짧은 여행에 도움이 되었으면 한다.

2021. 8. 19 저자

복현동 연구실에서

|차|례|

|CONTENTS|

|차|례|

1. 복지국가의 개념

1) 복지국가의 다양성

20세기 이후 대부분의 국가는 복지국가를 지향하고 있다. 복지국가는 자본주의와 민주주의를 결합한 정치체제를 유지하면서 시장에 개입하여 경제성장과 완전고용을 추구한다. 아울러 질병, 노령, 사고, 실업 등으로 노동능력을 상실한 사람들을 보호하기 위한 소득 및 의료보장 정책을 광범위하게 발전시킨다. 따라서 국민의 생존권을 보장하고 복지의 유지와 향상을 주요 임무로 하는 국가라 할 수 있다. 특히 베버리지 보고서를 통해 국민의 생활에 대한 최저한의 보장을 책임지는 국가로서 야경국가에 대비되는 개념으로 자리잡았다. 국가의 주된 역할은 치안유지와 국방과 같은 최소한의 개입이 아니라 삶의 질에 영향을 미치는 사회문제를 적극적으로 해결하는 것이다. 자유방임이 초래한 많은 문제와 폐해를 해소하거나 완화하고 적극적으로 경제 및 사회문제에 개입하기 위해 탄생한 체제라 할 수 있다.

복지국가는 그 사회의 정치 및 사회경제적 배경을 통해 다양한 관점을 반영한다. 물질적으로 풍요로워지면 복지제도가 발전할 가능성이 높다고 해도 민주화되지 않은 정치체제나 높은 경제성장만으로 복지가 발달하지는 않을 것이다. 또한 복지국가는 최저한의 인간다운 생활을 보장하려고 하지만 그 수준에 대한 기준은 다를 수 있다. 생계와 교육, 주거, 의료 등 기본적 욕구를 정한다고 해도 물질적 욕구뿐만 아니라 문화적 생활과 환경문제, 사회적 참가 문제 등 포함해야 하는 범위와 수준의 정도는 다를 수 있다.

복지국가의 주요 가치 중 하나인 평등은 재분배를 위한 주요 이념이다. 하지만 기회와 결과의 평등을 둘러싼 선택의 문제가 존재하며 다른 한편을 무조건 배제할 수도 없다. 공정한 기회의 평등을 위해서는 무엇이 평등하게 분배되어야 하는지 구체적이고 표준적으로 정할 수 있어야 한다. 하지만 일반적으로 적용할 수 있는 복지국가의 세부적인 단일기준이 적절할지는 확실하지 않다. 표준적인 사회적 모델로서의 복지국가의 기준을 강조하기보다 다양한 상황 속에서의 공통적인 모델로 이해하는 편이 설득력이 있다. 즉, 복지국가라는 원칙적인 국가 공동체로 수렴되지만 그 내용은 다양하게 설정되어야 한다는 것이다. 따라서 복지국가에 대해서는 국가의 개입이 지나치게 강력하여 개인의 자율성을 억압하는 가부장적 통치체제라는 비난도 가능하지만, 한편으로 복지의 자유가 아직 충분하지 아니하므로 더욱 보편성을 강화하는 적극적 역할이 필요하다는 옹호의 주장도 동시에 제기되는 것이다.

복지국가는 자본주의와 사회주의의 적절한 조정에 의해 성립한 체제이므로 이념적 융합성을 가질 수밖에 없다. 이러한 성격은 복지국가를 해석하는 데 있어 다양한 가치관을 반영하여 등장 원인과 성과를 서로 다르게 해석하는 결과를 낳게 된다. 사회주의 시각에서 복지국가는 자본주의 생산체제를 유지하려는 필요에 따라 만들어진 결과물로 평가한다. 그런 점에서 자본주의로 인하여 발생하는 사회문제를 근본적으로 해결하지 못한다. 복지지출이 증가하여 국가의 재정부담이 계속 커져도 국가의 정당성 확보를 위해 지출을 줄일 수 없어 결국 파탄에 이르게 된다는 것이다. 사회문제를 해결하기 위해서는 자본주의 체제를 극복하여 체제변환을 시도해야 하지만 그것은 불가능하다. 한마디로 복지국가는 자본주의 유지를 위한 눈속임에 불과하다는 것이다.

보수주의 관점에서 복지국가는 산업화와 민주화 과정에서 나타나는 일반적인 현상이다. 예를 들어, 사회가 발전하고 변하면서 다양한 욕구가 등장하고 안정과 통합을 위해 새로운 욕구를 충족할 수 있는 대안으로서 복지제도가 발전한다는 것이다. 아울러 민주주의의 발달로 이익집단들의 정치적 욕구가 증가하고 국가의 대응이 중요해진다. 국가의 조정 능력이 효과적으로 작동하지 않을 경우, 복지국가에 대한 신뢰는 낮아지고 요구 분출에 대응하기 위한 재정 지출은 더욱 늘어나게 되면서 경제위기를 초래할 수도 있다는 것이다.

자유주의 관점에서 복지국가의 발전은 권력 계층의 지배를 정당화하기 위한 시도다. 복지국가의 발전으로 혼합경제와 완전고용, 사회보장 등 시장의 분배에 개입하는 국가의 권력이 강화되고 개인의 자율성은 억압되었다고 인식하는 것이다. 따라서 복지제도에 의한 재분배는 새로운 계층구조를 낳고 결국 성실한 소수의 복지 부담자와 상대적으로 많은 이익을 얻는 다수의 복지 수혜자 사이의 갈등을 유발한다고 한다. 이와 같이 복지국가에 대한 관점의 차이는 각 국가의 오랜 경험이 축적된 상황을 충실히 반영한 다양성을 낳았다고 할 수 있다. 이러한 다양성은 복지국가를 사전적 정의로만 파악하기보다는 역사적 상황 속에서 이해해야 할 필요성을 일깨워 준다.

2) 복지국가의 정의

복지국가의 사전적 정의를 정리하면 완전고용과 사회보장정책에 의해 전 국민의 최저생활보장과 물질적 복지의 증대를 목적으로 하는 국가체제라 할 수 있다. 또한 완전고용과 사회보장정책에 의해 국민의 복지증진을 목표로 하는 국가로 정의할 수 있겠다.

윌렌스키(Wilensky)에 의하면 복지국가의 본질은 국가가 모든 국민에게 정치적 권리로서 최저수준의 소득, 영양, 건강, 주택, 교육을 제공하는 것이다(Wilensky, 1975). 오늘날 사회보장의 대부분은 소득과 연계된 급여를 제공하며 최저한의 보장을 넘어서 기존의 생활수준을 보장하려는 대체형 소득보장으로까지 발전하고 있다. 경제적 호황기에도 복지제도는 축소되지 않고 역동적으로 작동한다. 또한 복지국가는 의료나 일자리가 없는 사람들에 대한 소득 제공, 고령자를 위한 돌봄 등의 무료 서비스를 필요한 사람에게 제공하기 위한 시스템을 가진 국가라고 할 수 있다.

영국과 같이 정부가 의료나 교육과 같은 무료 서비스를 제공하거나 노령, 실업, 질병 등으로 인하여 일을 할 수 없는 사람들에게 금전을 제공하는 시스템이기도 하다. 아울러 국가가 보조금, 연금, 기타 급여를 이용하여 시민과 특히 어려운 시민의 건강과 보호를 맡는 시스템이다.

복지국가는 국민의 생존권을 보장하고 평등하게 분배하는 국가다. 역사적으로는 절대주의 국가도 이미 온정주의적인 복지국가관을 가지고 있었다. 그러나 현대의 복지국가는 19세기 말 무렵부터 사회문제 해결이 국가의 손에 맡겨지게 되면서 나타났다. 따라서 그것은 사회보장이 확립된 국가다. 이런 의미에서 복지국가는 사회국가라 할 수 있다(坏洋一, 2012 : 11).

복지국가란 시장경제 체제에서 국가가 적극적으로 사회정책이나 경제정책을 실시함으로써 국민의 복지에 책임을 지는 정치체제를 의미한다. 복지국가라는 개념은 나치스 국가와 같은 전쟁국가에 대하여 요람에서 무덤까지 국민에게 최저한도의 건강하고 문화적인 생활을 보장하는 국가라는 선전 용어로서 사용되었지만, 제2차 세계대전 후 유럽 각국의 주요 사회민주주의 정당에 의해 각국 공통의 실현 목표가 되었다(日本イギリス哲學會編, 2007). 이처럼 복지국가는 시민 또는 국민을 보호하고 복지를 증진하려는 국가의 대응에 착안하여 정의가 만들어지고 있다.

복지국가를 이해하는 중요한 초점을 정리하면 다음과 같다.

복지국가의 기초를 이루는 소득보장은 시장에 의한 노동의 대가나 자산의 시장가치와 관계없는 소득 이전을 국가가 대규모로 매개하고 있다는 것을 의미한다. 또한 대규모 사회보장에 필요한 비용 부담의 증가를 초래하여 큰 정부를 요구하지만, 증가하는 비용을 충당하기 위하여 국민경제의 건전성이 필수조건이 되어 국가의 시장경제에 대한 개입 범위와 정도가 확대되고 강화되었다. 복지국가의 중요한 역할은 완전고용의 유지, 인플레이션 방지, 생산성과 국제 경쟁력의 강화, 경제성장의 촉진 등으로 대부분의 국가에서 혼합경제를 출범하여 자본주의는 질적으로 변화하였다. 이러한 구조적 특징을 갖춘 현대

국가의 체제를 의미하는 넓은 개념이 케인즈-베버리지형 복지국가다.

복지국가의 성립은 산업혁명이 초래한 19세기 구빈법이나 공장법, 비스마르크 제정기의 사회보험, 제1차 세계대전 후의 유럽 국가의 사회보험 등에 의해 큰 영향을 받았다. 복지국가는 다양한 목표나 이해관계에 의해 초래된 역사적 산물이며 그 본질의 파악을 위해서는 역사적 전개를 이해하는 것이 필수적이다.

복지국가의 사회정책 연구로 잘 알려진 브리그스(Briggs)는 복지국가를 다음과 같이 정의하고 있다. '복지국가는 조직된 권력을 신중하게 이용하여 적어도 다음 세 가지 목표를 향하여 시장이 펼치는 힘을 유연하게 만들고자 노력하는 국가다. 첫 번째 목표는 재산이나 일의 시장가격과는 관계없이 개인이나 가족에게 최저한의 소득을 보증하는 것이다. 두 번째 목표는 자신들을 위기에 빠뜨리기 쉬운 사회적 사고의 정도를 줄이는 것이다. 세 번째 목표는 지위나 계급의 차이 없이 모든 시민이 가능한 한 가장 좋은 수준으로 합의된 범위의 사회적 서비스를 누릴 수 있게 하는 것이다(Pierson & Castles, 2006)'.

여기서는 복지국가의 목표로서 최저소득보장, 리스크의 분산, 사회서비스의 보편적 보장을 들고 있다. 이러한 목표를 달성하기 위해서 시장을 수정하려는 것이 복지국가라 할 수 있다. 즉, 복지국가는 국가·시장·시민사회라는 행위자가 사회의 복지기능을 최대화하고자 다양한 형태로 결합하여 서로 영향을 주고받는 제도화된 시스템이다(Greve, 2014 : 188-189). 국가·시장·시민사회의 상호작용이라는 복지시스템의 다원성과 다층성을 담고 있는 점이 복지국가의 특징이다. 좁은 의미에서 복지국가는 복지에 대한 주요 욕구를 충족하기 위한 국가의 시책을 말한다. 이러한 시책은 서비스와 소득 이전 모두 가능하다. 나아가 자본주의 체제하에서 복지국가는 개인 및 계급 사이의 생활기회를 재분배하기 위하여 국가가 경제적 재생산과 븐배의 과정에 개입하는 사회다(Pierson, 2006 : 10).

복지국가는 국민국가의 형성과 민주주의, 자본주의의 발달에 대응하기 위한 과정에서 성장하였다. 복지국가는 조금씩 늘어나는 사회경제적 평등의 요구에 대응하기 위하여 국가의 구조와 기능, 정당성을 근본적으로 바꾸었다. 국가의 목적은 안정적인 사회서비스 공급과 표준화되고 일상적인 방식의 소득 이전을 제공하는 것으로 확장되었다(윤도현, 2017 : 21). 복지국가는 산업화라는 사회경제적 변화에 대한 정치적 대응뿐만 아니라 소득·건강·주거·교육 등의 영역에서 생존의 기회를 사회적으로 재분배하기 위해 국가개입을 통하여 국민의 안전보장과 평등을 실현하고자 한다.

복지국가를 국가에 의한 각종 사회정책 프로그램으로만 이해하는 것은 좁은 이해라 할 수 있다. 오히려 생활기회의 불균등한 배분이 국가의 개입으로 정의롭게 수정되는 사회체제다. 복지국가는 본인의 책임을 묻기 어려운 사안으로 인하여 인생이 유리하거나 불리하게 되지 않도록 국가가 소득보장·교육·직업훈련 등의 서비스를 제공하거나 공정한 조세제도를 실시함으로써 기회의 평등을 추구하는 국가라 할 수 있다. 이와 유사한 개념으로서 복지사회가 있다. 복지사회는 복지와 사회를 서로 어떻게 이해하는지에 따라 달라진다. 복지사회라는 용어를 복지적인 사회와 사회에 의한 복지라는 의미로 구분할 수 있다. 복지의 개념에는 불특정 다수의 행복이라는 의미와 특정 사람들에 대한 지원이라는 관용적 의미가 포함되어 있다. 그러므로 복지사회는 일반의 행복을 추구하는 사회로서 넓은 의미로 이해할 수 있지만, 사회적으로 약한 입장에 있는 사람들의 복지를 추구하는 사회로 좁게 이해할 수도 있다. 또한 사회에 의한 복지도 복지를 생산하는 사회를 어떻게 이해하는지에 따라 다양한 변화를 볼 수 있다. 지금까지 사회를 구성하는 제도와 주체로서 가족, 기업, 시장, 비영리 조직이 강조되어 왔다. 따라서 복지사회에서 국가 이외의 다양한 복지주체에 의한 복지공급에 대한 기대를 가질 수 있다.

복지사회는 복지국가를 초월하는 개념으로 사용될 수도 있다. 그 배경에는 사람들의 복지를 달성하기 위해서는 국가만으로는 충분하지 않다는 인식이 있다. 복지사회론에는 복지국가로부터 복지사회라는 대립・이행・대체에 역점을 둔 논의도 가능하다. 이 경우 복지사회는 복지국가의 문제점을 비추는 거울로서 수용될 수 있을 것이다. 따라서 관료주의나 전문주의의 한계, 획일적인 사회서비스의 문제와 같은 비판을 극복하기 위해서 복지국가의 대리인으로서의 관료나 전문가가 지금까지 복지국가에 대한 해석을 독점해 온 점을 반성하고 누가 어떻게 사람들의 욕구를 해석할 것인가에 대한 문제를 진지하게 고민하게 만든다.

4차 산업혁명의 시대에 복지국가의 역할은 보호적 개입에서 기회와 조건의 보장으로 전환하는 것이 더욱 적합할 수 있다. 이는 자율적인 시민에 대하여 급여나 서비스를 받기만 하는 수동적 존재에서 벗어나 사회정책의 계획이나 운영에 적극적으로 참가하고 생활문제나 리스크를 주체적으로 받아들이는 능동적 존재로 활약하는 것을 기대하는 것이기도 하다. 시민이 주체성이나 능동성을 발휘할 수 있도록 지원하는 것, 다양한 공급 주체가 각자의 장점을 발휘할 수 있도록 분권적이고 다원적인 협치가 가능한 사회를 위해 복지국가와 시민사회의 연대가 필요하다. 복지국가로 충분히 대응할 수 없는 사회적인 노력을 위해서도 복지사회론은 의미가 크다.

복지국가에 대한 확정적인 정의를 만들기는 쉽지 않다. 하지만 복지국가는 국가의 개입을 통해 시장의 실패가 초래한 사회문제를 해결하고 생활안전의 기회를 사회적이고 조직적인 노력을 통해 보장하려는 국가라 할 수 있다(이명현, 2020 : 16). 사람들의 안전한 생활을 보장하는 주체는 가족과 시장, 국가라 할 수 있는데, 그중에서 국가의 책임을 가장 중요하게 정립한 것이 복지국가다.

보다 구체적으로 복지국가에 대한 의미가 어떻게 변해 왔는지 정리해보자. 제2차 세계대전 후 동서 냉전체제에서 서양의 산업국가는 급속한 경제성장을 이루었다. 이러한 상황을 배경으로 경제가 충분히 발전하면 자본주의와 사회주의의 대립을 초월하여 모든 국가는 복지국가를 형성할 것이라는 시각이 주류였다. 이러한 수렴론적 관점에 대하여 국가마다 배경과 성격이 다른 복지국가가 존재한다는 것이 국제비교 연구에 의해 분명해졌다. 이러한 복지국가의 다양성이 어떠한 요인에 의해 초래되었는지가 복지국가 연구의 주요한 논점이 되었다.

수렴론의 근거였던 경제성장이 끝나고 복지국가의 위기론이 등장하였던 1970년대 이후가 되면 국제비교 연구나 유형화가 매우 활발히 전개되면서 과거 복지국가의 형태는 다양한 비판에 노출되었다. 시장에 대한 개입을 최소한으로 억제하고 작은 정부를 강조하며 개인과 가족의 자립 노력을 중요시하는 자유주의 입장에서 복지국가는 인간의 의존심을 높이고 재정을 압박하여 성장을 저해하는 비판의 대상이었다. 또한 마르크스주의 입장에서는 복지국가는 자본주의의 부정한 지배와 착취를 감추는 연막에 불과하며 기존 사회정책으로는 빈곤과 불평등을 제거할 수 없다는 기만술에 불과하였다. 페미니즘의 경우, 복지국가는 남성이 주된 모델이 되어 여성이 가사나 육아를 담당하는 가족을 전제로 구성되었으며 제도가 그러한 전제를 재생산함으로써 남녀의 대등한 관계나 여성의 자립을 방해한다고 비판하였다. 이처럼 복지국가는 다양한 입장에서 비판에 노출되었지만, 다른 한편으로 이는 복지국가의 의미에 대한 해석이 그만큼 풍부해졌다는 것이기도 하였다.

피어슨(Pierson)은 이데올로기적 입장의 차이에 따른 복지국가 개념의 차이를 정리하였다. 즉, 자본주의, 사회민주주의, 복지국가의 관계를 어떻게 설명할 것인지에 따라 복지국가와 관련된 주요 접근 시각의 차이를 정리하였다(Pierson, 2006 : part1). 각자 다른 견해에 따라 구분하여 주요 논리를 요약하였다. 먼저 산업주의, 근대화론, 사회민주주의, 자원동원론은 복지국가의 발전을 촉구한 요인이 무엇인지 설명하려고 한다. 이러한 시각에서는 복지국가는 경제성장, 고령화, 민주화, 계급투쟁과 같은 특정한 요인의 산물로 이해된다. 산업주의는 수렴론에 근거하며 자원동원론은 국제비교연구를 주도하면서 복지국가의 다양성을 분명하게 보여주었다. 결정적인 발전요인이 무엇인지에 대한 해석의 차이를 각각의 시각에 따라 구분하여 설명할 수 있는데, 복지국가의 발전이 경제적이든 정치적이든 특정한 요인에 의해 진행된다고 생각하는 점은 공통적이다.

이에 대하여 신자유주의 공공선택론, 마르크스주의 신좌파, 세계화론, 페미니즘, 반인종차별주의, 환경주의는 복지국가의 위기를 전후하여 등장한 시각이며 공통적으로 전통적 복지국가의 형태에 비판적이다. 복지국가를 자유시장의 침해, 노동과 자연으로부터의 착취, 사회적 소수의 억압적 관리장치 등 여전히 부정적인 것으로 이해한다. 그러나 비판의 최전선을 어디에 두며 무엇을 이유로 비판할 것인지에 대해서는 시각에 따라 차이가 있다. 또한 전체적인 부정 또는 부분적인 부정 등 비판의 정도, 대안적 구상의 정밀성, 정치적 영향력 등도 시각에 따라 다르다. 이 중 신자유주의는 복지국가의 수정이나 재편에 직접적 영향을 끼쳤으며 그 외의 견해도 복지국가의 형태를 둘러싼 이론이나 사회운동을 통하여 사람들의 사고 방식에 큰 영향을 끼쳤다.

이익집단 접근과 국가중심 접근은 순수한 학문적 접근으로서 다른 시각의 편협성을 비판한다. 따라서 복지국가의 형태를 둘러싼 특정한 견해를 수용하지 않는다고 할 수 있다. 예를 들어, 국가중심 접근은 지금까지 강조하는 여러 요인, 즉 산업화, 도시화, 민주화, 계급적 이해, 사회운동이 복지국가의 발전에 미치는 영향력이나 중요성을 인정하면서도 그것이 어디까지나 국가조직에 의해 매개된다는 점을 강조한다. 복지국가의 축소라고 하면서도 왜 그 정도로 큰 복지의 후퇴를 볼 수 없었는지를 분석하는 것이며 재조정으로서의 정치적 특징이나 복지국가의 제도적 내구성을 밝히고자 하였다. 이처럼 복지국가의 의미에 대한 설명과 평가는 다양한 차이를 보여준다. 경제학이나 사회정책학 연구와 같이 학문 분야의 차이에 의해 복지국가에 대한 접근 구조가 달라진다. 이는 복지국가에 대한 유일한 정의나 설명 및 평가 등이 존재할 수 없다는 것을 시사하는 것이다.

복지국가 의미에 대한 차이는 사회적 연대에 대한 시각이나 사고방식의 변화로 이해할 수도 있다. 그 이유는 복지국가는 역사적으로 형성된 연대의 시스템으로 이해할 수 있기 때문이다. 즉, 복지국가란 무엇인가에 대한 질문이 국가

속에서 사람들이 어떻게, 왜 연대하는가의 질문으로 변환하는 것도 가능하다. 연대의 이유와 복지국가의 존재 이유는 직접 관련된다(齊藤 編, 2004 : 1). 현재 복지국가는 누구와 왜, 무엇을 위해, 어떻게 연대할 것인지에 대하여 근본적인 질문에 노출되어 있다. 두 차례 세계대전 후 복지국가는 완전고용을 내세워 생활을 위협하는 사회적 리스크를 연대의 시스템으로 분산시키는 종합적인 제도적 구조를 정비하였다. 이와 같은 연대의 기술에 의해 복지국가는 사회정책 프로그램에 의한 소득재분배나 리스크의 분산을 통하여 계급투쟁과 빈부격차에 의한 사람들의 적대관계를 완화하고 해소하기에 이르렀다. 그렇지만 복지국가의 재편과 축소가 우려되는 상황에서 연대의 이념적·제도적 측면에서의 붕괴가 진행될 수 있다. 국가와 사회에 의존할 수밖에 없는 장기실업자와 고령자, 빈민 등의 사회경제적 약자와 역사적으로 복지국가를 지탱해 왔던 안정적인 근로 세대와 납세자, 사회보험 납부자 등과의 갈등과 분단을 자극하는 흐름이 등장할 수 있는 것이다. 특히 신자유주의에 의한 복지국가 재편하에서 강화된 이러한 분단과 적대성은 경제적·사회적으로 자립할 수 없는 사람을 사회적 배제로 연결할 수 있다는 점을 경계해야 할 것이다.

한편 페미니즘이나 반인종차별주의는 지금까지 무시해 왔던 차이에 대해 사람들의 눈을 돌리게 했지만, 이러한 차이도 적대성과 무관한 것이 아니다. 거기에는 복지국가가 극복하고자 했던 경제적 격차로는 설명할 수 없는 적대성이 잠복되어 있다. 즉, 남성과 여성, 인종적 다수와 소수, 장애와 비장애, 건강과 비건강, 이성과 동성 등 다양한 사회적·문화적 차이에 부수하는 근원적인 적대성이라 할 수 있다. 새로운 사회운동은 이러한 근본적인 적대성에 근거하는 다양한 이해 관심의 표출이라 할 수 있다. 단지 이러한 적대성이 갈등을 부풀려 사회적 연대를 방해하는 것이 아니라면 곧바로 사회적 배제나 분단을 일으키지는 않을 것이다. 오히려 누구와 사회적 연대를 할 것인지 또한 왜 연대해야 하는지를 근본적 차원에서 재검토함으로써 새로운 연대를 모색하는 계기가 될 수 있다.

복지국가의 사회적 연대의 개념은 사람들이 서로에 대하여 안고 있는 의무와 책임의 감각을 의미한다. 사회적 연대는 자연적인 사실로서의 인간의 상호 의존 관계를 나타낼 뿐만 아니라 도덕적·규범적인 가치를 표시하는 개념이라 할 수 있다(坏洋一, 2012 : 28-29). 사회복지 시스템은 서로의 호혜와 협력을 보여주는 사회적 과정에 의해 만들어진 강제적인 연대라 할 수 있다. 하지만 오늘날 복지국가의 연대는 전환의 시기를 맞고 있다. 자발적인 연대로서의 복지사회를 계속 추구할 수 있을 것인가. 사회적 배제를 기조로 하는 적대성이 아니라 탈산업사회에 어울리는 사회적 리스크와 개인의 안전보장에 민감하게 반응하는 새로운 연대로 확장될 것인가. 새로운 연대를 위해 전통적 복지국가에서 당연시해왔던 욕구나 시민권의 범위를 재검토하여 새로운 연대를 형성하기 위한 기반을 정비해야 할 것이다.

〈표 1〉 복지국가에 대한 접근 시각의 변천

접근시각	복지국가에 관한 논리
생산주의	복지국가는 산업사회의 발전으로 탄생한 결과물이다.
근대화론	복지국가는 산업화를 배경으로 완전한 시민권 획득에 성공한 정치적 동원의 산물이다.
사회민주주의	복지국가는 산업적·정치적 동원의 산물이다. 그것은 자본주의의 점진적 전환을 노린 사회민주주의의 정치적 기획의 성공을 실현한 것이다.
자원동원론	복지국가는 사회민주주의의 정치적 권력과 자본의 경제적 권력과의 투쟁의 산물이다. 활기차고 확장적인 복지국가는 정당과 노동조합에 있어서 노동자 계급의 세력을 대표하고 있다.
신자유주의 공공선택론	복지국가는 자유 시장사회에 있어서 복지와 자유의 최대화 요청에 대한 무절제한 침해다. 그것은 자유, 정의 및 장기적인 진정한 복지와 조화할 수 없다.
마르크스주의 신좌파	복지국가는 선진자본주의 국가에 특유한 형태다. 그것은 지속적인 자본 축적에 우호적인 환경을 장기에 걸쳐 확보하는 기능을 수행한다.
포스트포디즘론/세계화론	세계적 규모의 정치경제 변화는 전통적인 형태의 국민적 사회정책을 침식하면서 서서히 복지국가로부터 경쟁국가로 이행하고 있다.
페미니즘	복지국가는 철저하게 젠더를 통하여 구성되면서 분단되어 있다. 복지국가는 여성이 무상/저임금으로 복지서비스를 제공하는 공적 시책에 따라 또는 공식경제 외 외부에서의 대처에 크게 좌우되고 있다.

환경주의	복지국가는 산업 자본주의국가의 특징적인 형태다. 예를 들어 사회민주주의가 주최하는 경우라도 인간을 소외하는 관료적 형태와 지속 불가능한 경제성장 논리로 인하여 복지국가는 파손되고 만다.
반인종차별주의	복지국가는 선진 자본주의국가의 특징적인 형태이며 인종적 소수자를 희생하여 자본과 백인(특히 남성)의 이해 관심을 확보한다.
이익집단 접근 국가중심 접근	복지국가의 발전은 비교와 역사를 통해 이해해야 한다. 이러한 발전의 가장 중요한 원천은 이익집단의 활동, 각국 고유의 정치적 편성, 그리고 국가기구의 다양한 패턴을 들 수 있다. 복지국가의 발전은 비교와 역사에 따라 이해해야 한다. 항구적 긴축의 시대에는 역사적으로 형성된 관습적 이해와 그 지지자에 의해 개량 범위가 엄격히 제한되고 있는 가운데, 정치적 행위자들은 지지의 상실을 피하는 방식으로 점진주의에 의해 극복하려고 한다.

출처 : Pierson(2006 : 18-102)의 내용을 중심으로 재작성한 圷洋一(2012 : 25)를 일부 수정하여 인용함.

〈표 2〉 복지국가에 관련된 학문별 중심 의제

관점	명제
사회학	복지국가는 사회통합을 촉진하는가, 그렇지 않으면 침식하는가.
경제학	복지국가는 경제적 효율을 촉진하는가, 그렇지 않으면 방해하는가.
정치학	복지국가는 갈등정치의 귀결인가, 그렇지 않으면 화해정치의 귀결인가.
행정학	공공 또는 민간기업처럼 경영되는 복지국가는 비용 대 효과에 우월하고, 질적으로도 적절한 급부나 서비스를 적절히 제공할 수 있는가.
법학	복지국가는 법적 지배의 강화나 확장을 의미하는가, 그렇지 않으면 오히려 법적 지배의 약화와 자의적 규칙으로의 회귀인가.
사회사업론	복지국가는 배제된 시민을 지지하거나 역량을 갖게 하는가, 그렇지 않으면 그들을 관리하거나 규율하는 수단인가.
사회정책론	복지국가는 빈민에게 재분배를 행하는가, 그렇지 않으면 주로 풍요한 사람들을 유리하게 하는가.

출처 : Øverbye(2020:153), Table 10.1 Disciplinary perspectives on the welfare state : Core debates를 번역한 圷洋一(2012:27)의 내용을 일부 수정하여 인용함.

2. 복지국가의 목표

1) 정책목표

복지국가의 정책목표는 복지국가가 실제 추구하는 목표다. 복지국가의 건설은 제2차 세계대전 후 서구 국가들의 공통적인 목표였다. 베버리지 보고서가 제기한 5대 사회악 중 하나인 빈곤의 해소는 모든 국가의 최우선 과제로 다루어졌다. 그 후 순조로운 경제성장을 배경으로 사회정책 프로그램이 충실해지면서 복지국가는 이념이나 목표에 그치지 않고 어느 정도 현실이 되었다. 오늘날 복지국가의 정책목표는 국가의 당연한 역할로 되고 있다.

현재 복지 선진국의 경우, 국민은 큰 부담 없이 의료 서비스를 이용하거나 휴직・실업・고령으로 인한 퇴직 후의 일정한 생활비의 보장이 당연한 생활로 간주되고 있다. 선진국에서 문제가 되는 것은 의료나 소득의 보장 그 자체가 아니라 탈상품화의 정도, 즉 급여 수준, 기간, 범위 등 보장의 내용이나 지속가능성이다. 국민 생활을 보장하는 것은 국가의 당연한 역할이지만 그것이 목표인 것을 부정할 수는 없다.

여기서 좀 더 구체적으로 복지국가의 정책목표를 제도적 차원에서 살펴보자. 이는 각종 사회정책 프로그램에 따라 추구되고 있는 목표라 할 수 있다. 즉, ① 최저소득 보장, ② 리스크의 분산, ③ 사회서비스의 보편적 보장이다.

먼저 최저소득(minimum income)을 보장하는 것은 모든 복지국가에서 볼 수 있는 목표다. 하지만 그것을 위한 방법이나 보장의 수준은 국가나 시대에 따라 다르다. 일반적으로는 수입을 확보하기 위한 자립 노력, 즉 임금노동에 의한 자립을 전제로 하면서도 그러한 전제가 성립될 수 없는 경우에 기본적인 필요를 충당할 수 있는 수준의 소득을 각종 사회 급여를 통해 유지하거나 제공함으로써 최저소득보장 목표를 추구한다. 이때 부유층으로부터 빈곤층으로의 수직적 재분배를 통한 소득 이전이 선호되는 경우와 일할 수 있는 사람과 없는 사람 등 상황에 따라 수평적 재분배와 시간적 재분배를 중요하게 다루는 경우가 있다. 또한 최저임금이나 세액공제와 같은 사회적 규칙도 최저소득보장에 있어서 중요한 역할을 담당하고 있다. 그러나 실제로는 이러한 각종 사회 급여나 규제는 산발적으로 흩어져서 실시되고 있어 체계성이 없는 경우가 많다. 또한 최저소득보장의 목표에 있어서 그 수준과 방법이 문제 될 수 있다. 지금까지 소득보장의 수준에 대해서는 절대적 또는 상대적 수준, 최저의 소득수준 또는 지금까지의 소득수준을 기준으로 할 것인지 등이 쟁점이 되고 있다.

소득보장의 방법에 대해서는 선별주의 또는 보편주의, 사회보험 또는 사회부조, 가구를 단위로 또는 개인을 단위로 할 것인가에 대한 논란이 되어 왔다. 이러한 논의가 분명하게 정리되기 어려운 이유는 그 배후에 기본적 필요란 무엇인지, 그것을 어떻게, 어디까지 충족할 것인지, 국가의 역할이 무엇인지 등 쉽게 결론을 도출하기 어려운 문제가 남아있기 때문이다.

목표는 각자 사회에서 지배적인 사고방식에 따라 달라질 수 있으며 빈곤이나 리스크에 대한 인식, 개인과 가족, 시장과 국가의 역할에 대해 사회적으로 어떻게 이해되고 있는지와도 깊은 관련이 있다.

둘째, 리스크의 분산이다. 리스크란 개인적 리스크가 아니라 사회적인 리스크를 말한다. 이는 고용되어 일하는 사람들, 아동이 있는 가구, 고령자 등 특정한 속성을 가진 사람들에게 들이닥칠 수 있는 공통적인 사태를 말한다. 그것은 산재나 실업에 의한 소득의 중단이나 상실, 아동 양육비나 육아 부담, 퇴직 후의 자금 부족이나 장수로 인한 장기요양 상태 등 전체적으로 부정적인 사태라 할 수 있다. 이러한 부정적 사태의 발생에 공동으로 대응하여 리스크를 분산시키려는 복지적 노력이 계속되었다. 산업사회 초기에 그러한 대응은 노동자의 자발적 상호부조로 진행되지만 점차 제도화가 진행되어 국민국가의 단위로 확장되고 일반화된다.

오늘날 복지국가는 산업사회의 진행에 의해 발생하는 사회적 리스크를 배경으로 형성되었다. 그러한 리스크에 어떻게 대응할 것인지는 국가에 따라 차이가 나타나고 있다. 하지만 최근 탈산업사회에서의 새로운 사회적 리스크에 직면하면서 복지국가의 대응을 새롭게 조정하려고 노력하고 있다. 전후 복지국가는 주소득자의 실업・산재・질병・퇴직・사망을 비롯한 사회적 리스크를 제어하려는 목표를 달성하기 위한 연대적 시스템으로 발전하였다. 이러한 리스크에 대비하는 것은 산업사회의 노동자와 그 가족 대부분에게 공통적인 과제였다. 그러므로 사회보험에 의해 특정한 리스크를 분산하고 공동으로 분담하는 데 합의할 수 있었다. 사회적 리스크가 공통적인 과제가 될 수 있었던 것은 누구나 직면하는 위험이었기 때문이다. 그것은 산업사회에서 사람들의 노동과 생활방식이 너무나 획일적이었던 것과 관계가 있다. 제2차 세계대전 후의 선진국은 남성이 주요 소득자로서 안정적인 전일제 고용에 종사하고 여성은 가사 및 육아와 같은 무상의 재생산 노동이나 시간제 가계 보조적 노동을 담당하였다. 이러한 남성 주소득자 모델이 표준적 가족 형태로 일반화되었다. 그 결과 남성 노동자의 사회적 리스크에 대응하는 것이 가장 중요한 목표였다.

그러나 1970년대 산업구조의 전환을 배경으로 사람들의 노동과 생활방식이 다양하게 변하면서 탈공업 사회로 진입하였다. 이제 복지국가는 새로운 사회적 리스크에 직면하게 되었다. 이 새로운 사회적 리스크는 노동시장, 고용 및 취업 형태의 변화에 관계되는 것, 즉 가족 형태와 젠더 역할의 변화와 관계되는 사회적 리스크의 변용을 의미하는 것이었다(Pierson, 2006 : 221-230). 탈산업사회에서는 정규 고용과 비정규 고용, 숙련적이고 안정적인 전문적인 일자리와 낮은 기능의 불안정하고 획일적인 일자리로 노동의 분단과 양극화가 진행되는 경향을 볼 수 있다. 고도의 직무수행 능력이 요구되는 경쟁적 노동시장에서 개인의 기능습득이나 교육 정도가 취업 가능성(employability)을 좌우하게 되었다. 그리하여 실업 리스크에 있어서 한층 더 개인의 역량적인 측면이 강화되면서 과거와 같은 사회연대에 의한 리스크의 분산은 어려워졌다.

또한 장기적으로 안정적인 고용과 보험료 납부를 전제로 하는 고용보험이나 연금보험은 고용 형태가 유연해지고 불안정해진 노동자가 늘어나면서 충분히 적용할 수 없는 사각지대가 발생하였다. 더욱이 가족의 형태가 다양해지면서 여성의 돌봄 역할을 당연시하는 전제가 약화되어 보육과 아이 양육, 노인 돌봄의 리스크를 어떻게 분산하고 공동으로 대응할 것인지에 대해 의문이 제기되고 있다. 이와 같이 탈산업사회로 이행되면서 수반되는 사회적 리스크 구조의 전환에 직면하여 복지국가는 사회적 연대를 다시 구축해야 하는 과제를 안게 되었다.

셋째, 사회서비스의 보편적 보장이다. 다양한 사회적 필요의 충족은 복지국가의 목표 달성에 필수적이다. 여러 나라에서 시민에 대하여 보편적으로 보장하고자 하는 대표적인 사회서비스는 보건·의료·교육·주택이다. 이러한 서비스는 거의 대부분 국가에서 시장을 통한 공급과 정부에 의한 공급이 혼재하고 있는데, 공적 공급의 방법이나 공사 혼합의 형태는 국가에 따라 차이가 있다. 기타 주요 사회서비스로서 탈산업사회로의 전환, 저출생 고령화의 진행, 젠더 관계의 변화를 배경으로 보육과 노인 수발 등을 포함하는 돌봄 서비스에 대한 수요와 관심도 높다. 또한 실업의 장기화와 고용의 불안정화가 심각해지는 가운데 고용 창출에 부응하는 개개인의 인적 자본의 형성이나 취업 가능성의 향상을 위한 취업지원 서비스가 강화되고 있다. 에스핑 안데르센(Esping-Andersen)은 복지국가는 최근까지 소득 유지에 집중하여 아동이나 노인을 위한 사회서비스의 공급 측면은 미발달 상태였다고 지적하면서 그 이유를 가족주의 때문이라고 강조하고 있다(Esping-Andersen, 2009 : 80). 가족주의란 남성 주소득자의 고용과 소득을 유지하는 것을 중요하게 여기며 부인과 어머니, 딸 등 여성에게 가족을 돌보는(care) 책임을 할당하는 관심이나 사고를 말한다. 그러나 최근 남성 중심 모델은 해체되는 가운데 돌봄의 사회화나 탈가족화가 주목받고 있으며 사회서비스의 역할이 커지고 있다. 한편 취약한 사람들의 보호나 상담 지원을 제공하는 전문적인 사회복지(social work) 서비스는 일반적인 사회서비스와 상호 보완적인 관계에 있다. 사회복지서비스는 보육이나 돌봄 서비스와 같은 일반적인 사회서비스로 발전한 것도 있지만, 학대나 폭력 등에 대한 대응이나 장애를 안고 있는 사람들의 자립과 사회참가 지원 등 개별성이 강한 필요에 대응하기 위한 전문적 서비스로서 고유한 역할을 하는 것도 있다.

2) 이데올로기적 목표

복지국가는 특정 사회가 가장 바람직하다고 판단하여 선택한 방향으로 사회적 리스크에 대응하는 체제다. 따라서 이데올로기적 체제이며 그에 따라 사회의 문제점을 인식하고 그것을 극복하여 이상적인 복지사회를 이룩하도록 방향을 설정한다. 즉, 이데올로기적 목표에 따라 복지국가의 편성은 달라진다. 여기서 에스핑 안데르센의 복지국가 레짐에 기반하여 이데올로기적 목표를 구분하면 자유주의적 목표, 보수주의적 목표, 사회민주주의적 목표로 편성할 수 있다. 그런데 이러한 세 가지 분류는 특정한 학문적 절차에 의해 도출된 유형이며 각 복지 레짐이 가진 특징을 객관적으로 묘사한 것이다. 따라서 자유주의나 보수주의, 사회민주주의를 복지국가의 목표로 하는 것은 부자연스럽다는 지적이 있을 수 있다. 하지만 각 레짐에 있어서 지배적인 정치 이데올로기로서의 자유주의, 보수주의, 사회민주주의가 내세우고 있는 목표와 방향이 전혀 관계가 없는 것은 아니다. 이러한 관점에서 보면 각 레짐은 각각의 명칭으로 대표되는 이데올로기에 비추어 바람직하다고 여기는 국가와 시장, 개인, 가족의 관계와 역할 등 사회의 형태를 추구해 왔다. 따라서 이를 복지국가의 전체적인 편성과 관련된 이데올로기적 목표로 적용할 수 있을 것이다.

자유주의 목표는 자유의 원리에 기반하여 공공부조에 의한 잔여적 최저소득 보장에 비중을 두고, 보수주의적 목표는 기여의 원리를 바탕으로 직역별 사회보험에 의한 리스크 분산을 강조한다. 사회민주주의적 목표는 필요의 원리에 따라 사회서비스의 보편적 보장을 추구한다. 이러한 목표를 티트머스의 고전적 사회정책 모델에 대비하여 설명할 수 있을 것이다(Titmuss, 1974 : 30-31).

자유주의적 목표는 잔여적 복지모델이다. 기본적 필요의 충족은 시장과 가족을 통해 해결한다. 국가는 시장과 가족이 필요를 충족하지 못할 때만 개입한다. 시장의 우위와 민간의 공급이라는 자유주의적 가치가 우선이다. 국가복지의 수급자는 실패자로서 스티그마를 안게 된다. 정치적 우파가 이러한 입장을 대변한다.

보수주의적 목표는 산업적 업적성취 모델이다. 기본적 필요의 충족은 시장이며 기여의 원리를 중요시한다. 국가는 생산성과 노동 성과에 근거하여 필요를 충족해야 한다. 사회적 필요는 충족되지만 경제성장이 우선이다. 수급자는 경제적 측면에서 지원받는 잠재적 생산자원으로 간주된다. 정치적 중도파가 이러한 입장을 대변한다.

사회민주주의적 목표는 제도적 재분배 모델이다. 기본적 필요의 충족은 국가다. 필요의 원리를 중요하게 여긴다. 국가는 보편주의적 서비스에 의해 재분배와 불평등을 바로 잡아야 한다. 경제적인 생산성보다 사회적 필요의 충족을 우선한다. 수급자는 사회의 성원으로서 완전한 시민의 지위를 가진다. 정치적 좌파가 이 입장을 대변한다.

그런데 자유주의적 목표는 우파의 생각과 거의 일치하지만, 사회민주주의와 좌파의 경우는 반드시 일치하지는 않는다. 오히려 사회민주주의적 목표는 보수주의적 목표와 함께 중도의 사고방식과 연합할 수도 있다. 즉, 좌파의 이념이 상황에 따라 사회민주주의적 목표로서 부분적으로 도입되는 경우가 있다는 것이다(Burden, 1998 : 5). 현재 좌우파 중도와 같은 엄격한 스펙트럼으로 분류할 수 없는 다양한 입장이 복지국가 사회정책의 형태에 대한 논의에 포함되어 있다.

3) 이념적 목표

복지국가의 이데올로기적 목표에 따라 정치적 방향이 달라지는 것과 별개로 가치 이념에 따라서도 다양해진다. 즉, 이는 현실에 존재하는 복지국가 제도가 암묵적으로 전제로 하는 가치가 무엇인지에 따라 복지국가의 방향이 달라진다는 것이다. 그런데 복지국가의 다양한 제도의 밑바탕에는 연대와 승인이라는 두 가치가 존재한다(武川, 2007 : 50-51). 일단 여기서 복지국가의 다양한 제도라 할 때, 대표적인 구분이 사회적 급여와 사회적 규제라 할 수 있는데, 이는 사회정책의 대표적인 방법이며 제도의 구성요소라고 할 수 있다.

연금이나 의료를 보장하는 사회보험 제도가 그 바닥에서 연대라는 가치를 추구하는 것은 당연하다. 조세에 의해 충당되는 사회부조도 마찬가지다. 이에 대하여 승인이라는 가치가 복지국가의 여러 제도의 기저에 있다는 것은 이해하기 어려울 수도 있다. 여기서 승인이란 무엇인가. 승인이란 상대로부터 자신의 존재 가치를 인정받는 것, 또한 자신이 상대의 존재 가치를 인정하는 것이라 해도 좋다. 자타가 서로의 존재 가치를 인정하는 것을 상호 승인이라 할 수 있다. 그 상대란 개인의 경우도 해당하지만 특정 다수의 경우도 마찬가지다. 존재 가치로서 인정받는 승인이란 인격, 인권, 존엄, 특성, 이해, 공헌, 노력, 역할 등 개개인이 인정받고자 하는 사안이면서 동시에 사회적, 법적, 윤리적으로 인정되어야 하는 사안이다(坏洋一, 2012).

복지국가의 다양한 제도에 의해 발생하는 승인과 관련된 문제는 규범적인 승인의 결여와 부족·실패에 관한 것이다. 인종, 장애, 연령, 성별, 성적 지향에 관한 차별을 이용한 착취와 억압과 같은 부당한 취급을 둘러싼 문제는 그러한 취급을 받는 사람들에 대한 규범적 승인의 문제이면서 동시에 정체성과 관계되는 문제다. 그러한 승인, 즉 정체성의 문제는 주로 기본적 인권의 보장과 차별금지, 기회균등을 목적으로 하는 사회적 규제에 의한 대응으로 이루어져 왔다.

그런데 승인을 실현하는 것은 사회적 규제이며 연대를 실현하는 것이 사회적 급여라고 이분법으로 구분할 수는 없다. 역사적으로 볼 때 복지국가의 사회적 규제는 연대라는 가치와 강력히 결합해 왔다. 공장법에 발단을 둔 노동법과 최저임금법과 같은 노동시장의 규제는 노동자의 착취를 시정하고 그 권리와 지위를 승인하려는 대응이었다. 그러한 규제는 노동자의 계급적 연대에 의해 촉진되었지만, 역으로 승인은 노동자 동지의 연대의 기반이 된다. 복지국가에 기대했던 기본적 인권의 보장이나 차별시정, 기회균등이라는 목표는 사람들의 상호승인의 실현을 향하고 있지만, 상호승인을 위해서는 사람들의 연대가 필수적이다. 연대와 승인 모두 서로 간의 존재를 전제로 두지 않으면 목표 달성은 어려워질 것이다.

4) 보편적 목표

제2차 세계대전이 끝난 후 선진국의 복지국가는 단순히 목표가 아니라 확실하게 현실에 구현되었다. 지금도 복지국가는 국가적 목표로서 추구되고 있는 점은 변함이 없다. 그런데 목표는 시대의 흐름과 함께 속성이 변해간다. 오늘날 복지국가에서 추구하는 다양한 정책목표가 더 이상 추구할 가치가 없어진 것은 아닌지 재검토가 이루어지고 있다. 그러한 가운데 복지국가라는 목표 그 자체에 대한 의문이 제기되고 있다.

이는 개별적인 제도나 구체적인 편성을 넘어 복지국가의 전체적인 구조의 방향을 어떻게 설정해 갈 것인가와 관련된 목표이다. 따라서 이를 복지국가 전체의 보편적 목표라 할 수 있다. 시장과 사회가 만들어내는 운동에 의해 복지국가는 형성된다. 복지국가의 전체적인 방향과 관련된 목표 그 자체를 다시 돌아보는 것은 이러한 전체적인 차원에서 복지국가를 만들어내는 시장과 사회의 운동 메커니즘을 살펴보면서 어떠한 사회적 방어의 형태를 준비할 것인지 살펴보는 것이다. 따라서 '어떤 복지국가를 추구하는가'와 함께 '어떠한 사회를 지향하는가', 그리고 '사회적인 것'을 어떻게 이해하고 지켜야 하는지에 대한 문제를 포함한다. 즉, 복지국가의 전체적인 방향과 관련된 사회구상에 대한 목표라 할 수 있다(圷洋一, 2012 : 119-126).

복지국가의 정책목표를 어떻게 실현할 것인가. 즉, '최저소득보장을 어떻게 이루려는가'. '사회정책을 통하여 어떻게 연대하고 승인할 것인가'에 대한 현실적인 논의를 중요시하는 사람들에게 복지국가의 전체 구상과 관련된 목표는 공허한 논의로 보일 수도 있겠다. 그러나 정책목표에 앞서 '무엇을 위한 최저생활보장인가', '무엇을 위해 연대하고 승인할 것인가'에 답하기 위해서는 복지국가의 전체적인 방향, 즉 구상과 관련된 목표를 논의하는 것은 피할 수 없다. 현재 공공부조제도나 공적연금의 존립 기반이 흔들리고 있다. 그 이유는 최저생활보장 수준과 그에 대한 재원 마련과 관련된 정책 기술적인 문제뿐만 아니라 '어떤 복지국가가 바람직한가'와 같은 규범적인 구상이 변하고 있기 때문이다.

과연 우리는 어떤 복지국가를 요구하고 어떤 사회를 지향해야 하는가. 이를 논의하기 위해서는 미국의 정치 철학자 롤즈의 정의론을 바탕으로 하는 복지국가의 규범적 연구를 참조하자. 화이트(White)는 복지국가란 '사회정의'의 이름 아래 옹호해야 할 윤리적 이상이 나타난 것이라고 규정하였다(White, 2010 : 19). 이는 복지국가의 근본적인 방향이 정의로운 복지국가여야 한다는 것을 시사하는 것이다. 정치 철학자는 각종 규범적 논의를 이해하기 쉽게 함으로써 시민이 복지국가의 미래 방향을 결정해 갈 수 있도록 도울 수 있다. 하지만 복지국가의 규범적 연구는 정치 철학자의 영역에 머무르지 않고 사회과학을 횡단하여 논의가 진행되어 왔다. 롤즈의 정의론은 올바른 복지국가의 목표를 이해하기 위한 출발점이다.

롤즈가 「정의론(A theory of Justice, 1971년 초판 발행)」에서 제기한 것은 '정의'를 사회의 여러 제도가 우선 발휘해야 할 기능으로서 규정한 이론이었다(Rawls, 1999 : 3). 롤즈의 의도는 누구에게나 바람직한 사회라고 규정할 수 있는 원리란 어떤 것인지를 이론화하는 것이며 그러한 원리를 정의라 불렀다. 여기서 누구에게나 받아들여질 수 있다는 점은 매우 중요하다. 모든 이해 관심을 초월한 보편적인 정의 원리를 추구하는 것이다. 그러한 의도를 달성하기 위해서 사용되는 것이 '원초적 상태', '무지의 벨', '최소 극대화'와 같은 이론적 장치다. 그의 학문적 관심은 이러한 이론적 장치를 구사하여 사회계약설의 재생을 노리면서 당시 주류적 사회경제 사상인 공리주의를 대신하는 체계적 정의 이론을 구축하는 것이었다. 정의론은 미국을 뒤흔든 공민권 운동, 베트남 반전운동, 학생운동이 각각 평등·자유·진리라는 건국 이념이 해체되는 것을 급진적으로 고발한 직후, 대다수 미국 시민에게 정의를 요구하는 마음이 살아 숨쉬던 1970년대 초반 분위기와 맞물려 기대 이상의 반응을 일으켰다(川本, 1997 : 120). 1973년 4월 6일 티트머스는 사망하기 직전 다음과 같은 기록을 남기고 있다. '토요일 오후 입원할 때 나는 존 롤즈의 정의론이라는 책을 가져왔는데, 그것은 과거 25년 동안의 사회철학 분야에서 출판된 가장 중요한 문헌이다'(Titmuss, 1981 : 185).

정의는 질서 있는 공정한 사회에서 사람들이 사회적으로 협동할 수 있게 하는 규범적 원리다. 정의는 협동으로 얻는 이익을 분배하는 방법에 대한 공정한 기본 규칙이며 사회제도의 덕목으로서 최고의 자리에 있으므로 쾌락이나 자기실현 등 개인의 '선'보다 우선한다는 것이다.

정의의 원리를 도출하기 위해서는 우선 원초적 상태라는 가공의 상황을 설정한다. 이 원초적 상태에서 가상적으로 시민을 대표하는 자가 정의의 원리를 결정해 나간다. 이 가상의 대표자는 '무지의 벨'에 의해 개별적 이해와 자원에 대한 정보를 알 수 없어 선입견이 생길 수 없는 상황에서 바람직한 정의의 원리를 -최악 속에서 가장 나은 선택지를 고르는 원칙-에 근거하여 합리적으로 선택하도록 설정된다. 이러한 원초적 상태에 있어서 사회계약이라는 구도를 통해 정의의 원리는 공정하고 치우침이 없는 보증된 장치가 된다.

원초적 상태에서 도출되는 정의의 내용으로 두 가지 원리가 제시된다(Rawls, 2010 : 402). 제1원리는 각 개인은 평등한 기본적 자유의 가장 광범위한 전체 시스템에 대한 대등한 권리를 보장해야 한다. 제2원리는 사회적·경제적 불평등은 다음의 두 가지 조건을 충족하도록 편성되어야 한다. (a) 그러한 불평등이 정의로운 저축원리를 유지하면서 가장 불우한 사람들의 최대의 이익에 부합하도록 (b) 공정한 기회균등의 여러 조건 아래 모두에게 개방된 직무와 지위에 부합해야 한다.

정의론은 모두 서로 협력하며 생활할 수 있는 사회의 원리를 도출하려는 데에 의의가 있다. 또한 자신의 속성이나 이해관계를 알지 못하는 사람이야말로 사안을 공정하게 결정할 수 있으며 그리하여 결정된 것에는 보편성도 있다는 점에도 주목해야 한다. 아울러 모두가 평등하게 기본적 자유를 갖는 것을 전제로 하면서, 예를 들어 사회적·경제적 불평등이 생겨도 그것은 모두에게 기회의 평등이 보장된 토대 위에서의 불평등이 되는 사회원리를 끌어냈다는 점이 중요한 의의라 할 수 있다. 이처럼 롤즈에게 정의란 사회의 규범 원리가 충족해야 할 기본적인 성질이며 사회가 사회이기 위한 기본조건이 되는 것이다.

여기서 복지국가론의 구조를 논의할 때 빠뜨릴 수 없는 몇 가지 개념을 보다 자세히 살펴보자. 첫째, 최소 극대화 원리다. 이 원리는 출생으로 생긴 재능의 분배 및 분포를 공동의 자산으로 간주하여 사회적·경제적 편익을 나누려는 합의를 표시하는 것이다(Rawls, 2010 : 136-137). 즉, 이는 선천적으로 재능을 물려받은 사람들의 성과를 공동의 편익, 공동의 자산으로 살려 나가려는 합의를 의미한다. 이러한 논의의 배후에 있는 기본 발상, 즉 천부적인 재능이나 행운은 우연적인 것이므로 도덕적으로는 근거가 없다는 것으로 이후 평등에 대한 논의를 촉발시켰다(盛山, 2006 : 149). 미국의 경우, 이 원리는 소수자에 대한 적극적 우대조치나 복지국가 체제를 정당화하는 논거로 간주되었다(堀, 2007 : 291). 최소 극대화 원리는 재능이나 자원의 혜택을 받지 못한 사람들이라도 그러한 혜택을 누리는 사람들과 비교해 가능한 동등한 기회가 보장되어야 하며 그것은 자유롭고 평등한 사람들로 이루어지는 공정한 사회적 협동을 위한 조건이다(盛山, 2006 : 138). 즉, 공정한 사회적 협동은 모든 사람들에게 편익을 주는 것이며 그러한 협동에 의한 호혜적 편익이 불우한 사람들에게 미치는 영향이 강조되어 묘사된 것이라 할 수 있다. 이는 보편주의를 토대로 하는 선별주의 관점으로서 적극적 우대조치와 유사한 측면이 있다(Titmuss, 1971 : 168-169).

두 번째는 기본재다. 최소 극대화 원리는 개별 사회정책과 어울려 가장 불리한 상황에 있는 사람들이 인생의 희망을 장기적으로 최대화하도록 '최소(minimum)'를 요구한다(Rawls, 2001 : 227). 이러한 '최소'를 구성하는 기본적 자유를 별도로 정하려는 개념이 기본재(primary goods)다. 기본재란 개인이 어떠한 인생 설계를 하더라도 사회생활을 계속할 수 있게 하는 데 기본적으로 필요한 것이다. 다시 말하면 다양한 사회적 조건 또는 범용적 수단이며, 그것들은 시민이 정의 감각과 선의 구상을 적절히 발달시켜 충분히 행사할 수 있도록 하며, 각자의 확정적인 선의 구상을 추구하기 위하여 일반적으로 필요한 것이다. 시민이 자유롭고 평등한 사람으로서 일생을 보내는 데 필요한 것이기도 하다(Rawls, 2001 : 99-100). 그리고 그러한 재화의 적절한 리스트를 만들기 위해서는 인간이 현실적으로 무엇을 필요로 하는가에 대한 사실뿐만이 아니라 인격에 관한 정치적 구상을 함께 생각해야 한다고 강조하였다. 그는 필요한 재화로서 다섯 종류를 제시하고 있다(Rawls, 2001 : 101). ① 사상과 양심의 자유 등의 기본적인 권리와 자유, ② 이동과 직업선택의 자유, ③ 권위와 책임 있는 직무와 지위에 수반하는 여러 권력과 특권, ④ 소득과 부, ⑤ 자존과 사회적 기반이다.

최소 극대화 원리에 의해 이러한 기본재의 사회적 최소한이 정비되면 가장 불리한 상황에 있는 사람들을 포함하는 시민들은 인생의 전망에 있어서 경제적 · 사회적 불평등을, 즉 자신의 선천적인 사회계급, 선천적인 재능, 인생의 행로를 통한 행운에 의해 생긴 불평등을 규제하는 것으로서 분배적 정의를 생각하게 될 것이다(Rawls, 2001 : 228-229).

복지국가와 관련하여 필요에 대한 견해나 충족 방법에 대해 여전히 인간이 현실에서 무엇을 필요로 하는가와 같은 심리학적 · 생물학적 · 사회학적 사실에 의거한 이해와 논의가 대세를 차지하고 있다. 롤즈에 의한 기본재 사상은 그러한 실용적 자세를 다시 생각하게 하면서 정치사회의 구상 및 시민권의 필요성을 이해하는 데 중요한 시사를 제공한다.

세 번째는 재산소유제 민주주의다. 이는 롤즈가 자신의 논의와 기존의 복지국가의 차이를 강조하기 위하여 제기한 것으로 복지국가의 사후적 재분배의 미비를 극복한 보다 급진적인 제도 구상이다(川本, 1997 : 293). 그는 재산소유제 민주주의가 정의의 두 원리에 의해 표현되는 주요한 정치적 가치의 모든 것을 표현하는 정체로 보고 자본주의적 복지국가와 대비하는 형태로 재산소유제 민주주의의 윤곽을 묘사하였다. 자본주의 복지국가는 소수의 계층이 생산수단을 거의 독점하는 것을 허용한다. 하지만 재산소유제 민주주의는 소위 사후적으로 없는 사람들에게 소득을 재분배하는 것이 아니라, 오히려 처음부터 생산용 자산과 인적자본(교육과 훈련된 기능)의 소유를 폭넓게 확보하는 것, 게다가 이러한 모두를 기회의 공정한 평등을 배경으로 하여 확보하게 함으로써 그러한 독점을 회피한다(Rawls, 2001 : 248).

처음부터 복지국가는 명확한 이념이나 규범에 이끌려 만들어진 것은 아니었다. 1970년대 복지국가의 위기를 계기로 이후 복지국가의 옹호와 비판 등 그 정체성에 대한 관심이 높아지고 복지국가적인 규범을 원리적으로 생각하는 사상에 대한 요구가 높아졌다. 이에 다양한 규범이론이 등장하였고 그것은 롤즈의 정의론이 출발점이었다. 그는 기존의 복지국가의 문제점을 지적하며 그것을 대신하는 것으로 재산소유제 민주주의라는 구상을 제시하였다. 롤즈에 의하면 복지국가는 사후적인 최소보장에 치우쳐 있으그로 지원이 필요한 사람들이 생의 전망(life prospect)을 펼치게 하는 역할을 하지 못할 뿐만 아니라 사람들을 사회적 협동에서 배제당하게 한다. 사람들의 자기존중(self-respect)을 손상시키고 있는 것이다. 이 자기존중은 삶의 계획(plan of life)을 일생 동안 추구할 수 있다는 확신, 사회적 협동에 충분히 참가할 수 있는 사회의 대등한 구성원 중의 한 사람인 개인 자신으로 이루어진다(佐藤, 2011 : 9-10). 그렇다면 어떻게 해야 할 것인가.

여기에 대해서 롤즈는 자기존중은 삶의 계획과 사회적 협동에의 참가에 대한 상호승인이 필수적이며 사회의 기본제도는 그러한 상호승인을 가능하게 하면서 자기 존중이 손상되지 않는 사람으로서 개인을 처우할 수 있어야 한다고 생각하였다. 그러한 제도로서 롤즈는 재산소유제 민주주의를 구상하였던 것이다. 사전적인 자원배분을 통하여 자본의 형성을 도와 대다수 사람이 사회적 협동에 참가할 수 있게 되는 제도의 구상이다. 이 제도는 제도적 지원이 사후적이 아니라 사전적으로 이루어진다. 복지국가는 생산수단이나 자본이 불평등하게 배치되는 현실 사회의 초기설정에는 손대지 않고 사후적 재분배만 실시함으로써 출발지점의 불리한 조건을 방치한다. 그 초기설정은 자연적・사회적 우연성을 당연한 것처럼 한다. 그렇지만 그러한 우연성이 초래하는 이익과 불이익은 모두 공정으로서의 정의가 아니다. 사회적 협동에 참가하는 대등한 입장을 제도적으로 보장하는 것은 사회의 책임이다. 사회가 그러한 책임을 충실히 수행함으로써 비로소 개인은 스스로의 삶에 책임을 질 수 있게 된다. 또한 사전적 자원배분은 복지국가의 사후적 재분배로는 키워낼 수 없는 다양한 재능을 키워내어 사회적 협동을 질적으로 풍요롭게 하여 사람들은 자신이 실현할 수 없는 가치를 상호 보완적으로 누릴 수 있게 한다. 하지만 복지국가의 사후적 재분배 급여는 사람을 의존하게 만든다. 자본은 자립 및 자율의 근원이다. 뿐만 아니라 재산소유제 민주주의는 정치・경제・사회적 참가의 기회를 실질적으로 할 수 있다.

하지만 재산소유제 민주주의 국가에서 사회적 협동이 가능할지에 대한 비판이 있다. 왜냐하면 사회적 협동에의 참가를 위한 평가는 현재를 기준으로 해야 하기 때문이다. 현실적으로 자기존중은 일을 포함한 스스로의 활동에 대한 타인의 평가에 의해 매개될 수 있기 때문이다. 평가 기준 자체가 정의로운 기준이기보다는 어떤 시대 어떤 사회나 통용되는 데 불과한 우연적인 것이라는 비판이다(Rawls, 2001 : 16). 예를 들어, 우리는 노동을 통해 높은 임금을 얻어 생활하는 것을 가족의 돌봄이나 지역사회의 자발적인 활동보다 더 가치 있는 것으로 평가한다. 이러한 노동 규범을 중심으로 하는 평가 기준은 과거로부터의 전통이나 인간의 본성 어느 쪽도 아니다.

만일 현재의 사회보장제도가 보장범위와 수급자격 등 사회적 승인기준을 현재 공유되는 평가 기준보다 다양하게 확보할 수 있다면 복지국가를 통해 삶의 존중이 더 확보될 수도 있을 것이다. 제도에 의한 지원이 사람들이 현재 원하는 것뿐만 아니라 삶의 다양성과 평등의 존중을 위해 제도가 무엇을 해야 할지, 복지국가의 구상, 그 자체에 대해 충분히 고민할 필요가 있다.

그렇다면 재산소유제 민주주의를 통해 오히려 복지국가의 사회제도가 능동적 · 적극적 · 사전적인 형태로 혁신되어 인간의 능력을 개발하고 탁월한 활동을 끌어내는 긍정적인 복지국가로 가야 한다는 함의를 얻을 수 있을 것이다.

3. 복지국가의 이론

1) 산업주의

1950년대부터 1960년대에 걸쳐 사회과학에서는 산업이 발전하고 사회가 풍요하게 되면서 계급대립이 사라지고 이데올로기의 종언에 이르렀다는 논의가 대세였다(Bell, 1960; Parsons, 1951; Rostow, 1960). 산업화가 일정 단계가 되면 하층계급의 정치참가는 확대하고 계급대립의 완화와 함께 풍요한 중산층이 등장하면서 보다 통합적인 근대사회에 도달한다는 것이다.

산업화의 발달 정도에 따라 복지국가도 발전한다는 산업주의는 복지국가 발전이론에 큰 영향을 끼쳤다. 경제학에서는 쿠즈네츠(Kuznets)가 실시한 경제성장에 관한 체계적인 실증연구가 대표적이다. 그는 연간 총 생산량 3%, 연간 인구가 1%, 연간 1인당 생산량 2%로 지속적으로 성장하는 경제를 근대적 경제성장이라 정의하고 이러한 근대적 경제성장이 과학에 기초를 둔 공업 기술의 도입으로 1830년부터 1870년에 걸쳐 집중적으로 발생한 상황을 여러 국가의 국민소득 통계를 활용하여 규명하였다(Kuznets, 1966). 그리고 이러한 변화가 100년 동안 계속되면 인구는 3배, 1인당 생산량 5배, 그리고 총생산량은 15배로 늘어날 것이며, 그러한 변화가 생산・분배・지출의 각 방면에 끼치는 영향을 체계적으로 분석하였다(鎮目・近藤 編, 2013 : 23-25). 쿠즈네츠는 경제 성장기 초기에 소득분배의 불평등이 높아진다는 사실을 밝혀냈다. 경제성장은 농업 분배율을 높게 하여 1인당 소득상승을 통한 노동자의 교육투자를 자극하게 되어 미숙련 노동자의 비율은 낮아지고 노동자 계급의 전문 사무직화가 진행된다. 이러한 측면에서 마르크스가 주장했던 프롤레타리아의 궁핍화 가설은 옳지 않다고 지적한다.

마르크스에 대한 비판은 영국의 산업 혁명사 연구를 진행했던 로스토우(Rostow)에 의해서도 제기되었다. 그는 '비공산당선언'이라는 부제를 가진 그의 주 저서 『경제발전의 단계』에서 마르크스의 사적 유물론을 대신하는 역사관으로 ① 뉴튼 이전의 과학에 기초를 둔 전통적 사회, ② 이륙을 위한 선행 조건기, ③ 이륙, ④ 성숙으로의 전진, ⑤ 고도의 대중 소비시대의 5단계 경제발전 단계를 제시하였다. 한 번 이륙한 경제는 성장이 사회의 정상적 상태로 자리잡는다고 주장하였다(Rostow, 1960). 일단 이륙한 경제는 거의 60년의 세월이 필요한 성숙단계를 향하며, 나아가 내구 소비재와 서비스 등이 보급되는 높은 수준의 대중소비시대로 연결될 것이라 전망하였다. 여기에서 말하는 '이륙'은 쿠즈네츠의 근대적인 경제성장이 시작되는 시기와 거의 겹치고 있다. 성숙기에서 고도의 대중 소비시대로 향하는 단계는 선택의 시기이면서 동시에 위험한 시기에 해당한다고 하였다. 즉, 어떤 국가는 전쟁국가를 지향하거나 반대로 복지국가를 선택할 것이다. 또한 내구 소비재와 서비스의 대중 소비를 선택 할 수밖에 없을 것이라고 보았다. 그리고 산업화를 통한 이와 유사한 운명이 사회주의 국가나 개발도상국을 기다리고 있다는 것이다(이명현, 2020 : 80).

경제학자에 의해 진행된 마르크스의 사회적 유물론을 대신하는 산업화 이론은 사회학자나 정치학자에 의해서도 공유되었다. 예를 들어, 사회학자 벨(Bell)은 공업화에 의해 실현된 풍요한 사회가 찾아오면서 계급투쟁을 통한 사회변혁의 이념은 그 효력을 상실했다고 주장하며 이데올로기의 종언을 단언하였다(Bell, 1960). 또한 정치학자 리프셋(Lipset)도 민주주의 안정성은 정치체제나 정치적 이데올로기의 차이 이상으로 부와 소득수준, 공업화, 도시화, 교육수준과 같은 경제발전 수준과 관련이 있다면서 이데올로기의 종언을 주장한다(Lipset, 1960). 산업생산이 발달하는 과정에서 정치학자는 정치적 민주화가, 또한 사회학자는 사회적인 계급구조의 개방화와 소득분배의 평등화가 진행될 것으로 전망하였다(이명현, 2020 : 81).

그런데 노사관계 연구자에 의해 진행된 산업화에 관한 체계적인 국제비교－산업화에 있어서 경영자와 노동－에서 ① 소득의 평준화, ② 복수의 이익집단에 의한 권력의 공유화, ③ 직업이동에 의한 사회계층 구조의 개방화와 같은 공업화를 경험한 국가들이 공통적으로 경험하는 현상과 함께 전통문화나 환경의 차이에 의해 생기는 독자성을 지적하였다(Kerr et al., 1960). 이러한 독자성을 바탕으로 마르크스주의의 계급투쟁의 경로와는 다르게 산업화를 향한 다차원적 경로를 언급하였다. 특히 흥미로운 점은 산업화를 선도하는 엘리트가 ① 세습적 엘리트(일본, 독일), ② 중산계급 엘리트(영국, 스웨덴), ③ 혁명적 지식층 엘리트(소련, 중국), ④ 식민지 행정 엘리트(식민지), ⑤ 민족주의 엘리트(이란, 인도, 이집트) 중 어디 해당하는지에 따라 산업화의 속도, 자본형성의 방법과 우선순위가 결정되고 어떤 교육 및 인구정책을 선택할지가 결정된다는 것이다. 이러한 차이에 의해 여러 국가의 노사관계의 다양성이 나타난다는 것이다. 다원적 산업화라는 관점과 그 귀결로서의 노사관계 제도의 다양성에 주목하는 이 관점은 윌렌스키의 수렴이론에도 영향을 끼쳤다.

윌렌스키는 『복지국가와 평등』에서 1966년의 세계 60개국의 국제비교 데이터를 사용하여 각 국가의 사회보장비율이 어떠한 메커니즘으로 결정되는지를 밝히고 있다. 그 결과를 보여주는 것이 |그림 1|이다. 이 경로는 세 가지 다중회귀분석의 결과를 하나로 정리한 것이다(Wilensky, 1975).

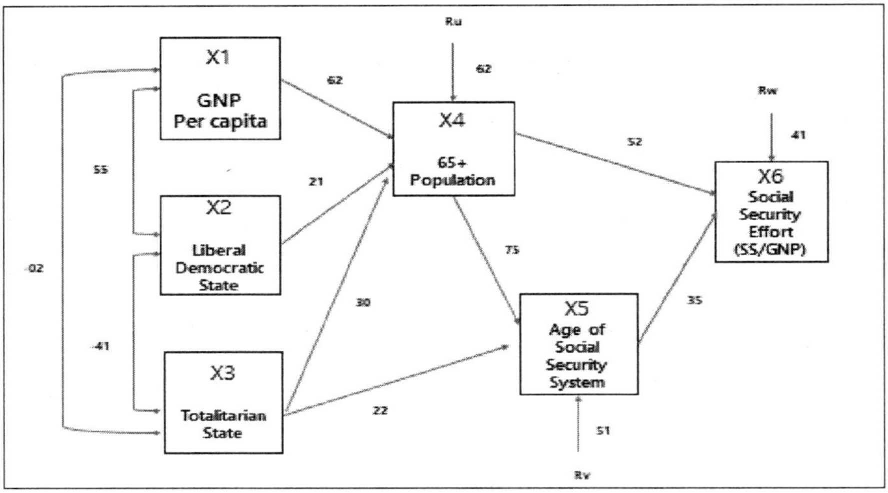

X6 : 1966년도 사회보장 비율(GNP 대비)

X5 : 5개의 사회보장 프로그램(산재보험, 연금보험, 의료보험, 실업보험, 가족수당)이 도입된 이후의 경과 햇수를 합산하여 1966년 시점으로 제도의 경과 햇수를 표시

X4 : 1966년 시점의 전체 인구에서 차지하는 65세 이상 인구 비율

X3 : 1966년 당시, 전체주의 국가 여부를 표시하는 더미변수

X2 : 1966년 당시, 자유민주주의 국가 여부를 표시하는 더미변수

X1 : 1966년 1인당 GNP

Rw Rv Ru : 잔차

▮그림 1▮ 사회보장지출의 인과모델

자료 : Wilensky(1975). The Welfare State and Equality. Berkley : University of California Press, p. 25.

우선 사회보장비율을 종속변수로 회귀분석을 실시하고, 이후 이 변수를 생략하고 사회보장제도의 경과 횟수를 종속변수로 회귀분석을 실시한 후, 두 변수를 생략하고 65세 이상 인구비율을 종속변수로 하는 회귀분석을 반복하여 실시하여 얻은 결과이다. 이들 변수 이외에 회귀분석에 이용한 독립변수는 각국의 경제발전수준을 표시하는 1인당 GNP로, 정치 체제의 차이를 나타내는 자유주의 민주국가, 전체주의 국가를 더미 변수로 하였다. 여기에서 사용된 모든 변수는 평균 제로, 분산 1로 표준회귀계수를 표시하였고 +는 정의 관계, -는 부의 관계를, 그리고 0은 관계없음을 나타내는 것이다.

이 경로 다이어그램에서 사회보장비율을 각 국가의 복지 노력으로 볼 경우, 그것을 직접 결정하는 것은 각 국가의 고령화의 정도를 보여주는 65세 이상의 인구비율, 복지 관료제의 강도 혹은 사회보장 제도의 성숙도를 보여주는 도입 후의 지난 시간이다. 그리고 공업화에 의한 경제발전 수준을 보여주는 1인당 GNP가 높게 나타나는 국가는 출생률 저하와 함께 빠르게 인구 고령화가 진행되고, 그러한 고령화가 진행된 국가일수록 사회보장제도가 빠른 단계에서 도입되므로 사회보장제도의 도입 후의 기간이 증가하는 관계가 성립된다(鎮目・近藤 編, 2013 : 27).

또한 정치 체제의 차이를 보여주는 자유주의 민주국가의 변수는 65세 이상의 인구비율에 약한 정의 영향을 미치고 있다. 마찬가지로 정치 체제의 차이를 보여주는 전체주의 국가의 변수는 65세 이상의 인구비율과 사회보장제도 도입 후의 경과 시기에 각각 약한 정의 영향을 미치고 있다. 그렇지만 윌렌스키는 이러한 영향은 정치 체제별 경제발전 수준의 차이가 반영된 의사(擬似) 상관관계에 불과하다고 단정한다. 따라서 정치 체제의 차이에 관계없이 각 국가의 복지 노력은 산업화가 초래한 인구학적・관료주의적 영향에 의해 설명할 수 있다고 하여 복지국가의 수렴이론을 지지하는 근거로 사용하였다. 윌렌스키가 국가 비교 데이터를 사용하여 분석한 사회보장비율의 결정요인에 대한 인과관계는 사회보장비에서 매우 큰 비중을 차지하는 연금급여비와 의료급여비를 조사하는 방식을 통해서도 확인할 수 있다(鎮目・近藤 編, 2013 : 27-28).

연금급여비 = 총인구 × (고령인구/총인구) × (연금수급 인구/고령인구) × 연금수급 인구 1인당 연금액

의료급여비 = 총인구 × (질병인구/총인구) × (진료인구/질병인구) × 1건당 진료기간 × 건당 1일 의료비

연금급여비에 대해 살펴보면 고령인구/총인구는 고령화 요인에 해당하며 연금수급 인구/고령인구와 연금수급 인구 1인당 연금액이 사회보장제도의 성숙화 요인에 해당한다. 사회보험방식으로 운영되는 연금제도는 보통 노령연금을

수급하는 데 있어서 최소자격 기간이 정해져 있으며 제도가 성숙화되지 않는 한 고령인구 가운데 실제 연금을 수급할 수 있는 사람은 극소수다. 또한 고령자가 받는 노령연금 액수는 보험료 납부 기간에 비례하므로 연금제도의 성숙도, 즉 제도의 경과 시간이 증가함에 따라 높아지는 경향이 있다.

한편 의료급여비도 고령화 요인 및 제도의 성숙화 요인이 포함되어 있다. 질병인구/총인구는 보통 고령화가 진행되면 그 비율이 높아진다. 이는 고령자일수록 발병률이 높기 때문이다. 또한 고령자가 걸리는 질병의 다수는 만성질환이므로 고령화가 진행되면 1건당 진료기간은 길어지는 경향이 있다. 따라서 고령화 요인으로 볼 수 있을 것이다. 또한 진료인구/질병인구는 일찍부터 의료공급의 사회화를 추진한 국가일수록 높아지는 경향을 보일 것이므로 제도의 성숙화 요인과 관련이 있다. 단지 건당 1일당 의료비를 고령화 요인이나 제도의 성숙화 요인으로 설명하기는 어렵다. 의학의 발전과 함께 의료기술이 높아지고 있으며 동일한 질병을 치료하는 경우라도 과거에 비하여 의료단가가 상승하고 있기 때문이다(鎮目・近藤 編, 2013 : 28).

1970년 중반 이후 일어난 석유 위기를 계기로 선진 복지국가의 경제 사정은 매우 악화되었다. 이를 계기로 윌렌스키의 주장, 즉 정치 체제나 이데올로기의 차이와 관계없이 산업화를 경험한 국가는 인구 고령화와 사회보장제도의 성숙화를 통하여 복지국가를 확대하지 않을 수 없다는 이론은 큰 비판에 직면하게 된다. 산업화에 의한 복지수렴이 더 이상 통하지 않는다는 의미에서 수렴의 종말론이라 할 수 있을 것이다. 수렴의 종말이란 석유 위기 이후의 경제적 성과의 차이를 반영하여 서방 선진국이 ① 복지국가를 선택적으로 축소하는 집단(앵글로 색슨 국가)과 ② 복지국가를 선택적으로 유지하는 집단(북유럽, 유럽 대륙) 두 개로 구분되는 동향을 반영하고 있다(武川, 1999).

실제 윌렌스키 자신도 이러한 사실에 직접 주목한 연구자이다. 그의 복지국가 연구의 출발점은 애초 20세기 산업문명을 이끌었던 미국이 왜 복지국가 경쟁에서 지체되었는지를 해명하는 것이었다(Wilensky & Lebeaux, 1958). 그리고 그 이유를 복지국가의 국제비교 연구에서 찾고자 하였다. 윌렌스키는 복지국가의 수렴과는 별개로 서방 선진공업국 경우에 다양성을 확인할 수 있었다고 언급하고 있다. 여기서 복지국가의 다양성이란 매년 증가하는 복지지출에 대한 납세자의 반발이 심한 국가와 그렇지 않은 국가의 차이, 또한 경제발전 수준은 유사하지만 서로 다른 복지확충 노력, 나아가 막대한 국방비 지출로 인하여 복지지출을 삭감하지 않을 수 없는 국가와 그렇지 않은 국가와의 차이 등이다. 이러한 다양성이 나오는 원인을 노사정의 협조주의적 협의 체제인 네오코포라티즘에서 찾고 있다(Wilensky, 1976). 1980년에 들어와 수렴종말론을 주장하는 논자들 다수가 네오코포라티즘에 주목하였다(Goldthorpe, 1984). 특히 주목을 받은 연구는 서구 선진국의 실업률이 네오코포라티즘 성립의 전제조건인 노사관계의 집권화 정도와 깊이 관계되어 있다는 주장이었다(Camfors & Driffill, 1988; Goldthorpe, 1984). 1980년 노사관계의 집권화 정도와 실업률과의 관계를 살펴보면 노사관계의 중앙집권화 정도가 극단으로 높은 북유럽 국가와 역으로 노사관계 집권도가 극단적으로 낮은 앵글로색슨 국가는 실업률이 비교적 양호하였다. 한편 노사교섭이 산업별로 이루어지고 그 때문에 노사관계 집권화 정도가 중간 수준인 유럽대륙 국가의 경우 실업률이 오히려 악화되었다. 이런 점에서 중앙집권적인 노사관계하에서 노사정의 협조주의적 협의체제를 이용하여 임금수준을 낮게 억제할 수 있었던 국가는 고용악화를 방지하는 데에 성공하였다. 그런데 노사관계가 극단적으로 분권적이며 임금 결정을 사실상 시장 메커니즘에 맡겨 온 국가는 마찬가지로 고용악화가 상대적으로 완화되었지만, 고용의 질은 악화되었다(이명현, 2020 : 86).

이러한 고용 상황의 차이는 복지국가를 유지한 국가와 축소한 국가의 차이를 낳은 중요한 계기가 되었다고 할 수 있다. 즉, 협조적인 노사정 협의체제가 강한 북유럽 국가들은 양호한 고용성과를 배경으로 복지국가를 선택적으로 유지할 수 있었으며, 또한 영국과 미국처럼 노사관계가 분권적인 국가에서는 시장원리를 더욱 철저히 활용하기 위하여 복지국가의 선택적인 축소에 나설 수밖에 없었다. 그리고 중범위적 수준에서 노사정 협조주의적 협의체제에 의존한 유럽대륙 국가는 오히려 1980년에 고용이 나빠지고 일정한 국가 단위에서 그 해결을 도출하기가 어렵게 되었으므로 유럽공동체(EC)의 시장통합 구상으로 기사회생의 길을 모색하게 되었다(鎭目・近藤 編, 2013 : 30).

산업화 이론은 각국이 특정한 국가 단위에서 각자 산업발전의 길을 걸어갈 것이라 가정했다는 의미에서 공업화를 전제로 하고 있는데, 이러한 가정은 탈공업화로 인한 서비스화의 진행과 경제활동의 세계화로 인한 격렬한 국제경쟁의 심화가 진행되면 성립될 수 없다. 고도로 산업화된 복지국가에서 서비스화가 일어나는 이유는 국민의 소득수준 향상에 있다고 상정되어 왔다. 즉, 서비스 수요는 소득 탄력적이므로 국민의 소득수준이 향상하면 반드시 국민의 소비 수요는 상품으로부터 서비스로 이동되기 때문이었다(鎭目・近藤 編, 2013 : 31). 산업화의 진행은 수렴보다는 욕구 다양화로 인한 서비스 수요를 증가시켰다. 이는 수렴의 종말을 불러오는 중요한 계기가 되었다고 할 수 있다. 요약하자면 복지국가의 발전에 있어서 산업화로 인한 경제적 발전이 다양한 변화를 초래했다는 해석이다.

발전은 산업화와 함께 사회의 전반적인 현대화와 민주화를 초래하면서 진행되었다. 산업화론은 복지국가의 태동과 발전을 연구하기 위해서 많은 선진 산업국가들을 분석함으로써 어느 정도 경향성을 도출할 수 있었다. 하지만 이미 지적한 것처럼 산업화 수준이 높은 국가들 사이에서도 복지국가 발전의 차이가 발생한다는 점과 복지제도의 내용이나 구성이 서로 다르게 나타날 수 있다는 점에 대한 논리적 설득력이 부족하다. 비슷한 산업화 수준을 가진 스웨덴, 독일, 미국 간에 복지국가 발전의 차이가 발생하는 데 대한 분석이 다르다는 것이다. 미국은 세계 최고 수준의 GDP를 자랑하지만, 복지지출은 하위권이다. 산업주의가 이러한 예외적 상황을 설명하기는 어렵다. 또한 계급적 차원에서 논의는 찾을 수 없다. 예를 들어, 사회적 불평등, 사회 통제적 관점을 고려하지 않고 복지발달을 설명한다. 복지문제가 사회구조적 원인에 있다면, 사회복지

발달의 역사에서 불평등 문제를 논의하지 않을 수 없다. 불평등 해소를 위한 갈등과 투쟁의 역사도 무시할 수 없는 것이다. 노동조합이나 정부의 성격, 인권 의식의 성장, 사회문제와 기본욕구 충족에 대한 요구와 사회운동이 분출되어 복지발달을 초래했다는 관점을 반영할 필요가 있다.

2) 권력자원론

1980년대 이후 신정치경제학이라는 새로운 조류가 등장하였다. 이 조류에 의하면 정치와 경제, 즉 국가와 자본주의는 각각 별도의 메커니즘으로 움직이면서 상호 관련하고 있다. 어느 쪽이 어느 쪽을 규정하는 것이 아니다. 경제 영역에서는 자본주의가 발전하며 계급대립이 일어나게 된다. 정치 영역에서는 의회민주주의가 뿌리내리고 노동자 계급도 자신들의 정당을 지지하여 정치에 참가할 수 있게 된다. 좌우 당파 사이에 경쟁이 생기고 자본주의의 틀 내에서 그것을 수정하는 고용정책, 사회보장정책이 실현된다. 즉, 복지국가의 형태를 규정하는 것은 경제수준이나 자본주의계급의 지배가 아니라 좌우의 정당 경쟁에 의한 정치다(Esping-Andersen, 1990).

정치와 경제의 상호관계를 고찰하는 신정치경제학은 다양한 분야에 응용되었으며, 특히 권력자원론(Power Resource Theory)은 복지국가 연구의 혁신에 큰 영향을 끼쳤다(Esping-Andersen, 1990; Hicks & Mishra, 1993; Korpi, 1989; O'connor & Olsen, 1998).

권력자원론은 자본과 노동 사이의 힘의 역학관계 중에서도 노동계급의 권력자원 동원 정도에 따라 복지국가 발전이 달라진다고 주장한다. 노동계급의 권력자원이란 노동조합 가입률, 노동조합 조직 사이의 통합이나 분열의 정도, 노동계급과 좌파정당의 결합과 지지도를 말한다. 스웨덴과 같이 노동조합 가입률이 높고 전국적으로 통일적인 노동조합의 조직을 갖추었으며, 사회민주주의 정당과 노동조합 세력의 연계성이 강한 국가일수록 복지국가 발전의 정도가 높다는 것이다. 유사한 논리로 생각하면 미국처럼 노동계급의 권력자원 동원의 정도가 낮은 국가들은 선진 산업국가라고 해도 복지국가 발전의 수준은 낮게 나타난다. 산업주의 이론에서 관심을 두지 않았던 노동계급의 정치세력화의 정도가 복지국가 발전에 매우 중요한 영향을 미쳤다는 사실을 강조하고 있다는 점이 특징이다. 예를 들어, 1970년 중반의 경제협력개발기구(OECD) 내 주요국의 노조조직률은 최저 25%에서 최고 55%까지의 분포를 보이는데, 이는 2000년까지 하락하는 경향과 비교하면 매우 높은 수준의 정치세력화를 보여주는 것이다. 하지만 사회민주주의 자체가 태생적 한계를 가지고 있다는 주장도 제기된다. 즉, 사회민주주의 정치이론으로 복지국가 발전을 설명하는 데에 한계가 있다는 것이다. 오히려 결정적 요인들은 노동자 계급의 권력자원 동원뿐만 아니라 중간계급과의 연계 여부가 중요하다는 것이다(이명현, 2020 : 89).

❙그림 2❙와 같이 2000년 이후 사회민주주의 정당의 정치적 영향력은 지속적으로 약화되어 왔다.

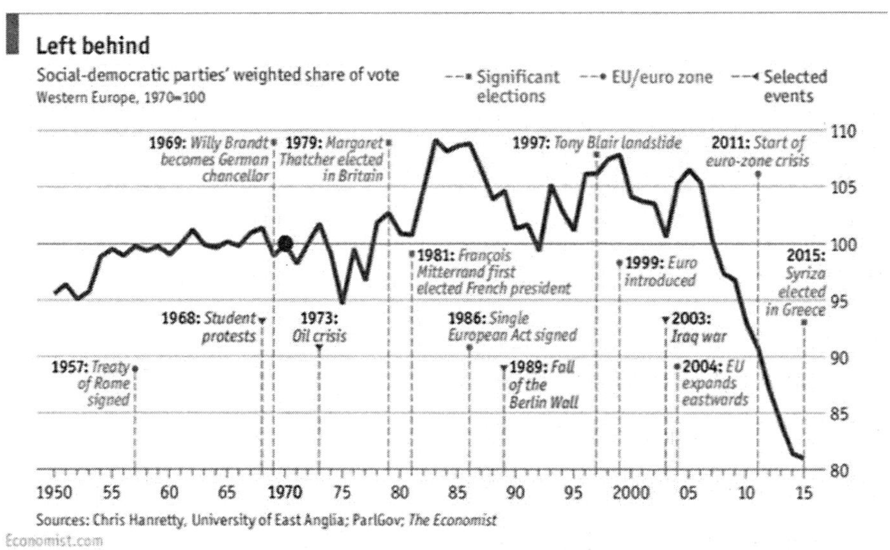

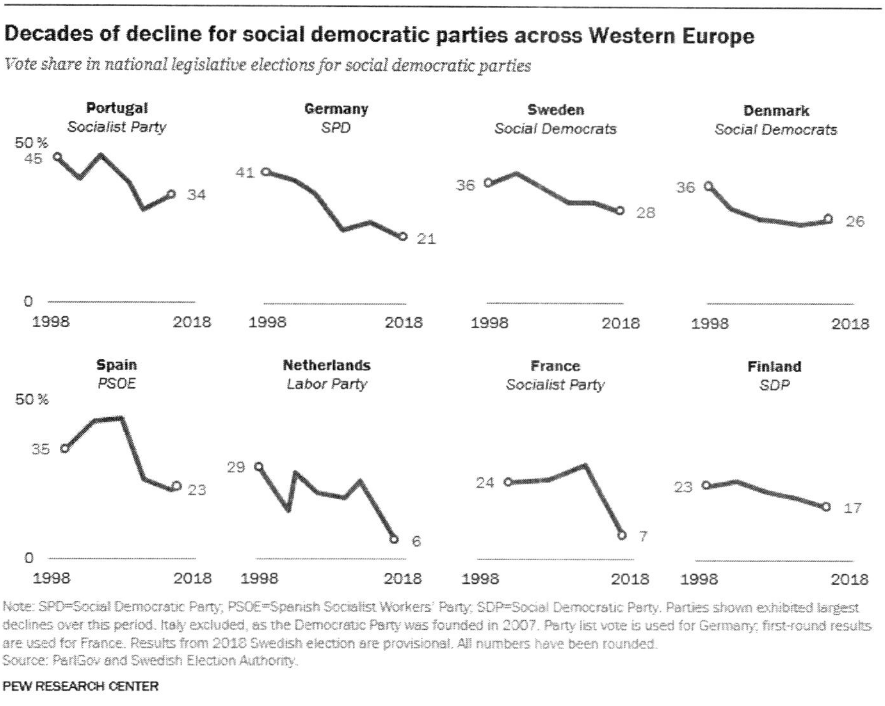

자료 : 블로그 Santacroce, 2018.9.13., 유럽 중도 좌파의 몰락. 힘을 잃고 있는 사민주의 정당들 https//m.blog.naver.com/santa_croce/221358128520) 2021. 8. 16 접속

| 그림 2 | 사회민주주의 정당의 정치적 영향력 분포

요약하자면 복지국가의 규모를 규정하는 것은 노동조합의 권력의 정도와 좌파정당의 노동자 이외의 지지층의 범위라는 것이다. 복지국가는 자선이나 시혜가 아니라 시민의 권리로서 탈상품화(decommodification)를 보장하려는 국가의 형태다. 탈상품화 정도는 공공사회지출의 크기만으로 결정되지 않는다. 의료보험 · 연금 · 실업급여의 급여수준, 급여를 받는 데 필요한 납부기간, 급여기간 등 소위 복지의 관대성을 보여주는 다양한 질적 지표를 조합하여 측정한다. 이 지표를 도입한 것은 노동자 계급의 운동은 탈상품화를 지속적으로 요구했기 때문이다. 노동운동의 권력자원이 커지고 좌파정당이 정권을 잡는 기간이 길수록 탈상품화 수준은 높아진다. 역으로 우파정권의 기간이 길수록 그 수준

은 상대적으로 낮아질 가능성이 크다. 탈상품화가 어느 정도로 시민에게 보장될 것인지는 제도에 따라 다르므로 복지국가가 반드시 시민의 평등을 실현한다고는 할 수 없다. 복지국가 자체가 시민 사이의 계층화를 초래하는 경우도 있다.

그런데 복지국가의 형태는 경제발전의 수준만으로 규정되는 것은 아니며 노사의 계급대립에 의해 규정되는 것도 아니다. 오히려 다양한 사회집단 사이의 대립이나 권력의 관계를 배경으로 좌우정당의 경쟁을 매개하는 것으로 결정된다는 것이 다양성을 보이는 복지국가의 변화를 설명할 수 있는 이론일 것이다. 하지만 권력자원론도 완전한 것은 아니다. 우선 노사의 계급권력, 특히 노동자계급의 영향력에 지나치게 집중한다. 권력자원론을 내세운 코르피나 에스핑안데르센은 북유럽의 노동운동 경험을 모델로 이론을 조합하였다. 그러나 북유럽 이외의 국가도 포함하면 복지국가의 형성에 영향을 끼친 것은 노동운동만은 아니다. 유럽 대륙의 국가는 가톨릭의 영향도 크고 보수적인 관료의 권력, 사용자의 온정주의도 무시할 수 없다. 더욱이 권력자원론은 젠더, 인종과 같은 다른 중요한 사회집단의 권력관계가 누락되어 있다. 권력자원론의 중요한 지점은 다양한 사회적 균열을 반영하는 집단이 국가를 장으로 하여 투쟁하기 위하여 조직화하고 그들의 권력 관계가 정당을 통하여 정치로 반영되는 것이다. 이러한 발상을 살리기 위해서는 노사의 계급 관계뿐만 아니라 젠더, 인종 등에 의한 사회적 분열도 고려하고 이들 행위자 사이의 권력 관계가 어떻게 국가의 정책에 반영되는지를 고려해야 한다. 특히 우월적인 사회집단에 의한 사회규범의 영향에 주목할 필요가 있다. 이를 통해 여러 복지국가가 어떠한 목적을 가지고 형성되었는지를 역사적 문맥 속에서 분명히 할 수 있을 것이다. 아울러 복지국가의 본질을 탈상품화로 보는 견해도 다시 생각해보아야 한다. 최근 복지정책의 역할이 노동자의 기술력 형성이나 인적자본 투자를 통한 재상품화로 보는 견해도 강해지고 있다. 하지만 이러한 논의는 복지국가를 이끌었던 행위자 대다수가 자본주의 시장이 초래한 권력 관계로부터의 자율과 해방을 요구하였던 역사적 사실을 과소평가하고 있다.

에스핑 안데르센의 탈상품화는 실업이나 질병 등에 의해 일시적으로 일할 수 없게 된 사람들에 대한 기초적 생활보장에 한정된다는 지적도 중요하다(Room, 2000 : 333). 실제 복지국가의 형성에 영향을 끼친 행위자－노사뿐만 아니라 농민, 지주계급, 자영업자, 종교계급 등의 보수주의자와 노동자, 중산계급 등－는 각자 자본주의와 연결된 계급・종속・격차로부터의 해방이나 자율을 요구하는 운동을 전개하였다. 더욱이 1970년대 이후 선진국에서는 복지국가의 획일성을 비판하고 보다 유연한 노동방식이나 생활양식, 기본소득 등을 요구하는 사회운동이 활발해지고 있다. 노사계급의 일체성은 해체되고 오히려 생활과 노동방식, 젠더의 평등, 이민의 권리, 환경 등을 둘러싼 새로운 대립이 부상하고 있다(Kitschelt, 1997). 1990년대 이후의 서구 정치에서는 최저생활수준을 보장하기 위한 재분배의 형태는 더 이상 좌우의 대립 축이 아니었다. 새로운 대립은 자유지상주의(libertarism)와 권위주의라 할 수 있다. 즉, 자유에 대한 규범적 대립이며 그 대항을 담당하는 사회운동이 복지국가의 변화를 초래하는 새로운 요인이라는 것이다. 따라서 복지국가의 전환을 보다 넓은 시야에서 이해하기 위해서는 노동과 자본의 계급대립 이외의 행위자까지 고려하여 그에 대응하는 정책들을 분석할 필요가 있다. 가장 중요한 변화의 요인이 노사관계라 할 수 있지만, 그 이외에도 젠더, 종교, 인종에 의한 사회적 분열도 살펴야 한다. 행위자 간의 권력 관계에 의해 어떤 사회적 규범이 형성되었는지 살펴보고 이러한 사회규범이 복지국가의 변화를 끼쳤다는 점을 확인해야 할 것이다. 특히 워크페어와 자유선택(free choice)과 같은 복지국가의 대립적 정책관이 형성되어 이를 둘러싼 대립과 경쟁의 양상도 충분히 검토할 필요가 있다.

3) 계급투쟁론

근대사회를 단선적인 발전 과정이 아니라 계급대립으로 관철된 사회로 받아들이는 것이 계급투쟁론이다. 전후 사회과학에서 산업화론과 계급투쟁론은 오랫동안 대항적인 관계였다. 계급투쟁론에 의하면 근대사회를 규정하고 있는 것은 생산수단의 사유와 무한의 자본축적을 특징으로 하는 자본주의다. 자본주의는 생산수단을 소유하는 자본가와 그것들을 소유하지 못하고 노동임금으로만 생활을 꾸려나가는 노동자 사이에 근본적인 대립이 생긴다. 국가는 이 계급대립을 완화하고 자본주의를 장기적으로 존속시키기 위한 장치라 간주한다.

19세기 계급투쟁론을 주장한 마르크스는 국가를 자본주의계급에 의한 지배의 도구로 이해하였다. 그러나 복지국가가 발전하는 20세기 후반이 되면 일부 마르크스주의자들은 자본주의와 국가가 보다 유연한 상호관계를 맺는다고 생각하기 시작하였다. 국가는 계급대립에서 상대적으로 자율적이고 자본가 계급의 이익에 반하는 재분배 정책이나 사회보장정책을 행한다(Poulantzas, 1978).

한마디로 복지국가는 자본주의 발전의 결과물이 되는 것이다. 자본주의 착취가 점차 증가하여 노동력의 재생산마저 위협받게 되면서 잉여가치 창출을 위해 임금 노동과 자본 사이의 모순을 완화시키려고 복지국가는 노동자를 통제하며 자본주의 정치체제를 대중들이 계속 지지하도록 만드는 안전판 역할을 담당하게 된다. 하지만 복지국가는 기본적으로 근본적인 대안이 될 수 없다. 그 이유는 자본주의 생산관계에서 비롯되는 많은 모순들을 해결하지 못하고 단순히 사후적으로만 문제가 커지지 않도록 관리하기 때문이다. 따라서 복지국가는 질적으로 새로운 단계의 발전은 아니며 일종의 환상에 불과하다는 것이다. 복지국가의 발전은 자본주의 체제 안정에 도움은 되지만 결국 문제를 일으킬 수밖에 없다. 점차 재정적자는 누적되고 인플레이션이 심화되어 국가는 재정위기에 맞닿게 된다. 복지국가는 미봉책에 불과하며 완전한 해결책은 자본주의 체제를 극복함으로써 자본주의 모순을 완화하는 것뿐이라는 결론에 도달한다.

하지만 노동자 계급이 복지국가 발전에 적극적으로 기여했고 복지국가를 통한 사회적 재분배는 많은 사람의 생활조건을 크게 향상시켰다. 복지국가를 단순한 환상에 불과하다고 단언할 수만은 없다. 복지가 실제로 노동자 계급이나 한계 계층의 삶의 질을 바꾸었다는 점에 대해서는 인정해야 할 것이다.

현대 사회를 계급대립이 관철된 질서로서 받아들이고 복지국가를 계급대립의 일시적인 완화 장치로 여기는 이러한 논의는 1970년대 이후의 선진국에서 볼 수 있는 경제적 정체나 재정적자를 설명하는 데에 있어 일정한 설득력을 가지고 있었다. 다만, 이후의 실태를 생각하면 이러한 논의도 일정한 문제점을 안고 있었다. 첫째, 복지국가의 위기나 모순이라는 상정에 반하여 거의 대부분 선진국은 1980년대 이후에도 공공사회지출이 늘어나고 있었다. 현대국가에 의한 자본주의 수정이 어떤 시점에서 한계를 직면하는지는 경험적인 증거를 통해 찾기는 어려울 것이다. 20세기 후반의 마르크스주의자들은 계급대립을 중요시하는 나머지 국가도 또한 최종적으로 자본주의에 의해 규정되고 본질적으로 모순에 직면하여 분열될 것이라 확신하고 있었다. 둘째, 애초부터 현대 사회를 자본가와 노동자의 계급대립으로 환원하여 파악하는 것이 타당한 것인가에 대한 문제가 제기되었다. 20세기 후반 선진국은 사무직 및 전문직과 같은 중산계급이 꾸준히 증가하였다. 노동자 및 자본가의 두 계급으로의 수렴은 관찰되지 않았다. 애초부터 계급투쟁론이 상정하는 경제적・문화적・정치적인 일체성을 가진 계급이라는 집합체를 단언할 수 있는 것이 아니다. 실제로는 기업이나 사용자의 이익은 다양하며 노동자의 이익도 다양하다. 계급이란 생산관계로 규정된 집합이기보다도 정치적 운동이나 대항 관계 속에서 구축되는 것으로 간주해야 한다(Giddens, 1973). 오늘날 선진국은 젠더나 인종 등 보다 다양한 집단 간의 균열이 나타나고 있다.

4) 신제도론

'제도'의 다중적 성격에 초점을 두고 제도의 기능과 성격을 규정하고, 이를 토대로 제도의 탄생과 변화를 분석하는 사조가 신지도주의(new institutionalism)다. 초기 제도주의는 분석이 없이 단순히 국가 간 제도들의 내용을 기술하거나 비교하는 데 머물렀다. 이에 반해 신제도주의는 행위자들의 목표나 행위자들

간의 권력관계를 형성하거나 매개하는 변수로서의 '제도'의 특성에 주목한다(허용창, 2017 : 129). 여기서 제도는 정치제도와 복지제도 모두를 포함한다. 예를 들어, 중앙집권주의 또는 연방주의, 단원제 의회 또는 양원제 의회, 위헌법률심사제도 여부, 직접민주주의 여부를 기준으로 분석하는 것이다. 또한 사회보장제도의 현재 구조를 급여의 대상과 수준의 보편성, 현금급여와 현물급여의 비중, 복지 제도의 전달체계, 복지재원의 구조 등을 기준으로 분석할 수 있다.

정치제도가 복지국가 발전에 미치는 영향과 관련하여 고도로 중앙집권화된 정치구조에서 복지국가는 더욱 발전하지만, 분권화된 경우에 복지국가 발전이 지체된다는 주장도 제기되었다(Wilensky, 1975 : 52-53). 예를 들어, 미국과 같은 연방주의 중심의 분권화된 국가, 스웨덴과 같은 중앙집권화된 국가의 복지국가 발전을 상대적으로 비교하면 후자가 더 복지발전의 정도가 높다.

선거제도와 관련해서 비례대표제를 실시하는 국가는 복지국가와 공공부문의 발달 수준이 상대적으로 높다고 알려져 있다. 그 이유는 비례대표제는 보다 다양한 유권자들의 의견을 정책에 반영할 수 있으므로 정치적 합의에 이르기 쉽고 높은 복지지출이 가능하기 때문이다. 반면 연방주의나 양원제도를 실시하고 있는 국가는 과도한 정치적 경쟁으로 인하여 복지국가 발전이 상대적으로 제한된다는 것이다. 하지만 중앙집권화된 국가는 오히려 정부의 복지책임이 집중되어 부담이 커지는 문제가 생기고 분권화된 국가는 전국 단위의 포괄적인 복지동맹의 결성을 방해하여 국가 단위의 복지발전이나 삭감에 대한 감각이 약해지는 문제가 있다. 또한 국가 중심의 관점에서는 상대적으로 자율적인 관료들이 복지국가 발전에 더 공헌하고 있다는 분석도 가능하다. 이외에도 경로 의존적 관점은 역사적으로 형성되어 온 과거로부터의 정책적 유산이 복지제도의 수용과 변화 가능성을 결정한다고 분석한다. 이러한 입장에서 해석하면 선별적·조건적 복지제도만 경험한 국가는 보편복지의 확대에 반대하거나 소극적으로 대응할 가능성이 크다.

선진 복지국가에 대한 변화 압력은 높아지고 있지만, 변화의 양상이 국가마다 일률적인 것은 아니다. 관점에 따라 제도의 변화 또는 유지로 이해될 수 있다. 거시적 지출 수준에 초점을 두면 복지국가는 유지된다고 할 것이다. 각국의 GDP에서 차지하는 사회보장 관련 지출비의 추이를 보면 극적인 변화는 나타나지 않고 있다. 한편 개인의 복지수급권 차원에서는 선진국에서 복지삭감이 발생하고 있다는 것을 확인할 수 있다. 수급자격이나 기간, 보험료 부담 측면에서 복지삭감은 나타나고 있다. 즉, 어떤 자료를 사용하여 복지국가의 변화를 파악할 것인가에 따라 평가도 크게 달라진다. 분석 시각에 따라서도 변화에 대한 견해는 달라진다. 정치경제시스템 전체로는 제도가 유지되지만, 반면 정책 차원으로는 역동적인 제도의 변화가 생긴다고 주장할 수 있다. 왜 제도가 유지되는지, 왜 변하며 어떻게 변하고 있는지, 점진적인지, 외부 압력에 의한 것인지, 제도의 변화나 속도, 형태에 대한 분석과 해석이 복지국가 연구에서 점차 중요해지고 있다.

제도의 설계에 따라 일정한 인간행동의 패턴이 형성되므로 따라서 복지국가 변화를 설명하기 위해서도 제도 연구가 필요하다. 각 국가의 복지국가 제도설계에 따라 국민의 사회보장에 대한 지지, 젠더 평등에 관한 인식 등이 국가마다 크게 달라진다. 인간의 행동을 규정하는 제도의 영향력에 주목하여 이론적 축적을 반복해 온 것이 신제도론이다. 신제도론은 과거의 개인주의 접근, 즉 개인의 선호를 정치과정의 외생변수로서 다루는 접근에 대항하여, 제도가 개인에 미치는 역할에 눈을 돌리는 이론이다. 신제도론은 구제도론이 주권, 정치, 시민권 등 정치사상에 초점을 두고 통치구조를 비교하는 데 치중했다면 그 차이에 따라 생기는 인간의 행동이나 성과의 차이 등에 주목한다. 이러한 신제도론의 문제의식은 복지국가 전환에 있어서 제도와 행위자의 관계를 고찰하는 데에 유용하게 활용될 수 있다.

제도는 인간의 행동을 제약하고 규칙성을 만든다. 일단 형성된 제도는 형성될 당시의 상황이 변화해도 간단히 변화되지 않는 안정성을 가진다. 이러한 제도의 규정력과 안정성으로 인하여 제도 분석은 중요해진다. 그러나 제도의 특징에 관해서는 견해가 반드시 통일된 것은 아니다(鎭目・近藤, 2013 : 66). 예를 들어, 복지국가의 재편을 이해하기 위하여 복지국가의 제도형성 및 변화에 관하여 행위자의 자발적 선택을 중요시할 것인가, 각 행위자 사이의 불균형적인 권력 관계를 중요시할 것인가에 대해서 관점이 다르다. 행위자의 자발적 선택을 중요시할 경우, 제도형성에 있어서 각 행위자가 제도를 지킴으로써 이익을 얻기 위하여 자발적으로 제도형성에 합의한다고 간주한다. 그때 행위자들 사이의 권력 배분은 잠재적으로 균등하다고 간주하고 행위자 사이의 권력 관계는 분석에서 주변적인 문제가 된다. 한편 권력의 비대칭성을 강조하는 입장은 제도형성에 있어서 행위자 사이의 불균형적인 권력 자원이 반영되고 있으므로 자발적인 합의로 형성되는 제도는 없다고 본다. 그 때문에 행위자의 선택이나 전략을 중요하게 생각한다. 즉, 행위자의 권력 관계가 중요한 입장은 권력의 불균형에 의한 제도형성 및 변화에 주목하는 데 대하여, 자발적 선택이 중요한 입장은 행위자의 합리성이나 이익에 주목하여 제도의 형성 및 변화를 분석한다.

예를 들어, 어떤 사람이 강도를 만나 지갑을 빼앗기거나 살해당할 위기에 처했다면 지갑을 건네는 것이 합리적인 선택이다. 그러나 이것이 정말 자발적 선택인지 논의의 여지가 있다. 즉, 어떤 사람과 강도 사이에서는 권력의 불균형이 존재하며, 그 사람에게 선택지 자체가 불리하게 되어 있는 것이다. 이러한 사례는 제도변화의 시기에도 일어날 수 있다. 제도변화로 자신이 불리하게 될 것이라 알고 있어도 따를 수밖에 없는 경우가 있다. 고용정책에서 노동조합은 정부나 경영자 측의 제안에 반대했지만 반대 의사는 받아들여지지 않고 법 개정이 이루어지는 경우가 있을 수 있다. 이는 정책과정에서 권력 관계의 불균형이 정책의 귀결이나 제도의 변화를 좌우하는 중요한 요인이라는 점을 보여준다.

한편 권력 관계와 관련 없는 사례도 있을 수 있다. 교통신호나 언어 등에 관해서는 그것을 지키는 행위자의 합리성이나 자발적 선택이 중요하다고 할 수 있다. 즉, 규칙을 형성하거나 유지하는 것이 자신의 이익이 되므로 모든 구성원이 지키려고 한다. 여기서 권력이란 각 행위자 사이의 권력 관계가 아니라 규칙을 지키지 않는 사람에게 확실하게 처벌을 가하는 능력이다. 따라서 기타 구성원에 대한 권력의 독점이 주요하다. 이러한 사례는 행위자 사이의 권력의 불균형을 상정하기보다도 각 행위자의 자발성이나 행위자가 규칙에 따르지 않는 것으로 이익을 얻는 도덕적 해이를 제어하는 권력이 중요하다. 이러한 시각의 차이에 따라, 예를 들어 남성 주소득자 모델의 탄생 배경을 다르게 보기도 한다. 행위자의 합리성을 중요시하면 노동자의 이해나 전략에 따라 형성되었다고 간주할 수 있다(久米, 1997). 권력 관계의 비대칭성을 중요시하면 사회권을 요구하는 세력의 취약성, 주변 노동자와 중심 노동자의 정책 행위자로서의 차이 등이 반영된 결과로 간주할 수 있다(新川, 2005). 행위자의 합리성과 권력의 비대칭성의 대립은 제도변화, 나아가서 복지국가의 재편을 고찰하기 위한 중요한 쟁점이라 할 수 있다. 신제도론 중에서 합리적 선택 제도론은 다원주의의 흐름에서 행위자의 전략을 중요하게 다루지만, 역사적 제도론은 계급정치의 흐름에서 행위자의 선호를 제약하는 제도의 영향력에 주목해 왔다(宮本, 2001 : 333).

그리고 제도의 규정력과 안정성을 강조하는 것만으로는 제도의 변화를 설명할 수 없다. 제도와 행위자 관계에는 두 가지 측면이 있다. 제도가 행위자에 대한 인센티브를 만들어내고 그들의 전략 방향을 결정하는 측면이 있다. 그 반대로 행위자 사이의 상호작용에 의해 새로운 제도가 만들어지는 측면이다. 앞의 측면이 중요하면 게임의 규칙으로서 행위자에 대한 제도의 규정력을 강조한다. 뒤의 측면이 중요하면 제도의 균형성에 주목하며 제도에 대한 행위자의 능동성을 강조한다. 이는 제도가 인간의 합리적 행동이나 행동의 규칙성을 낳음과 동시에 제도는 인간이 만들어내는 것이라는 두 가지 측면의 입장의 차이다. 단, 행위자의 능동성을 중요하게 보는 관점은 제도의 안정성을 부정하는 것이 아니다. 제도에 의한 인간행동의 규칙성이나 예측 가능성을 부정하면 굳이 제도를 정의할 필요가 없다. 제도는 안정성을 가지기 때문에 그 개념의 의의가 존재한다. 따라서 행위자의 능동성을 강조하는 관점도 제도의 규정력을 부정하지 않고 제도의 범위 내에서 행위자의 능동성이 어디까지 발휘될 수 있을까 하는 문제를 규명하려고 한다. 행위자의 능동성에 중점을 두고 제도의 규정력과 행위자의 능동성의 융합을 시도한다. 따라서 복지국가의 제도변화에 있어서 무엇이 제도의 규정력이며 그 가운데 행위자가 어느 정도 재량적인 제도 선택이 가능할지를 분석하는 것이 핵심이 될 것이다.

인간의 합리성이나 전략을 중요시하면서도 제도는 행위자 사이의 이익의 최적화 상태가 아니라 권력대립의 산물로 인식할 수도 있다(Moe, 2006). 이 경우에 행위자의 합리성과 권력 관계의 불균형을 모두 포함하여 제도를 분석하려 할 것이다. 권력 관계가 중요하지만, 행위자의 합리적 선택을 활용할 수도 있다. 제도변화를 위해 서로가 최적의 절충적 타협을 하는 것이다. 예를 들어, 유럽의 사회민주주의 정권과 노동조합은 보수세력과 타협을 하지 않을 수 없는 상황에서도 미래를 위한 전략적 선택을 하고 노동조합이 운영하는 실업보험 제도를 도입하였다(Rothstein, 1992).

한편 역사적 제도론과 합리적 선택 제도론을 거부하는 입장도 있다. 담론적 제도론은 순수하게 이해관계나 지위의 문제로만 파악해서는 제도변화를 설명할 수 없다고 한다(Schmidt, 2009 : 520, 533). 정치인의 담론에 따라 기존 이해관계나 권력관계를 넘어서 제도의 변화가 일어날 수 있으며, 그에 따라 권력관계나 이해관계가 변하기도 한다. 즉, 담론적 제도론은 행위자와 제도의 상호작용 속에 제도의 변화를 일으키는 정치가의 능동성이 중요하다.

그러나 담론적 제도론은 행위자의 능동성을 중요시하는 대신 이해관계와 권력의 비대칭성이라는 합리적 선택제도론과 역사적 제도론의 중요한 쟁점을 놓친다. 정치가의 권력은 다양한 행위자와의 관계에 기인하는 것이므로 어떠한 상황에서 어떤 권력의 행사가 가능한지를 분석하는 게 중요하다. 그러나 담론적 제도론은 그것이 애매하다. 그 결과 이 수법이 행위자의 격렬한 대립이 포함된 복지국가 재편과정을 분석하는 경우에 어디까지 적용할 수 있을지는 의문이다(新川, 2011 : 33).

제도의 변화를 분석하기 위해서는 제도의 규정력을 변화시키는 행위자의 능동적 대응도 고려할 필요가 있으며 제도가 어떻게 변화할 것인가 하는 방향성까지 생각해야 한다. 그리하여 최근의 연구는 제도변화의 다양성을 유형화하면서 다양성을 낳는 요인을 특정하려는 시도가 이루어져 왔다(Hacker, 2005; Mahoney & Thelen, 2010; Streeckt & Thelen, 2005).

해커(Hacker)는 제도변화의 4개의 유형을 제시하였다(Hacker, 2005). 즉, 변화에 대한 저항, 정치환경의 현상 유지라는 두 개의 요인에 따라 방치(drift), 전용(conversion), 중층화(layering), 폐기 및 전환(elimination/replacement)으로 구분하였다. 변화에 관하여 정치적 환경과 내부로부터의 저항이 강해지면 제도의 '방치'가 일어난다. 이 경우에는 변화된 환경에 대한 대응으로 기존 제도의 실질적 변화가 일어난다. '전용'은 정치적 환경의 저항이 강한 한편, 제도 내부의 저항이 약할 때다. 제도 자체의 변화는 없지만, 제도의 운용 변화에 따라 제도에 새로운 목적이 부여된다. '중층화'는 정치적인 현상 유지는 약하지만, 제도 내부의 저항이 강할 때 생긴다. 이 경우는 제도를 직접 바꾸기 어려우므로 그것과 유사한 다른 제도를 만드는 것으로 기존의 제도는 쇠퇴한다. '폐기 및 치환'은 정치적 환경과 제도의 내부 모두 약해지면서 일어난다. 기존의 제도를 폐기하고 새로운 제도를 도입한다.

이처럼 복지국가의 제도변화에 대한 신제도론의 관심 범위는 넓다. 하지만 복지국가 이론은 정치경제 시스템 전체와 관련되므로 신제도론으로 전체 시스템의 변화를 모두 설명할 수 없다. 하지만 신제도론의 가치를 무시하고 복지국가의 전환을 고찰하기는 어렵다. 왜냐하면 신제도론의 개별 제도의 안정성과 규정력에 대한 분석은 복지국가 전환을 논의하기 위한 출발점이기 때문이다. 복지국가의 정치경제 시스템은 의료, 고용, 교육, 금융 등의 다양한 제도로 구성된다. 다양한 제도는 무질서로 존재하지 않고 어떠한 형태든지 정치경제 시스템 속에 자리를 잡고 있다. 복지국가의 전체 모습을 파악하기 위해서는 하나의 제도뿐만 아니라 다양한 제도 사이의 관계를 고려해야 한다. 즉, '제도적 보완성'과 '제도적 계층성'을 고려해야 한다.

어떤 제도의 존재가 다른 제도의 효율성을 높일 때, 두 제도는 보완적이라 할 수 있다. 임금, 고용이나 교육에 관한 제도와 금융 및 기업 등 다른 영역의 여러 제도 사이에는 제도적 보완성이 존재한다(Hall & Soskice, 2001). 여기에서 다른 제도를 그대로 두고 하나의 제도만 바꾸면 제도적 보완성이 손상되어 전체의 성과가 낮아진다는 점을 이해할 필요가 있다. 이러한 제도적 보완성에 따라 복지국가의 각각의 정치경제 시스템의 선순환을 찾아야 할 것이다. 이는 제도의 관계를 기능주의적으로 파악하고 정치경제체제의 효율과 안정성을 중요하게 여기는 것이다. 그렇지만 정치경제 체제의 안정성이나 융합성에 집중하면 변화를 설명할 수 없게 된다. 제도는 권력의 비대칭성이라는 특징도 가지며 항상 최적화 상태만 있는 건 아니다. 이러한 입장에서 '제도적 계층성'이 필요하다. 이는 상위에 있는 제도가 하위에 있는 제도의 설계나 변화양식을 결정하는 관계를 말한다. 상위의 제도는 그 시대의 지배적인 사회정치적 세력이 사활을 걸고 있는 제도이며 정치적 타협의 산물이다. 이러한 이해에 따라 정치세력 사이의 관계에 따라 상위에 있는 제도가 형성 및 변화하고 그에 따라 하위에 있는 제도는 변화가 이루어진다. 제도의 계층성은 제도적 보완성보다도 행위자 사이의 권력관계에 주목하여 개별 제도변화와 정치경제 시스템의 변화 관계를 고려한다. 이처럼 제도 사이의 관계를 개념화한 제도적 보완성과 제도적 계층성은 복지국가 전환에 대한 신제도론의 시각을 보다 확장시키는 데에 도움을 줄 수 있다.

아울러 복지국가의 어떤 측면에 주목하여 무엇을 할 것인가, 행위자의 분석에 초점을 둘 것인가, 제도에 분석을 둘 것인가, 또는 정치경제 시스템 분석에 초점을 둘 것인가에 따라서 분석방법이 다르다. 다양하고 복잡한 현상을 어떻게 분석할지 판단해야 한다. 판단을 명확히 하고 건설적인 논의를 교환하기 위해서는 그 현상을 다른 대상과 비교하는 방법, 즉 다른 국가와 비교하거나 시계열로 비교해 보는 것이 좋다. 따라서 상황을 적절히 특징짓기 위해서는 연구에 맞는 제도 비교의 방법이 무엇인지를 고찰할 필요가 있다. 공통점이 많은 국가 사이에 생기는 차이가 왜 생기는지를 규명하는 방법(MSSD : Most Similar System Design), 차이점이 많은 국가 사이에 왜 공통적인 현상이 생기는지를 검토하는 방법(MDSD : Most Different System Design)을 검토해야 한다.

4. 복지국가의 발달

복지국가를 간단히 이해하자면 복지를 추구하는 국가로 규정할 수 있을 것이다. 그러나 이것으로 충분한 설명이 되었다고 하기는 뭔가 부족하다. 중요한 것은 추구하고자 하는 복지가 무엇인지, 누구를 대상으로 하는지, 왜 국가가 복지를 추구해야 하는지, 그 경우에 국가는 무엇인지 등에 대해 설명할 수 있어야 한다. 여기에 대한 대답은 시간에 따라 변화해 왔으며 지금도 다양한 해석이 나올 수 있을 것이다. 복지국가를 이해하기 위해서는 역사를 바탕으로 어느 정도 많은 사람들의 지지를 얻은 의미를 파악하거나 효과적인 특정한 분석적 시각을 제시하면서 정리하는 작업이 필요할 것이다. 여기서는 복지국가의 발달과정과 함께 그 역사적 경험을 통해 복지국가의 의미에 대해 더욱 심층적으로 이해하고자 한다.

1) 구빈법의 시기

자본주의 사회로의 전환과 더불어 도시가 급속히 발전하고 산업화와 민주화가 진행되면서 국민국가가 등장하였다. 이는 복지 문제를 전혀 새로운 시각으로 보게 만들었다. 이와 관련하여 복지국가 등장의 사회적 배경으로 우리는 세 가지 사회변화에 주목해야 한다(이명현, 2020 : 19-22). 첫째, 전통적 가족구조가 해체되고 생산 관계가 변하면서 과거와 같은 소규모 공동체에 의한 전통적 자선 방식의 사회적 보호는 더 이상 효력을 발휘할 수 없게 되었다. 둘째, 자본주의 생산양식이 등장하면서 사회 구성원 대다수는 임금 노동자로 전락하였다. 셋째, 자본과 노동의 갈등관계를 통해 노동자와 노동운동의 조직화가 활성화되었으며 자본계급을 비롯한 지배계층은 혁명과 사회개량의 필요성을 동시에 느끼게 되었다.

이러한 사회적 변화와 이전과 다른 새로운 형태의 사회적 위험이 늘어나면서 보다 더 적극적인 국가 역할을 요구하는 목소리는 강해질 수밖에 없었다. 과연 개인의 나태와 노력 부족으로 빈곤하게 되었으므로 국가의 책임이 없다고 할 수 있는가? 신분사회에서 개인적 차원으로 무시당했던 부랑 빈민의 문제가 사회 곳곳에서 너무나 대규모로 발생하고 있었다. 자본이 형성되고 노동시장이 본격적으로 가동되면서 중세까지만 해도 일부 제한된 지역에서 교구의 책임으로 대응해 왔던 빈민 문제가 국민 누구나 직면할 수 있는 국가적 사회문제로 확대되었다. 이처럼 전혀 경험하지 못했던 문제를 경험하던 상황에서 여러 나라에서 등장한 구빈법은 빈민에 의한 국가의 보호책임을 앞세우면서도 동시에 억압적인 성격으로 운용되었다. 복지국가의 역사적 기원을 고려할 때 가장 오래된 체제로서 자주 소개되는 것이 영국의 구빈법 체제다. 구빈법이 제정되기 이전 중세 봉건사회에서 빈민의 생활은 각 지역의 교회 중심으로 공동체의 자선으로 보장되었다. 교회 앞에 자선함을 두고 거기에 기부하는 금액에 의해 교구 내 빈민들은 구제받을 수 있었다. 그러나 상업화, 도시화, 종교적 권위의 약화와 같은 사회변화와 함께 본격적으로 자본주의가 발전하기 시작하면서 그러한 구조는 서서히 붕괴되기 시작하였다. 빈민의 숫자와 출현 빈도가 급격히 늘어나면서 각 공동체 내에서는 더 이상 대응할 수 없는 문제가 되었다. 이러한 상황에서 국가의 새로운 역할을 기대할 수밖에 없었다.

국가가 빈민을 구제하는 새로운 구조는 영국의 경우 1601년 엘리자베스 빈민법으로 확립되었다. 이 법을 중심으로 지금까지 빈민 대책과 관련된 모든 법이 종합적으로 정리되었다. 구빈의 재원을 과거처럼 사적 기부에 의존하지 않고 구빈세를 징수하여 충당한 것은 매우 혁신적인 개혁이었다. 그러한 관리조직은 중앙정부와 각 교구에 별도로 설치되었으나 운영의 책임은 교구였다.

하지만 관리자인 빈민 감독관이나 치안판사가 재량적으로 판단을 내리는 경우도 많았다. 사실상 통치 형태는 통일되지 않았고 분권적 형태도 아니었지만, 그들은 거의 무급이었으므로 운영 비용이 매우 절약된다는 장점이 있었다. 노동능력이 있는 사람은 구빈원(workhouse)에서 노동을 의무적으로 수행해야 했으며 그 대신 의식주의 구제를 받을 수 있었다. 노동능력이 있지만 일하지 않는 사람은 사회규율과 치안유지를 위하여 단속 대상이 되어 엄격한 형벌이 부과되었다. 1662년 제정된 정주법에 의해 이주자 가운데 교구의 부담이 되는 사람은 출생했던 교구 지역으로 강제 송환되었다.

영국에서 엘리자베스 구빈법으로 시작되는 구빈체제는 오랜 역사를 거쳐 1948년까지 계속되었다. 그러나 그것이 끝나기까지 오랜 기간 동안 사태는 조용하게 지나가지 않았다. 엘리자베스 구빈법은 스핀햄랜드 제도(1795~1834)의 실패라는 역사적 경험을 거친 후에 신구빈법 제정으로 전환되기 때문이다.

그렇다면 스핀햄랜드 제도는 과연 무엇인가. 영국 버크셔주 스핀햄랜드 지방에서 구빈법 개혁을 통해 실시된 구제 방법을 말하는데, 1789년의 프랑스 혁명이 시대적 영향을 끼쳤다. 자유・평등・박애를 내건 프랑스 인권선언의 영향을 받은 18세기는 인도주의 시대라고 할 수 있다. 프랑스 혁명은 영국에도 사상적 영향을 끼쳐 스핀햄랜드 제도의 성립을 맞이하게 되었다. 이 제도는 모든 노동자의 생활이 보장될 수 있도록 배려하기 위하여 임금과의 차액을 보전하는 형태로 노동자와 그 가족 숫자만큼의 빵 가격에 상당하는 금액을 구빈세로 지급하였다. 더욱이 구빈원에서 노동을 강제로 하지 않고도 받을 수 있었으므로 매우 관대한 조건이었다. 그렇지만 이 제도는 예상대로 작동하지 않았다. 빈민들은 노동과 관계없이 생활비를 받을 수 있었으므로 노동의욕을 상실한 사람들이 대량으로 발생하였고 사용자도 그 제도에 의존하여 노동자에게 제공할 임금을 더 낮게 지급함으로써 결과적으로 구빈 재정은 더 큰 압박을 받았다. 물론 이에 대하여 후에 스핀햄랜드 제도의 성과가 당시 반대하는 세력에 의해 의도적으로 과장되고 날조되었다는 연구도 제시되었다. 하지만 그 당시 스핀햄랜드 제도는 더 이상 효과적으로 진행될 수 없었다. 결국 1834년에 구빈법이 개정되었다. 복지 수급을 위한 조건은 다시 엄격하게 유지되었고 특히 세 가지 원칙이 명확하게 규정되었다. 첫째, 전국적 동일성의 원칙으로 구빈행정이 중앙집권적으로 되고 빈민에 대한 처우는 전국적으로 통일되었다. 둘째, 열등처우의 원칙으로 노동 불능자에 대한 구제액은 노동자의 최저임금보다도 낮은 수준에 머물러야 하는 원칙이다. 셋째, 원내 구제의 원칙으로 다시 구빈원에서 일하는 것이 구제의 조건이 되었다.

19세기에 들어서면 인구증가, 도시화, 공업화 등으로 사회문제에 대한 관심이 급격히 늘어나게 된다. 이제는 과거와 같은 자선사업과 빈민법이 더 이상을 효과를 볼 수 없게 되었다. 실업이나 경제불황 등 사회구조적 원인으로 발생한 빈곤은 개인적 자선이나 억압적 국가개입만으로는 해결할 수 없었던 것이다. 인권에 대해 새롭게 자각하게 되고 노동운동의 영향력이 더욱 확대되면서 사회적 권리에 대한 요구는 더욱 강해졌다. 이에 국가는 한편으로는 노동자들의 노동조건을 개선하고 사회보험 등 사회보장에 대한 압력에 대응하면서 기존의 자본주의 지배질서를 안정적으로 관리하려는 정치적 노력으로서 복지국가 건설에 나서게 된다.

2) 사회보험의 시기

복지국가 용어의 기원은 18세기 후반 프로이센의 전제군주 프리드리히 2세의 국가체제를 부르는 '복지국가(Wohlfahrtsstaat)'에서 시작되었다는 견해가 유력하다. 독일을 주목하는 이유는 1880년 독일의 철혈재상 비스마르크에 의해 사회보험제도가 처음 출발했기 때문이다. 이는 구빈법과 다르게 보험제도에 근거를 둔 사회정책의 출범을 알리는 것이었다. 사회보험 제도에 의해 빈곤에 빠진 특정 집단을 사후적으로 구제하기보다는 전 국민의 빈곤 위험에 대하여 예방적인 대응이 가능하게 되었다. 사회보험은 국민에게 보험료를 징수함으로써 유지된다. 사회보험 제도를 제정한 배후에 있던 사상가는 헤겔과 슈타인,

독일 사회정책학회의 슈몰러와 브렌타노 등이다. 비스마르크는 6년 동안 질병보험(1883), 산재보험(1884), 노령 및 폐질보험(1889)을 도입하였다. 이로써 일반 국민이 처해 있는 생활상의 위험에 대응하는 사회보험제도를 세계에서 가장 먼저 정비하고 나치스에 의해 1930년 파괴될 때까지 독일은 세계에서 가장 선진적 사회보험제도를 갖춘 국가였다. 하지만 사회보험의 등장이 갑작스럽게 이루어진 것은 아니다. 이전에도 공장법(1845)이나 광부법(1854) 등 노동자 보호정책의 도입이 있었으며 당시 독일이 처한 특수한 상황도 입법에 영향을 끼쳤다. 독일은 점차 증가하는 노동자들의 정치세력화를 억제하여 체제 안정화를 위해서도 사회보험 입법이 필요하였다. 물론 노동자 계급의 비참한 생활상태를 개선하기 위해서는 국가의 아버지와 같은 역할이 중요하다는 공감도 확산되고 있었다. 그를 위하여 국가는 그때까지 볼 수 없었던 규모의 사회적 보호를 실시하여 다양한 형태의 경제적 불안정을 해결하기 위해 소득과 서비스를 시민의 권리로서 제공하기 시작하였다. 하지만 동시에 사회주의 세력을 탄압하기 위한 사회주의자진압법(1878)도 준비함으로써 억압과 포용이라는 양면 전략을 구사하였다. 이처럼 비스마르크의 사회보장을 비롯한 사회정책은 노동계급의 저항을 무력화하려는 목적도 있었지만, 국민통합에 의한 국민국가 형성에도 기여한 점이 있었으며 1800년 후반부터 다른 나라의 복지국가 발전에도 자극제가 되었다.[1)]

제1차 세계대전 이전까지의 복지정책 도입은 사회적 계급의 분열, 개별 국가의 특징, 정당의 세력과 정부 구성 등의 여러 요인에 따라 다르게 나타났다. 복지제도의 확대는 사회적 위험의 증가에 따라 제도의 규모가 확대하는 상황을 계기로 적용 대상뿐만 아니라 급여의 내용과 수준도 향상되기 시작하였다. 제1차 세계대전의 폐해로 인하여 생활안정에 대한 요구가 늘어난 것도 큰 원인이었지만 노동운동과 사회민주주의 세력의 성장, 선거권 확대 등 정치적 변화

1) 예를 들어, 덴마크 1892년 의료 또는 출산급여, 1891년 노령 폐질 유족연금, 1898년 산재보험, 1907년 실업급여 도입, 네덜란드 1913년 의료 또는 출산급여, 1913년 노령 폐질 유족연금, 1901 년 산재보험, 1916년 실업급여 도입, 스웨덴 1891년 의료 또는 출산급여, 1913년 노령 폐질 유족 연금, 1901년 산재보험, 1934년 실업급여 도입.

도 무시할 수 없었다. 이처럼 국가의 구빈법이나 비스마르크의 사회보험 성립은 복지국가의 기원으로 언급되고 있다. 분명히 그러한 구제 방식의 등장은 개인이나 가족, 주변의 공동체에서 처리해 왔던 사람들의 빈곤 문제에 대하여 국가의 적극적 역할을 가져왔다는 차원에서 역사적 의의가 크다.

구빈법 체제의 영국은 18세기 말이 되면 세계에서 최초로 산업혁명을 달성하고 19세기에 자유주의와 야경국가를 통한 정치경제 체제를 갖추게 되었다. 그러나 야경국가라고 해도 국민을 보호하기 위한 국가의 적극적 역할은 조금씩 확대되었다. 신구빈법이 제정된 것은 1834년이었지만 그 앞 해 1833년에는 공장법이 제정되어 가혹한 장시간 노동이나 위험노동 또는 아동노동에 대하여 국가에 의한 규제가 더해지게 되었다. 1848년에는 공중위생법, 1870년에는 초등교육법도 제정되었다. 그렇지만 그러한 추세에 있어서도 영국의 구빈법은 여전히 빈민에 대하여 상당한 인권 억압적인 처우를 계속하고 있었다.

비스마르크의 사회보험도 빈민이라는 특정 집단뿐만 아니라 널리 일반 국민을 포함한 보편적 제도였지만, 황제 체제하의 노동운동과 사회주의운동을 억제하고 부국강병에 활용하려는 사회정책이라 할 수 있다. 결국 영국의 구빈법이나 독일의 사회보험을 통하여 제공되는 복지는 개개인의 사회적 권리로서 확립된 것이 아니다. 국가는 기본적으로 가부장적이며 온정주의적인 보호를 위주로 하였으며 복지는 어디까지나 노동력 제공이나 치안유지라는 형태의 국가에 대한 공헌과 복종에 대한 반대급부로 제공되었다. 구빈법은 구제 대상자에 대한 강제적 낙인을 부과하는 억압의 상징이었지만, 오히려 개인의 책임에 맡겨야 한다는 점에서 구빈법 폐지론도 제기되었다. 예를 들어, 인구 원리를 전파한 맬더스는 구빈법이라는 보호 수단이 제공되면 게으른 빈민들의 무절제한 결혼과 출산이 늘어나게 되므로 구빈법 방식의 빈민구제를 비판하였다. 당시의 빈곤은 나태와 무절제와 같은 개인의 책임 때문이라는 것이 일반적 정서였고 그러한 사회적 인식이 변화를 보인 것은 100여 년이 지난 후의 일이다(이명현, 2020 : 25). 영국의 구빈법이나 독일의 사회보험은 복지국가 역사의 시작이기보다 복지국가로 나아가기 직전의 경험이며 '국가에 의한 복지'가 시작된 기원이라 할 수 있다.

3) 복지국가로의 출발

(1) 빈곤관의 전환과 복지국가의 출발

복지국가의 출발지점은 어디서부터일까? 19세기 말 전환기부터 1930년에 일어난 일들이 매우 중요하며, 특히 1930년 발생한 사태와 대응이 선진 여러 국가에서 복지국가 출발의 기점이 되었다고 생각한다. 구빈법의 배후에 있던 기본적 생각은 빈곤은 개인의 태만이나 무절제가 원인이라는 것이었다. 그러한 통념 때문에 국가로부터 복지를 얻기 위해서는 구제에 상응하는 노동, 소위 국가에 대한 공헌이 호혜성으로 당연히 요구되었다. 그러나 19세기 말 무렵이 되면 인식에 변화가 일어난다. 세계적으로 경제발전에 앞서 나갔던 영국은 1870년 장기불황이 일어나고 실업자나 슬럼가의 존재가 부각되었다. 찰스 부스의 「런던 시민의 생활과 노동」(1891~1903년)이나 B. S. 라운트리에 의한 요크시의 빈곤조사(1901년)에 의한 「빈곤의 발견」도 여론에 영향을 끼쳤다. 빈곤은 개인의 책임 문제에 머물지 않고 오히려 그 이상으로 경제구조나 사회구조 문제에 있다는 생각이 서서히 확산되었다. 소위 '빈곤관의 전환'이 시작된 것이었다. 이 시기를 대표하는 영국의 경제학자 마샬(Marshall)은 경제학자에게는 냉정한 머리와 따뜻한 가슴이 필요하다고 서술한 내용이 전해지고 있지만, 따뜻한 가슴이란 새로운 빈곤관이 반영된 것이라 생각한다. 이 무렵 영국에서는 노동운동이 발달하고 1884년에 페이비언 협회가 설립되고 1900년 그것을 모체로 영국 노동당이 결성되었다. 20세기 초반 자유당 정권 하에서 노령연금이나 실업보험 등이 도입되기 시작하고 1911년에는 국민보험법이 제정되었다. 고전적 자유주의와는 다른 새로운 자유주의(new liberalism)－개인의 자유를 지키기 위하여 어느 정도 국가 간섭을 필요로 하는 사조이며 1980년에 등장하는 신자유주의(NEO liberalism)와는 다른 세력이 증가한 것도 이 시기다(이명현, 2020 : 26).

영국 주변의 세계정세 또한 크게 변하였다. 1901년 새로운 세기의 막을 올렸던 빅토리아 여왕이 사망하고, 그것은 마치 산업혁명으로부터 힘차게 세계 경제를 이끌어왔던 찬란했던 빅토리아 시대의 종말을 알리는 것 같았다. 영국을 능가하는 기세로 신흥공업국으로 떠오른 미국과 독일이 있었지만 이후 세계의 역사는 매우 불안정한 동향을 보이게 된다. 드디어 1914년 제1차 세계대전이 일어나고 만다. 유럽 여러 국가의 식민지 획득 경쟁으로 인하여 발생한 이 전쟁은 결국 영국・프랑스・미국 중심의 연합국이 승리를 거두고 독일 등 동맹국이 패배함으로써 파리 강화회의를 거쳐 1919년 베르사이유 조약이 체결되었다. 그러나 여기에 다음 세계 대전의 불씨가 남게 되었다. 영국이나 프랑스는 전승국이었지만 유럽 내에서 매우 격렬한 전투를 겪었기 때문에 인명피해뿐만 아니라 정치 경제적으로 심각한 피해를 당하였다. 그 때문에 전승국은 독일에 대하여 막대한 배상금을 청구하였지만 갚을 능력이 없던 독일은 매우 빈곤한 처지에서 오히려 히틀러의 전체주의를 선택하게 되었던 것이다. 한편 이러한 전쟁 시기에 급격한 성장을 이룬 미국은 전후 설립된 국제연맹에 참가하지 않았다. 기구 설립을 미국의 윌슨 대통령이 제안했음에도 불구하고 국내 의회의 찬성을 얻는 데 실패하였기 때문이다. 당시 종전 상황은 일시적인 정전기간에 불과했다.

세계 패권국의 지위는 영국에서 미국으로 변하였다. 1920년 미국은 이전에 없던 호황기를 맞았고 이 시기가 계속될 것이라 기대하였다. 그러나 1929년 10월 24일 번영은 암흑의 목요일로 변하여 뉴욕 주식시장은 폭락하고 공황이 시작되었다. 격동의 1930년대가 시작된 것이다. 이 시기는 위기의 시대이며 자본주의 국가는 공통적으로 두 가지 위험에 직면하였다. 먼저 경제적 위기이다. 공황의 영향은 미국에만 머물지 않고 세계로 확산되고 장기화되었다. 미국에서는 실업률이 1933년에 최고조에 이르러 4명 중 1명이 일을 하고 싶어도 할 수 없는 비참한 상황이 되었다. 다음으로 정치적 위기이다. 독일에서는 1933

년 히틀러의 나치정권이 수립되었다. 무솔리니에 의한 이탈리아 독재는 1922년에 시작되었으며 일본·독일·이탈리아 삼국 동맹이 결성된 것은 1940년이었다. 또한 이미 제1차 세계대전 기간 중 1917년 러시아 혁명이 성공하여 세계 최초의 사회주의 국가로 소비에트 연방이 탄생하였다. 자본주의 국가들은 전체주의와 사회주의가 공존하는 세상에서 각자 자기 국가의 체제를 지켜야 하는 압박에 노출되었다(藤田, 2017 : 25-28).

이러한 위기의 시대에 복지국가의 출발지점을 찾아볼 수 있다. 현대 복지국가의 관념은 나치 독일의 전체주의적 권력국가(Power State) 내지 전쟁국가(War State)에 대하여 민주주의에 기반을 둔 국민복지를 추구하는 국가(Welfare State)라는 개념으로 시작되었다. 특히 사회보험 및 관련 서비스에 관한 베버리지 보고서가 간행되면서 정착되었다고 할 수 있지간, 복지국가의 발달을 직접 작동하게 한 것은 1930년대의 경제적·정치적 위기라고 할 수 있다.

세계 대공황 이후 미국은 뉴딜정책의 연장선에서 1935년 사회보장법을 제정하고 전국민 노령연금보험과 실업보험을 도입하기 전까지는 복지 후진국이라 해도 지나친 표현이 아니었다. 하지만 거의 대부분의 발전된 산업국가들은 제2차 세계대전 직후까지 보편주의 복지국가를 향한 정책개혁을 수행하였다. 하지만 대공황은 각 국가의 정부로 하여금 실업과 사회문제에 직면하게 만들었으며 1930년 사회보험제도는 국가별로 커다란 편차가 나타났다. 북유럽 국가와 같이 좌파 정당이 강한 국가는 복지국가의 발전이 빠르게 진행되었지만, 미국과 같이 좌파 정당의 세력이 약한 국가들도 복지제도 확충을 무시할 수 없었다. 물론 독일과 이탈리아와 같이 공황을 통하여 전쟁국가의 길을 선택하는 경우도 있었다. 전쟁의 경험이 복지국가의 발전을 촉진한 측면도 있지만, 전쟁 자체보다는 전쟁의 후유증을 극복하고 국민통합을 이루려는 정치적 이유가 복지발전에 더 직접적인 영향을 끼쳤다고 볼 수 있다.

제2차 세계대전 이후 복지국가는 본격적인 팽창을 시작한다. 1945년부터 1973년 석유 위기가 닥쳐올 때까지 복지제도의 범위와 수준은 급격히 상승한다. 하지만 이후 복지재정 지출의 삭감과 급여 수준의 하락을 추진하는 시기를 맞이하게 된다. 다시 팽창의 초기로 돌아가 1945년 전쟁 후의 복구사업과 경제회복으로 복지국가는 새로운 발전의 단계로 접어든다. 영국의 베버리지 모델 중심의 개혁이 1950년까지 진행되고 1948년 유엔 총회에서 통과된 유엔인권선언을 통해 보편적 사회권의 구체적 내용이 국제적으로 승인되었다. 유엔 인권선언 제22조에 의하면 사회 구성원으로서 모든 사람은 사회보장에 대한 권리를 가지며, 각자의 인간존엄과 자유로운 개성의 발전을 위해 경제적·사회적·문화적 권리를 실현할 자격을 가진다. 그런데 이러한 사회권의 보편적 실현은 국가적 노력과 국제공조, 각국의 조직과 자원에 근거하여 이루어져야 한다. 제2차 세계대전 이전까지 사회정책에 대한 국제적 시각은 노동자와 빈민의 구제에 초점을 둔 잔여적 복지의 성격으로 전개되었지만, 은혜로부터 권리로 확대되기 시작한 사회복지의 국제적 흐름과 보편복지의 확산으로 인해 복지국가는 국민국가 내의 모든 사람에게 익숙한 용어로 자리잡았다.

(2) 베버리지와 케인즈

영국의 베버리지(Beveridge)는 베버리지 보고서의 주인공이다. 그는 경제학자였지만 사회복지 실천가이기도 하며 제2차 세계대전 중 런던에서 전후의 사회구상을 다듬었다. 널리 알려진 것처럼 그는 제거해야 할 인류의 거대 5악으로서 궁핍, 질병, 무지, 불결, 태만을 제시하였다. 우선 가장 빠르게 실현할 수 있는 것으로서 궁핍의 퇴치를 목표로 사회보장제도를 설계하였다. 중심적인 제안은 모두가 정해진 금액을 똑같이 납부하고 모두가 동일한 보험료를 받는 원칙으로 사회보험제도에 전 국민을 강제적으로 가입하게 하는 것이다. 이를 통하여 국민최저한의 소득(내셔널미니멈)을 확보할 수 있다는 것이다. 또한 사회보험으로 대응할 수 없는 욕구에 대해서는 공공부조와 임의보험, 자선활동의 역할을 강조하였다.

베버리지의 사회보장계획은 국민 다수의 지지를 얻어 여론 형성에 매우 큰 영향력을 끼쳤다. 베버리지 보고는 출판 후 2시간 동안 7만 부, 1년 동안 62만 5천 부가 팔려, 2개월 후 여론조사에서는 영국 국민의 95%가 알고 있으며 88%가 찬성하고 반대는 6%라는 높은 평가를 이끌어냈다. 이렇게 폭발적 인기를 얻은 이유는 무엇일까? 그 이유는 전쟁으로 피폐한 영국 국민에게 전후 사회에 대한 희망을 안겨주었기 때문일 것이다. 보고서 작성은 제2차 세계대전 초기에 영국과 프랑스 연합군이 덩케르크 후퇴를 감행하고 독일군이 영국 본토를 침공할 위기에 직면했을 때다. 이때 처칠은 국민에게 전쟁 승리 후의 새로운 세상을 약속했던 것이다(富永, 2001 : 106).

그뿐만이 아니다. 같은 영국의 경제학자 케인즈가 발표했던 새로운 이론의 영향이 컸다는 것도 무시할 수 없다. 베버리지 보고서가 발표되기 6년 전 1936년에 케인즈는 『고용・이자・화폐의 일반이론』을 출간하였다. 1929년 공황으로 발생한 대량실업 사태를 직면한 케인즈는 전통적 경제학을 대신하는 이론을 찾기 시작하였다. 기존 일반 경제이론의 설명에 의하면 실업이란 노동 수요보다도 노동 공급이 많은 상태, 즉 임금수준이 노동시장에서 수요곡선과 공급곡선의 교차점보다도 높게 멈춰져 있는 상태다. 당시 다수 경제학자는 공황의 처방전으로 임금 인하를 권고하였다. 그는 여기에 위화감을 느끼고 제자들과 협력하여 새로운 이론을 모색하였다. 일반이론에서 케인즈는 고용량(노동시장)의 배후에는 생산량(재화시장)의 문제가 있으며 생산량의 배후에는 수요량의 문제가 있다고 보고 실업은 수요부족으로 생긴다고 주장하였다. 그는 실업이나 그에 수반하는 빈곤은 반드시 개인의 문제가 아니라 오히려 구조적 문제라고 주장하였다. 수출입 등을 고려하지 않은 케인즈 이론에서 총수요를 구성하는 것은 투자와 소비인데, 그것들을 확대시키는 정책 수단은 세 가지로 선택할 수 있다. 첫 번째로 금리인하 중심의 금융정책이다. 두 번째는 공공사업 실시 등의 재정정책이다. 세 번째는 사회보장제도를 통한 소득재분배이다. 금융정책이나 재정정책은 투자를 확대하고, 사회보장제도에 의한 소득재분배는 소비력을 확대시키도록 기대하는 것이었다(藤田, 2017 : 30-31).

케인즈 이론은 경제이론과 경제정책에 관한 이상적 혁신을 가져왔을 뿐 아니라 복지국가의 형성에도 큰 역할을 끼쳤다. 과거의 경제정책 사상으로는 소득재분배라는 국가개입에 의한 경제의 평등화는 사회적 공정이라는 측면에서 바람직할지라도 경제적 효율성 측면에서 손실을 초래할 것이라 여겨졌다. 하지만 케인즈 이론은 그것이 경제에 플러스 효과가 있다는 점을 증명했다는 점에서 매우 혁신적이었다. 이러한 혁신적인 케인즈의 이론을 영국의 새로운 사회보장 제도의 구축에 연결한 것이 베버리지 보고서다. 케인즈가 목표로 한 완전고용은 실업급여를 줄이고 조세 수입을 높여 사회보장제도의 재원과 운영을 튼튼하게 만들었다. 또한 역으로 사회보장제도를 통한 소득재분배는 총수요를 지탱하는 역할을 담당하여 완전고용의 주된 기둥이 될 수 있었다. 이처럼 양자의 구상은 상호 보완적이며 이를 통해 케인즈-베버리지 체제라 할 수 있는 생산주의 복지국가 모델의 기반이 형성되었다.

실제로 공황을 맞아 영국은 당시의 노동당 내각이 전통적인 긴축재정 정책을 따르면서 효과적인 경제회복을 통해 위기를 극복할 수 없었으며 케인즈의 이론이 즉시 경제정책에 반영되지도 않았다. 케인즈 이론은 오히려 다른 나라에서 영향을 펼쳤다. 제2차 세계대전 후 1945년부터 여당으로 복귀한 노동당 애틀리 내각에서 비로소 케인즈의 경제사상과 결합된 사회보험법이 제정되고 전 국민이 사회보험에 가입하게 되었던 것이다. 의료의 사회화를 지향하는 국민보건서비스법이나 공공주택 건설을 위한 주택법도 개정되었다. 1948년에는 국민부조법이 제정되고 비로소 오랫동안 지속되었던 억압적이고 시혜적인 구빈법 체제는 종말을 맞이하면서 권리로서 복지제도가 확립되었다.

(3) 미국과 스웨덴

1930~1940년대에 걸쳐 영국에서 볼 수 있었던 경제·복지정책에 관련된 새로운 동향은 서로 다른 특징과 시간적 선후의 차이는 있지만, 자본주의 권역의 다른 선진 국가들도 경험하게 된다. 1930년대에 자본주의 국가들이 직면한 경

제적・정치적 위기가 국경을 초월하여 세계적인 수준에서 강력한 영향을 끼쳤기 때문이었다.

공황 발생지인 미국에서는 잘 알려진 것처럼 루즈벨트 대통령이 주도하는 형태로 1933년부터 뉴딜정책이 실시되었다. 초기 주요 대책은 실업이 주요 표적이었다. 1933년 전국 산업부흥법의 제정을 통해 테네시강 유역 개발 등의 대규모 공공사업이 시작되었다. 1935년 무렵에는 사회개혁이 강조되었다. 세계적으로 사회보장(social security)이라는 용어가 처음 공식적으로 사용된 것은 이 시기 미국에서 사회보장법(1935년)이 제정되면서부터다. 같은 해 전국 노동관계법인 바그너법도 제정되어 노동자의 단결권과 단체 교섭권이 인정되었다. 미국의 뉴딜 정책은 케인즈의 일반이론이 간행되기 전에 시작되었다는 점을 고려하면 케인즈의 새로운 이론이나 일관된 경제사상에 근거했다고는 볼 수 없다. 그러나 경제의 위기상황에 대하여 케인즈적 처방이나 사회정책이 정치적으로 요구되었으며 그러한 상황을 바탕으로 적극적인 국가개입이 실시되었던 선험적 사례였다고 할 수 있을 것이다.

한편 북유럽의 스웨덴은 20세기 초반에 산업화를 경험하면서도 여전히 가난한 북쪽의 작은 나라였지만, 1930년대 극적인 전환이 이루어졌다. 스웨덴도 공황의 영향으로 1931년에 실업률이 25%를 넘어가는 상황을 맞이하였다. 다음해 1932년에 경제위기에 대해서 거의 무대책이었던 보수파의 자유국민당으로부터 사회민주노동당으로 정권교체가 이루어지고 이후 1976년까지 장기집권을 이루게 된다. 1930년대 사회민주당의 시기에 새로운 복지정책의 아이디어가 실행되었다. 사회민주노동당 한손 내각의 재무상인 비그포르스의 의뢰로 1933년 뮈르달은 「케인즈 이전의 케인즈적 정책」이라고 부르는 정부 예산안 부록을 작성하였다. 뮈르달 이외의 스톡홀름 학파의 경제학자들도 의회의 요청에 의해 설치된 실업위원회에서 적극적으로 정책을 제언하였다(Wadensjö, 1991; 藤田, 2017 : 32). 그 결과 스웨덴은 가장 먼저 경제이론 연구에 근거하여 확장적 재정정책이 제언되고 비그포르스가 주도한 새로운 재정정책 노선으로 실행되었다. 또한 스웨덴 중앙은행도 정부의 움직임과는 별도로 환율 정책을 준비하였다. 이러한 재정 및 금융정책 도입과 해외의 상황이 맞물려 스웨덴은 군비를 확장하던 독일을 향한 수출을 늘리면서 비교적 빠르게 경제를 회복 기조로 돌릴 수 있었다. 이 시기 사회민주노동당 정권은 농민당과 연립하여 적녹동맹을 맺고 농산물 가격보호 정책 등을 실행하였다.

스웨덴은 이 시기 사회복지정책의 형성 과정에서 영국이나 미국에서는 거의 의식하지 않았던 인구 위기가 강력한 영향을 끼쳤다. 19세기 후반부터 다수의 이민을 북아메리카에 보냈던 스웨덴은 지속적으로 출생률이 낮아지고 있었는데 1930년 초반 세계에서 가장 낮은 비율을 기록하였다. 스웨덴 사람들이 사라질지도 모른다는 위기가 현실적으로 다가왔다. 이때 뮈르달이 영향력을 발휘하였다. 1934년 뮈르달은 부인과 함께 「인구문제의 위기」를 발표한다. 부부는 산아제한(피임법) 기술 −당시에는 종교적 ·보수적 이유에서 선전 및 판매가 법적으로 금지되었다− 을 자유롭게 이용할 수 있는 시민이 많은 아이를 낳아 기르는 것처럼, 인구 위기 극복을 위해서는 보수적인 사회환경을 정비할 필요가 있다고 주장하였다. 특히 여성의 일과 가정생활의 양립을 지원하는 사회제도의 도입을 강조한다. 이 책은 스웨덴 여론을 폭발시켰다. 영국에 베버리지 보고서가 있다면 스웨덴에는 「인구문제의 위기」가 있었다. 여론의 요구가 높아져 1935년에 인구위원회가 설치되고 거기에서 논의된 정책 제안들이 북유럽 보편주의 복지정책의 기본방향이 되었다(Myrdal, 1938).

(4) 마샬과 윌렌스키

20세기 초 빈곤관의 전환 이후 더 이상 빈곤을 개인의 문제로 치부하지 않았다. 빈곤은 사회구조가 원인이라는 문제의식이 부각되었다. 이후 전개된 1930년대의 국제적인 경제 및 정치 위기는 자본주의 국가들에 공통적인 사건들이었으며 그것이 복지국가 출발의 공통적 요인이었다. 그러한 일련의 위기적 사태를 계기로 복지국가에 대한 이론적 정당성과 합의의 기반이 성립되었다.

독일과 영국, 미국, 스웨덴의 경험을 볼 때 각 나라 특유의 사정이 있으며 위기에 대한 여러 나라의 대응이나 국민들의 태도 또한 서로 다르다. 즉, 복지국가는 공통성뿐만 아니라 다양성을 품고 있는 국가체제로 발달하였다.

복지국가 형성 및 발달을 보는 시각은 기본적으로 발전론 및 수렴론적 성질을 가진 것이었다. 대표적인 연구로서 첫 번째가 영국의 사회학자 마샬에 의한 시민권론이며 두 번째는 미국 사회학자 윌렌스키에 의한 산업주의다. 마샬은 LSE(London School of Economics Political Science)에 재직한 사회학자이며「시민권과 사회계급」(1950)을 통해 과거 약 250년에 걸친 영국의 역사를 회고적으로 분석하였다. 그의 관찰에 의하면 영국의 발전은 국민이 권리로서 시민권을 획득하는 역사를 가지고 있다. 시민권은 시민적·정치적·사회적 권리로 구분되는데 역사적으로 순차적인 과정을 거쳐 획득되었다는 것이다. 18세기에 시민권(신체나 언론, 사상의 자유, 사유재산권, 재판에 호소할 권리 등)을 획득한 이후, 19세기에 정치권(선거권)을 획득하고 20세기가 되어 사회권(모든 국민이 문화적이며 최저한의 생활을 누릴 권리)을 획득하기에 이르렀다. 마샬은 이 마지막 단계, 즉 사회권의 획득이 반영된 정치경제체제를 복지국가라고 규정하였다. 마샬이 생각하는 사회변화의 흐름은 일방적이며 누적적이며 진보 사관에 근거하고 있다. 그에 의하면 구빈법 역사에서 실패의 경험으로 언급되는 스핀햄랜드 제도는 사회권을 인정한 선구적 제도로서 본질적으로 평가할 수 있지만, 시대의 지배적 정신에 철저하게 반하는 것이었으므로 실패하였다(Marshall, 1950).

윌렌스키는 계량적 분석방법을 사용하여 복지국가를 양적으로 파악하려고 했다. 앞서 복지국가의 이론에서 자세히 언급하였으므로 여기서는 요점만 간단히 다시 정리할 것이다. 잘 알려진 것처럼 윌렌스키의 기본적 사고방식은 GNP에서 차지하는 공적 복지지출의 규모-예를 들면 20%-를 통해 복지국가의 성립과정이나 성숙도를 판단하는 것이다. 윌렌스키의 견해와 연구 성과가 분명하게 나타난 것이 르보와의 공저「산업사회와 사회복지」(1958), 그리고 단독 저서로 간행된「복지국가와 평등」(1975년)이다. 후자의 책에서 그는 1인당

GNP, 자유주의국가, 전체주의국가, 65세 이상 인구비율, 제도의 경과연도, GNP 비율로 보는 사회보장지출과 같은 여러 변수를 포함하는 인과모델을 설정하여 분석한 후, 중요한 역할을 하는 것은 정치변수가 아니라 경제성장, 인구고령화, 제도의 경과변수라는 점을 강조하였다. 윌렌스키의 산업주의 논리는 산업화에 수반하는 새로운 욕구 출현에 의해 복지국가가 형성되었다는 기능주의적 견해를 대표한다. 산업화에 의해 농촌에서 도시로의 인구이동이 일어나고 가족이 변하며 전통적인 생활 양식은 붕괴되었다. 그가 주로 검증한 것은 어떠한 정치경제 체제에 있든, 어떠한 개성이 풍부한 문화적·역사적 배경에 있든 풍요한 사회는 그 사회구조와 사상 양 측면에서 점차 닮아간다는 것이었다(Wilensky, 1975).

마샬이나 윌렌스키로 대표되는 발전론과 수렴론의 시각은 1980년대까지 복지국가 연구의 주류였다. 제2차 세계대전 후 자본주의 황금시대, 복지국가의 황금시대를 맞이한 상황에서 볼 때 시민권이나 공공의 복지지출이 지속적으로 확대될 것이라는 전망은 전혀 잘못된 것이 아니었다. 경제적 호황을 누리면서 정치적·사회적 차이와 대립은 물밑으로 가라앉았기 때문이다. 높은 수준의 경제성장이 지속되는 1960년대에 자본주의와 사회주의 체제 사이의 접근을 주장하는 혼합경제론도 상당한 지지를 받았으며 발달의 과정을 어떤 단계로 구분하더라도 최종 단계는 유사한 단계로 수렴될 것이라는 전망이 지배적이었다(Rostow, 1960).

(5) 뮈르달의 복지국가 발달론

마샬과 윌렌스키와 거의 동일한 시대에 뮈르달도 복지국가 발달에 대하여 살펴보고 있었다. 그의 1960년 저서 「복지국가를 넘어(Beyond the Welfare State)」 -미국 예일 대학에서의 연설이 기초가 되고 있다-는 2부로 구성되어 있는데, 제1부가 그러한 논의에 해당한다. 그런데 뮈르달의 복지국가 발달에 대한 생각은 마샬과 윌렌스키의 논지와는 다른 독자적인 노선을 가지고 있었다. 뮈르달은 서론에서 자본주의권과 사회주의권을 구분하여 양자의 수렴을 뜻하는 혼합 경제론에 찬성하지 않는다는 뜻을 분명히 하였다. 그의 관점에서 세계는 각자 3개의 권역과 계획으로 성립되어 있었다. 첫째가 사회주의권, 둘째는 자본주의권인데, 셋째는 자본주의권 속에 선진국과 저개발국 집단이 두 개의 권역으로 구분되어 있다. 그가 말하는 복지국가란 자본주의권에 속하는 선진국 집단을 말한다.

뮈르달에 의하면 복지국가의 발달과정은 무계획적으로서 전개되는 과정에서 계획화로 완성된 것이었다. 복지국가의 계획이란 사회주의권에서 볼 수 있는 것처럼 사전에 준비된 위로부터의 계획과는 본질적으로 다르며 위기적 상황이 발생한 후에 사후적으로 국가가 간섭하여 여러 대책을 다시 정비하는 노력이었다. 1930년대 국제적 위기에 대응하여 각 국가는 각자의 경제적 · 정치적 안정을 지킬 필요에 따라 보호주의 정책 수단을 도입하지만, 국내적으로도 또한 국가간섭이 더욱 필요한 상황이 진행되었다. 그것은 경제의 독점과 함께 정치의 민주화 · 평등화가 진전되었기 때문이었다. 뮈르달은 일정한 방향으로 착실하게 변하고 있던 국내적 요인이 복지국가 발달에 더 근본적으로 작용하였다고 생각한다.

국제적 위기에 대하여 국가가 보호주의적 국가간섭을 늘려나갔다는 점은 이해하기 쉽다. 그에 더하여 국내경제의 독점에 대한 국가의 간섭이 늘었다는 것은 국가가 경쟁을 막기 위해 시장에 어떤 작용을 가하기보다도 극단적인 불평등이 문제가 되지 않도록 부작용을 막기 위한 법이나 행정 조치로 제어하겠다는 것이다. 또한 정치적 민주화의 진행으로 상대적으로 가난한 사람들은 단결권을 행사하여 평등을 요구하게 되었는데, 이에 호응하여 국가는 각종 소득재분배 정책을 도입하는 것으로 대응하였다. 국가간섭은 점차 증가되고 예외적 대응이라고 할 수 없을 정도로 확대되었으며 균형감을 갖추고 사회통합을 위해 노력한 결과 복지국가가 발달했다는 것이다. 이러한 동향은 의도적으로 통제된 사회나 조직적인 국가형성이라고도 할 수 있겠다. 고용정책, 연금정책,

가족수당제도, 주택정책, 교육정책 등이 선진 산업국가에 확산되기 시작하였으며 그것들이 복지국가의 성과라고 높게 평가하였다(藤田, 2017 : 36-37).

더 나아가 뮈르달은 이러한 사회변화와 함께 사람들의 생각이나 가치관이 변했다는 점에 주목하였다. 그의 분석에서 가장 독자적인 특징이 여기에 있다. 그것은 제도적·심리적 요인을 중요시하는 것이다. 그에 의하면 국제적 위기를 계기로 보호주의적 정책이 도입된 결과, 사람들은 그러한 정책의 도입을 차츰 당연하게 생각하게 되었다. 또한 경제의 독점 속에서 사람들은 자신이나 집단의 이익을 높이기 위하여 합리적으로 협동하고 사회경제 시스템을 통제하며 또 통제 가능하다고 생각하게 되었다. 그리고 정치적 민주화의 발달을 통하여 상대적으로 가난한 사람들은 단결하여 평등을 요구할 수 있다고 생각하게 되었으며 부유한 사람은 높은 성장을 배경으로 관용의 태도를 갖게 되었다는 것이다. 통상적으로 복지국가의 형성은 공식적인 정책이나 제도의 변화에 집중하게 되는데, 뮈르달은 정책이나 제도를 통한 눈에 보이는 법조문이나 이행결과에 의한 변화뿐만 아니라 사람들의 사고나 가치관의 변화까지 주목하고 있다는 데에 중요한 의의가 있다. 사람들의 생각과 정서가 복지국가에 우호적으로 변화되었으므로 복지국가 형성과 발전의 동력은 쉽게 되돌릴 수 없게 된다(Myrdal, 1960).

지금까지 논의를 바탕으로 볼 때 복지국가란 무엇인지에 대해 한마디로 정리하기는 어렵다. 정책 주체에 관련된 복지정책을 실행하는 국가라는 의미도 있으며 복지 체제를 의미하기도 한다. 국가의 복지가 복지국가에서 큰 역할을 하고 있지만 가족이나 각종 공동체에 의한 복지제공 또는 시장을 통한 복지서비스 구입을 포함한 다양한 형태의 종합적 복지제도를 포함해서 생각해야 한다.

복지국가는 자본주의와 민주주의, 사회적 연대와 같은 여러 힘이 교차하면서 만들어낸 산물이며 여러 나라마다 합의와 타협의 제도적 형태를 갖추고 있다. 기본적으로 복지국가의 개입영역은 시장·국가·시민사회에 걸쳐 있다는 점을 이해해야 하며 복지국가의 형성은 역사적인 경험에 의해 이루어졌다는 것이다. 즉, 1930년대를 기점으로 하는 국민국가 차원의 합의와 타협을 거쳐 제2차 세계대전 후에 확립되고 발전되었다는 역사적 과정을 포함하고 있다.

자본주의와 민주주의에 비하여 사회적 연대는 그 의미가 불확실할 수 있다. 사회적 연대를 기초로 개개인의 사회인식이나 타인과의 관계성이 만들어진다. 무엇을 사회적으로 대응해야 할 것인지는 사회적 연대의 내용이다. 어떠한 사람들을 연대해야 할 동지로 간주하며 어떤 정도의 사회적 연대를 요구할 것인가는 사회인식과 사회적 관계성에 좌우된다. 복지국가는 사회연대에 기초한 사회의 인식과 관계성을 바탕으로 국민 차원의 연대가 형성된 것이다. 또한 교차와 대항, 합의와 타협의 시간을 거치며 다양한 정치·사회적 균형과 통합을 만들어 왔다. 사회보장제도 그 자체가 바로 복지국가의 존재를 보증하는 것은 아니다. 자본주의·민주주의·사회연대의 융합을 통해 복지국가는 발달한다. 다시 말하면 이 세 가지가 존재하지 않는다면 복지국가로 인정할 수 없다는 것이다. 미국이나 일본은 복지지출이 상대적으로 낮은 수준으로 복지국가로 인정하기 어렵다고 한다. 그런데 국가의 복지지출 수준이 낮아도 복지공급 주체와 책임의 형태가 다양하고 광범위하게 분담되어 있다면 소위 미국형·일본형 복지국가라는 주장도 가능할 것이다. 단, 국가의 직접적 복지 책임은 상대적으로 낮은 복지국가라 할 수 있을 것 같다.

복지국가는 생산주의 경제에 의해 노동력의 상품화가 이루어지고 민주주의 정치에 의해 탈상품화가 권리로서 제도화된 국가다. 또한 자본주의 경제에서 자본과 노동계급을 초월한 연대의 정치구조를 가지며 국경으로 제한된 범위에서의 연대를 유지한다. 국가의 권위를 통해 조세나 사회보험료를 징수하여 국민에게 재분배하는 구조를 통해 익명적인 연대가 작동한다(武川, 2007). 복지를 목표로 급여를 제공하고 국가의 규제를 통해 인간다운 생활에 어울리는 복지를 제공한다. 복지국가는 경제와 정치, 사회와의 불일치를 보완하거나 균형적으로 조정하는 역할도 한다. 앞으로 복지국가는 계속 변화와 조정을 거치는 전환의 과정을 거칠 것이다. 하지만 자본주의와 민주주의, 사회연대와 같은 복지국가의 핵심적인 가치는 공통적으로 유지될 것이다. 지금 필요한 것은 복지국가를 완전히 대체하는 새로운 아이디어가 아니다. 공통적 가치를 포함하는 새로운 복지국가이다. 미래를 위한 도전과 변화는 계속될 것이지만 복지국가의 유산은 항상 인기 있는 선물로 남아 있을 것이다.

5. 복지국가의 체제

1) 세 가지 복지체제

다양한 복지국가를 일정한 기준에 의해 분류하려는 노력은 복지국가의 이론을 발달하게 했다. 대표적인 이론이 이미 소개한 것처럼 GDP 대비 사회지출 규모, 복지프로그램 도입 시기, 복지국가 성격을 기준으로 구분하는 방식이었다. 하지만 GDP 대비 사회지출 규모에 따른 유형화는 상대적으로 노인인구나 빈곤층의 규모가 작을 경우, 그 수준이 높지 않을 수 있으며, GDP 증가율이 높은 경우도 마찬가지라는 점에서 논란의 여지가 있다. 또한 복지프로그램 도입 시기에 따른 구분도 제도 도입이 빨랐다고 해서 앞으로도 계속 높은 수준의 제도 내용을 유지할 것이라 보기 어렵다. 기존 논의에서 가장 흔히 등장하는 것이 윌렌스키와 르보의 잔여적 복지와 제도적 복지다. 미국과 일본은 잔여적 복지국가, 스웨덴과 노르웨이 등 북유럽 국가는 제도적 복지국가에 해당한다.

한편 에스핑 안데르센은 복지레짐을 기준으로 복지국가의 질적 차이를 구분하고자 하였다. 그는 국가·시장·가족 3자의 복지생산과 공급이 어떻게 분배되고 있는지를 유형화하였다(Esping-Andersen, 1990). 노동시장으로부터 자유롭게 이탈할 수 있는 정도를 보여주는 탈상품화, 복지정책이 초래하는 계층화의 정도를 보여주는 사회적 계층화라는 관점에서 사회민주주의·보수주의·자유주의 레짐으로 구분하여 복지국가를 유형화하였다. 즉, 시장과 가족, 국가의 차이에 따라 각 레짐의 특징을 나누고 그것들과 정당 정치와의 관계를 주목하여 명칭을 부여하였던 것이다.

주요 키워드로서 탈상품화, 사회계층화, 탈가족화로 비교의 기준을 삼았다. 먼저 탈상품화란 노동자가 스스로 노동력을 상품화하지 않아도, 즉 노동시장에 참가하지 않아도 사회보장제도 등에 의해 생활이 가능한 수준에 대한 정도를 말한다. 다음으로 사회계층화는 사회지출을 통한 소득재분배가 오히려 계층화라는 사회적 불평등을 초래할 가능성의 정도를 의미한다.

에스핑 안데르센이 1990년에 출간한 「복지 자본주의의 세 가지 세계」를 계기로 복지국가 연구는 큰 전환을 맞았다. 그는 1947년 덴마크에서 출생한 사회학자이며 현재까지도 연구를 진행하고 있다. 1980년 이후 권력자원론을 기본적인 관점으로 하고 있었는데 그것은 복지국가의 형성요인과 결정요인으로서 정치가 중요하다는 주장이었다. 경제적으로는 자본가의 힘이 강하지만 민주적 정치는 머리 숫자가 중요하므로 노동자의 힘이 강해질 수 있다. 그렇다면 주요 복지시책의 형성과 결정에 있어서 시장의 힘에 대항하는 정치의 힘이 중요하다고 해석하는 게 가능하다. 처음부터 그는 복지 자본주의나 복지국가 레짐이라는 용어를 사용했는데, 1999년 저서 「후기산업경제의 사회적 기초」 이후에는 복지레짐이라는 용어로 통일하였다. 그 의미는 각 국가에서 필요로 하는 복지가 어떻게 공급되고 있는지에 대한 체제(레짐) 형태를 뜻한다. 그는 복지의 주요 공급 주체가 무엇일까, 즉 시장과 가족, 국가의 차이에 따라 여러 유형을 만들어내고 그것들과 정당 정치와의 관계를 분석하였다. 주로 시장에서의 구입을 통해 복지에 대한 수요가 충족되는 자유주의 레짐(영국, 미국 등), 가족에 의한 무상노동으로 충족되고 있는 보수주의레짐(독일 등 유럽대륙), 국가에 의한 현금급여와 사회서비스로서 충족되는 사회민주주의 레짐(스웨덴 등 북유럽)이다.

에스핑 안데르센은 이러한 유형론을 앞서 제시한 학자로서 영국의 티트머스를 지적하고 있다. 티트머스는 마샬과 LSE에서 동료였던 사회학자이다. 그는 복지국가의 세 가지 유형이 있다고 일찍부터 주장하였다. 첫째, 잔여적 복지모델이다. 시장과 가족에 의해 복지충족을 할 수 없는 경우만 국가복지가 실시되는 체제이다. 둘째, 산업적 업적 성취모델이다. 이는 경제활동을 보조하는 사회복지제도에 중요한 역할을 두고 복지는 노동성과나 생산성에 따라 충족되는 체제이다. 셋째, 제도적 재분배 모델은 사회복지를 사회통합을 위한 주요한 제도로 생각하고 욕구의 원리에 따라 시장 외부에서 보편주의적 서비스를 제공한다(Titmuss, 1974 : 30-31). 티트머스 유형과 비교해 보면, 에스핑 안데르센의 유형론은 잔여적 복지모델에서 제도적 재분배 모델로 발전되는 논의로 인식되었던 기계론적 유형론에 더하여 보다 다양한 분석을 시도한 것이었다.

레짐의 유형론을 비교하는 '탈상품화' 지표는 노동자가 스스로 노동력을 상품화하여 노동시장에 참가하지 않아도 사회보장제도 등에 의해 어느 정도 생활이 유지할 수 있는가를 수준별로 판단할 수 있다. 그는 탈상품화 개념을 중심으로 복지정책이 사회계층에 미치는 영향을 지표를 통해 평가하여 세 개의 복지레짐으로 구분하였다.

첫 번째는 자유주의 복지레짐이다. 이는 공공부조에 정책을 집중시켜 엄격한 자산조사를 실시하며 재분배는 미약하고, 사회보험제도는 상대적으로 수급자격과 보장범위 등이 제한적이다. 기독교 노동윤리와 시장 자유주의적 입장으로 시장을 통한 복지문제 해결을 추구한다. 시장의 역할이 강하지만 국가의 역할은 주변적이며 개인주의가 강력하므로 탈상품화의 지표는 낮을 수밖에 없다. 여기에 해당하는 대표적인 국가는 미국과 영국이다.

두 번째는 보수주의 레짐이다. 전통적으로 국가의 역할이 강조되어 왔으므로 시장 자유주의의 특성은 없다. 사회적 권리로서 복지권의 보장은 일정하게 반영되어 있으며 복지급여는 숙련노동자 등 직역에 따라 차이가 있다. 국가의 역할은 보조적이며 가족주의와 조합주의가 강하고 주요 생계부양자의 경우 탈상품화의 정도가 높다. 직업 및 산업별로 사회보험의 차이가 나타나므로 사회적 계층이 고정되기 쉽다. 따라서 복지국가에 의해 사회계층화의 정도가 높게 나타나게 된다는 분석이 가능하다. 이 유형의 대표적인 국가는 독일과 프랑스다.

세 번째는 사회민주주의 레짐이다. 사회적 권리로서 복지권을 인정하므로 보편적 복지가 주류를 이룬다. 가족정책을 비롯한 높은 수준의 복지급여가 생활이 어려운 사람들뿐 아니라 중산층까지 제공된다. 국가의 역할이 중심적이고 시장의 역할은 주변적이며 국가를 통한 사회적 연대가 강하므로 탈상품화의 정도는 최고치에 이른다. 자산조사 없는 보편적인 높은 수준의 보장이 이루어지므로 그 지표가 상대적으로 높다. 이 유형에 속하는 국가는 스웨덴 등 북유럽 국가들이다.

복지레짐론의 기본적인 주장은 복지국가의 성격은 복지 관련 정부지출 규모로만 결정되지 않는다는 것이다. 재정지출은 복지국가라는 이론적 실체에 대한 부수적 현상일 뿐이며 근본적으로 중요한 것은 복지레짐의 구조적 특성을 파악하는 것이다. 복지국가라는 용어보다 복지레짐이라는 개념을 선호하여 사용하는 이유도 거기에 있을 것이다. 하지만 그의 레짐론이 발전론 및 수렴론과 대립하는 것으로 이해할 필요는 없다. 노동의 권력자원이 복지레짐의 유형을 규정한다는 견해는 민주주의 제도를 가지고 있고 경제 수준이 유사하지만, 이질적인 복지국가로 발전하는 다양한 요인을 규명하는 데 효과가 있을 것이다. 그러면 민주주의와 산업화의 발달로 동질적인 복지국가로 수렴되기보다 그것을 전제로 다양하게 발전한다는 다양성론을 의미하는 것이기도 하다(新川, 2011).

에스핑 안데르센의 복지레짐은 현재의 복지국가를 유형화하는 데에 필수적인 이론이 되었다. 물론 완벽하지는 않다. 그에 대한 비판은 다음과 같이 정리할 수 있다.

첫째, 젠더 관점을 무시하고 있다는 페미니즘의 비판이다. 노동력의 상품화 개념으로 탈상품화 지표를 설정하지만, 그것은 주로 여성이 담당해 왔던 가사와 육아 등의 무임금 노동을 고려하지 않고 있으며 오히려 여성의 노동력 상품화는 가부장적 가족으로부터의 해방을 초래하는 것이라 평가할 수 있다. 탈가족화 지표에 근거를 둔 분석을 통해 새롭게 알게 된 것은 남유럽 국가들과 일본에 가족주의가 두드러졌다는 것이며 북유럽은 그 극단의 끝에 있다는 점이다.

에스핑 안데르센은 현 사회에서 전업주부 어머니들을 복지의 공급 주체로 하기는 어려우며 만일 복지국가가 그들에 의존한다면 복지 후퇴가 초래될 것이라고 한다. 그는 복지국가에 대한 세계화의 영향 이상으로 여성의 생활 스타일의 변화가 중요하다는 점을 지적하고 있으며 교육 등 기회균등에 대해서 적극적으로 논하고 있다(Esping-Andersen et al., 2009).

둘째, 유형의 범위에 대한 것이다. 즉, 왜 세 가지 레짐만 존재하는가이다. 제4의 복지레짐을 요구하는 논의가 제기되고 있으며 지금까지 오스트레일리아, 지중해, 동아시아가 주요 후보로 거론되었다. 호주와 뉴질랜드는 일반적으로 자유주의 레짐에 속하는 것으로 보고 있다. 그러나 이 나라들은 임금 중재제도와 같은 독특한 평등주의적 임금보장 구조가 전통적으로 존재하며 그에 따라 '임금소득자 복지국가'라는 지적이 있다(藤田, 2017 : 46). 한편 지중해 연안국은 유럽이지만 가족의 유대가 매우 강한 특성이 있다. 또한 동아시아는 복지지출 규모로만 보면 자유주의적 성향에 가깝지만 보수주의적이며 가족주의적 특징이 강한 후발형이다(宮本, 2003). 한국의 복지국가 발달은 유럽대륙보다 더욱 강한 국제적 영향과 정치적·경제적 위기의 영향을 받았다. 에스핑 안데르센은 제4의 복지레짐을 분명하게 수용한 것 같지는 않다. 탈가족화 지표가 새롭게 제시되었지만 탈상품화와 사회계층화 각 지표의 이론적·실증적 상호관계와 유형의 결정방법 등은 분명하지 않다. 또한 지중해, 동아시아 국가들은 세 유형에 정확하게 들어맞지 않는 중간형 내지 혼합형 지위에 머물러 있다. 어떤 판단기준에 따라 다양한 복지국가가 몇 개 유형으로 고정될 수 있을지는 더 많은 논의가 필요한 연구 과제다.

2) 탈상품화 탈가족화 지표

탈상품화와 탈가족화의 정도를 판단하는 기준의 내용을 좀 더 살펴보자. 지표는 모두 5개로 구성된다. 탈상품화는 ① 평균 근로자 임금에 대한 최저급여액의 비율이다. ② 평근 근로자 임금에 대한 평균 급여액의 비율이다. ③ 급여를 받을 수 있는 자격조건, 즉 수급요건이다. ④ 전체 프로그램 재원에서 수급자가 지불한 비율이다. ⑤ 실제 급여를 수급하고 있는 사람의 비율이다. 탈상품화 지표가 의미를 가지기 위해서는 목적과 수준이 정당해야 한다. 복지국가는 사회로부터 스스로 고립하려는 사람들을 위해 낮은 수준의 탈상품화까지 지원하는 것은 아니기 때문이다. 단순히 노동시장과 사회 참가 없이도 적절한 생활수준을 누릴 수 있는 소극적 권리를 보장하기 위한 것이 아니다. 개인적·사회적 필요와 같은 구체적 목적을 위해 임금노동을 중단할 수 있는 적극적 권리를 보장해야 한다.

탈상품화는 복지국가 유형화를 이해하는 핵심적인 개념으로 상정되었지만, 탈상품화의 대상은 이미 노동시장에 참가하고 있는 전일제 노동자가 아닌 불규칙한 노동을 수행하는 비정형적 노동자는 배제될 가능성이 높다. 또한 상대적으로 전통적 성별분업에 의해 가족 내 돌봄 노동을 전담하고 있는 여성을 복지국가의 분석 대상에서 배제하는 결과를 낳게 된다. 실제로 전일제 남성 숙련노동자와 달리 대부분의 여성은 탈상품화의 전제가 되는 노동시장 참여 자체에서 불리한 상황에 있기 때문이다. 이와 같이 탈상품화에 대해 젠더 관점의 감수성이 취약하다는 비판에 대응하기 위해 등장한 개념이 탈가족화다.

탈가족화는 4개 지표로 구성된다(Esping-Andersen, 1999). ① 전체적으로 어느 정도의 서비스 노동이 이루어졌는가. 이는 가족 서비스에 대한 지출이 GDP에서 차지하는 비율이다. ② 아동이 있는 가족을 지원하기 위하여 전체적으로 어느 정도 지원이 이루어지는가. 이는 가족수당과 세액공제의 종합적인 가치이다. ③ 공공 보육이 어느 정도 보급되어 있는가. 이는 3세 이하 유아에 대한 주간 돌봄 서비스의 규모이다. ④ 노인에 대하여 어느 정도 돌봄이 제공되고 있는가. 이는 가정요양보호 서비스를 받고 있는 65세 이상 노인 비율이다.

탈가족화 지표를 기준으로 유급 노동 또는 사회보장제도를 통해 사회적으로 적절한 생활수준이 보장되는 정도를 비교 분석할 수 있다. 즉, 가족의 복지와 돌봄 책임이 국가의 서비스 제공 또는 시장의 서비스 제공을 통해 완화되는 정도를 비교할 수 있는 것이다. 탈상품화 개념이 남성의 시민권뿐만 아니라 여성의 시민권도 포함하는 포괄적인 레짐의 기준이 되기 위해서는 탈가족화를 통한 개념 보완이 이루어져야 한다는 것이다. 그렇다면 탈가족화는 어떤 방향으로 발전되어야 할 것인가. 우선 국가와 시장, 자원조직을 통한 돌봄 책임의 완화를 위한 노력이 전개되어야 한다. 또한 여성의 노동시장 참여율과 평균 임금 등 경제적 독립성도 강화되어야 한다. 아울러 무급 노동에 대한 재평가가 이루어져 임금노동과 동격화가 이루어져야 한다. 하지만 동아시아 복지국가는 이에 정확히 해당하지 않는다는 지적이 있다. 따라서 국가와 가족의 시장참가에 더하여 온정주의와 가족주의를 기준으로 동아시아를 포함하여 탈상품화·탈가족화 유형을 더 세부적으로 비교할 수 있다(新川, 2014 : 27-38).

첫째, 국가개입을 중심으로 탈상품화와 상품화를 구상해 보면, 사회민주주의 레짐은 탈상품화와 상품화에 대한 국가개입 모두 높다. 고용유지를 위한 적극적 노동시장 개입을 중요시하고 동일임금·동일노동 원칙을 강조한다. 수익성 낮은 기업은 정리하고 잉여 노동력에 대한 재훈련과 재배치, 노동력을 활성화하는 관대한 탈상품화 정책을 유지한다. 강력한 조직노동과 수출에 의존하는 경제이며 국제경쟁력 강화에 민감하다. 보수주의 레짐은 탈상품화에 대한 국가개입은 높은 반면, 상품화에 대한 국가개입은 낮다. 국가의 노동시장 개입은 소극적이지만 노사의 조정 메커니즘이 매우 강하다. 자주적인 노사조정, 지역중심의 사회보장제도가 발달해 있다. 사회보험 보장수준이 높고 포괄적인 중앙집권적 노동계급 조직화는 약하다. 자유주의 레짐은 탈상품화에 대한 국가개입도 낮고 상품화에 대한 국가개입도 낮다. 자유경쟁을 위한 규제가 강하며 최소한으로 필요한 교육기회를 제공한다. 국가는 노동시장에 개입하지 아니하며 이민 유입을 통한 대체 가능한 값싼 노동력을 재활용한다. 국제 경쟁력 향상을 위해 노사정이 협력할 필요가 없으며 노동조합은 이익단체에 불과하므로 소극적 역할에 그친다. 온정주의 레짐은 탈상품화에 대한 국가개입은 낮고 상품화에 대한 국가개입은 높다. 상품화를 위한 국가의 개입은 소극적이지만, 국가가 경제성장을 주도한다. 개발주의가 강하며 직역별 사회보험이 발달하지만 급여수준이 낮아 기업복지나 개인저축에 의존한다. 생산성이 낮은 부문은 세제 우대와 보조금, 융자제도를 통한 보호가 이루어진다. 공공사업과 토건사업 중심의 복지국가 성장전략을 고수하며 노동조합은 기업 내의 성과 배분에 관심이 높다.

둘째, 탈가족화를 탈상품화의 관계에서 구분하면 사회민주주의 체제는 탈상품화와 탈가족화가 모두 높다. 조세를 바탕으로 사회권을 보장하며 시민은 조세를 지불하고 노동의무를 가진다. 복지-노동의 권리의무 관계는 매우 느슨하며 사회서비스 확충을 통해 탈가족화를 지향한다. 보수주의 체제는 탈상품화가 높지만 탈가족화는 낮다. 보수주의는 일원적이고 포괄적인 사회보험이 발달해 있고 직역별 조정과 급여의 평등화가 완료되면 실질적인 보편주의가 실현될 수 있다. 여성의 취업률은 상대적으로 낮고 공공의 사회서비스 역할도 소극적이다. 여성의 가사노동 종사를 전제로 한 남성 주소득자 모델이므로 노동시장 규제는 엄격하고 고용 보호가 충실하다. 가족주의 체제는 탈상품화와 탈가족화 모두 낮다. 직역별 사회보험을 통한 재분배가 이루어지고 여성의 무급가사노동 역할을 기대한다. 가족이 수행하는 복지기능이 보수주의보다 강하며 아동지원, 공공부조, 실업보험 급부기간이 짧다. 자유주의는 탈상품화는 낮고 탈가족화는 높다. 사회보장은 공적연금의 범위에 한정되며 급여 수준이 낮아 기업복지나 개인저축이 매우 중요한 역할을 한다. 의료는 빈곤자와 노인 등 예외는 있지만, 민간보험이 담당하며 기업은 민간보험회사와 계약을 맺고 의료서비스를 제공한다. 노동시장에 가사노동을 담당하는 값싼 노동력이 존재하며 가사노동 시장화로 유능한 여성은 경력 지향적이 된다. 그 대신 저임금 가사노동은 여성이 주로 담당하므로 여성의 이중 노동시장이 확대된다.

동아시아를 포함하여 생각하면 가족주의를 추가하거나 가부장주의적 온정주의를 추가하여 분류할 수도 있겠지만, 그와 같은 유형화를 새로운 구분이라 할 수 있는가? 이에 대해서 동아시아의 경우, 경제성장 우선의 복지국가라는 의미에서 생산주의적 복지국가라 규정하기도 하고 산업화에 뒤늦게 착수한 국가라는 의미에서 후발 복지국가라고 명칭을 부여할 수도 있을 것이다. 동아시아 국가들은 사회정책을 포함한 모든 국가정책이 경제적 목적을 위한 수단으로 되는 경향이 강하다는 것이다. 또한 효와 형제간의 우애, 우리라는 집단을 우선하며 가족의 복지 제공자로서의 역할을 강조하는 경향이 강하다는 것이다(Holiday, 2000; 埋橋, 2011). 다시 말하면 경제발전과 가족유대가 재분배보다 우선이므로 공적 복지지출은 낮게 나타날 수밖에 없었다고 이해할 수 있겠다. 하지만 이는 결코 복지 욕구가 낮아서 지출이 낮은 것이 아니라 정부가 경제성장에 드라이브를 걸기 위해 강력히 복지를 억제하는 역할을 해 왔기 때문일 것이다. 시장 대신에 가족이 더 많은 보호적이고 보충적 역할을 해야 하므로 복지 배분과 관련된 보편주의적 접근은 찾아보기 힘들다. 따라서 탈상품화 효과는 낮고 민간 복지공급도 활발하지 못하며 계층화 현상이 강하게 나타날 것이다. 결국 동아시아 국가들은 기존의 서구 복지국가와 다르게 경제발전에 치중하면서 복지제도를 상대적으로 늦게 확충해나가는 전략을 선택했다고 평가할 수 있는 것이다. 이처럼 에스핑 안데르센의 세 가지 복지 체제를 활용하여 동아시아 복지 체제를 유형화는 방법은 매우 효과적으로 동아시아 복지국가의 현재 위치를 상대적인 차원에서 이해하기 위한 비교 방법이라 생각된다. 하지만 동아시아 복지국가에 대한 내외부적인 영향 요인과 개별 국가의 사회구조나 역사적 변천 과정을 통해 형성된 개별 복지국가 체제의 구조와 특징을 함께 설명할 수 있는 방법론이 도출되어야 할 것이다.

3) 한국의 복지체제

2000년대 초반 한국을 서구의 세 가지 복지 체제 유형과 비교한 연구가 등장하기 시작하는데 소위 한국 복지국가의 성격 논쟁과 관련된 논의들이다. 한국을 복지국가로 정의하고 서구 복지국가와 동등한 위치에서 비교하려고 했다(윤홍식, 2019 : 81-85). 핵심 쟁점은 에스핑 안데르센의 복지체제 중 어떤 유형과 유사한지에 대한 논의다.

대개 한국은 서구 복지국가와 직접 비교하기 어려운 예외적 사례, 즉 독자적인 복지체제 구성원리가 없는 예외적인 사례로 구분되어 왔다(Esping-Andersen, 1999). 또한 성장 친화적인 복지정책을 강조하는 생산주의 복지체제로 규정하는 경우도 있다(Aspatier, 2005; Holiday, 2000). 국가복지가 확대되는 2000년대 초반까지는 선진 복지국가와 비교 가능할 정도로 복지제도의 규모와 질이 충분하지 않았던 상황에서 한국 복지국가의 성격을 규명하기는 어려웠을 것이다. 이후 2010년을 전후로 촉발되었던 무상급식 논란을 계기로 보편복지와 선별복지 중 어떤 방향으로 한국 복지국가의 방향이 설정되어야 하는지에 대한 논쟁이 다시 촉발되었다. 한국의 복지국가가 양적 또는 질적 측면에서 서구 선진 복지국가의 수준에 도달하고 있다는 점은 분명해 보인다. 복지비 지출 수준은 GDP 대비 2010년 8.2%, 2015년 10.2%, 2016년 10.5%, 2017년 10.6%, 2018년 11.1%, 2019년 12.2%로 이미 GDP 대비 10%를 넘어서고 있으며 현 추세라면 2060년 GDP 대비 28~30%에 이를 것으로 추계된다(정책기획위원회, 2018; KOSIS, 2021). 복지지출 규모로만 볼 때 한국 복지국가를 기존 선진 복지국가와 동일한 분석틀로 비교할 수 있는 연구가 가능하다는 평가가 나오고 있다(정의룡 · 양재진, 2012; 한신실, 2020 : 155).

가장 대중적인 분석틀로서 에스핑-안데르센의 복지레짐론을 통해 한국의 복지국가가 어떤 유형으로 분류될 수 있는지에 대한 논의는 대체로 세 가지 방향으로 구분된다. 우선 자유주의와 사회민주주의, 조합주의의 혼합형으로 발전할 것으로 전망한다. 한국은 각 복지레짐의 본질적 특징들이 산재해 있으므로 어느 한 유형으로 수렴되기는 어렵고 보수주의형 복지국가에서 야기되는 계층화 문제는 한국과 특성이 다르며 보편주의적 사회보험과 관대한 급여수준의 고용 및 산재보험, 공공부조와 사회보험의 균등한 발달, 가족책임주의의 혼재로 혼합형 복지국가로 발전할 것이라는 평가다. 둘째 한국의 복지 체제가 자유주의 레짐으로 발전하고 있다는 전망이다. 사회경제적 위기 극복에 치중된 임기응변적 성격의 복지제도의 정책기조의 강세로 사회불평등 해소나 대중의 삶의 질 향상과 같은 사회문제는 외면하고 있다는 평가다. 셋째, 잔여적 혹은 자유주의적 복지국가로 재구성될 것이라는 전망이다. 사회보험제도나 공공부조의 연대의 범위가 전 국민적 차원으로 확대되었으나 이는 국가책임 강화라기보다 기존의 조합주의적 성격과 가족주의적 성격을 유지한 결과이므로 계층에 따른 차별적 복지원칙을 가진 조합주의적 보수주의 복지레짐을 강화할 것이라는 전망이다(김연명 편, 2002; 한신실, 2020 : 159). 예를 들어, 한국의 사회보험은 수익자가 재원을 분담하는 구조이며 사회적으로 취약한 계층을 배제하고 있으며 특수직 연금의 계층화 효과가 크다. 또한 국민기초생활보장제도의 부양의무 기준은 가족 책임을 강조하고 있다(남찬섭, 2002 : 144-174). 하지만 국민연금과 건강보험 등 사회보험의 보편적 적용과 사각지대 문제는 보수주의 체제만의 문제가 아니라는 점, 부양의무자 기준의 존재만으로 서구 보수주의의 가족 책임주의와 유사하다고 평가할 수 있을지는 의문이다. 하지만 한국의 복지국가 발전 과정에서 나타난 시장에 대한 국가개입의 성격은 산업화 초기 단계의 유럽과 미국에서 나타난 현상과 유사한 점이 있다는 지적을 무시해서는 안 될 것이다(장하준, 2004; 최영준, 2011). 즉, 복지국가의 발달과 성숙 과정에서 공통적으로 볼 수 있는 현상이라는 것이다. 물론 비교 가능하지 않은 대상 자체를 동일한 분석틀로 유형화하는 것이 오류일 수 있지만, 이미 한국이 복지국가에 진입하였다는 점은 분명해 보인다.[1)]

최근 에스핑 안데르센의 복지레짐을 적용한 선진 복지국가 대비 한국 복지국가의 레짐 비교 연구에 의하면, 탈상품화는 자유주의형, 계층화는 보수주의형과 자유주의형, 탈가족화는 자유주의형과 남부유럽형에 가까우며 전체적으

1) 예를 들어, 2000년대 이후 한국의 복지팽창을 통해 한국의 복지국가가 본격적으로 성숙하기 시작했다는 평가(武川正吾, 2005 : 286), 한국은 초기 형태의 복지국가로서 국가복지의 제도적 기초와 시장과 가족이 수행하는 복지공급 주체로서의 역할을 감안할 때 남부유럽형과 자유주의형이 결합된 혼합형 복지체제로 수렴될 것이라는 전망을 비롯하여 2018년 문재인 정부의 국정 기조 혁신적 포용국가에서 우리나라는 복지국가의 초기 단계로 진입했다고 평가하고 있다(김연명, 2013; 대통령직속 정책기획위원회·관계부처 합동, 2018).

로 자유주의형 복지레짐에 가깝다는 결과를 제시하고 있다(한신실, 2020). 특히 가장 유사한 이념형 국가로 미국을 꼽았는데, 우리 사회가 지향해야 하는 복지국가 체제로서 스웨덴과 독일이 이상적인 유형으로 등장하는 경우가 많았다는 점에서 시사하는 바가 크다고 하겠다.

이미 동일한 복지레짐 분석틀을 활용한 이전 연구에서 2000년대 초반까지 한국의 복지국가 체제는 미성숙한 수준이었지만 전반적으로 보수주의 유형이라는 연구 결과가 도출되었다(남찬섭, 2002). 즉, 연금제도는 탈상품화 수준이 중간이지만, 실업급여는 매우 낮은 수준이었고 보수주의적 계층화는 중간 수준, 자유주의적 계층화는 중간보다 약간 낮은 수준, 사회민주주의적 계층화는 매우 낮게 나타난 것이다. 또한 시장부문에 대한 의존도가 높은 동시에 가족주의 성향은 강하게 나타났다. 시장이 주요 복지공급 주체로 작동하면서 친족과 조합주의적 계층화는 활성화되었지만, 국가책임은 최소화되었으므로 전체적으로 불완전한 형태의 보수주의 체제라는 것이다(한신실, 2020 : 172). 이후 최근 연구의 결과를 보면 자유주의적 속성이 보다 강화되었다고 할 수 있다. 예를 들어, 탈상품화 수준은 다른 국가에 비해 매우 낮고, 보수주의적 계층화와 사회민주주의적 계층화는 낮은 수준으로 계속 유지되었지만, 자유주의적 계층화는 자유주의 복지국가에 상응하는 수준으로 높아져 복지공급의 시장의존도가 강화되었다. 탈가족화는 공공의 역할이 강화되었음에도 불구하고 여전히 가족주의 색채는 강하게 나타나고 있다는 것이다(한신실, 2020 : 173). 결국 자유주의형 복지국가로 대표되는 미국과 유사한 복지레짐의 특징을 보이며 제도적 외형이 발전했지만, 각 제도마다 산발적으로 발전해 왔으며, 그 수준은 상대적으로 아직도 잔여적이며 선별주의적 경향에 치중해 있다고 평가할 수 있겠다.

그런데 복지국가의 레짐을 설명하기 위해서는 복지레짐과 국가레짐을 수평적으로 조합하여 살펴봐야 할 것이다. 복지국가는 현실 자본주의의 체제의 변화와 맥을 같이한다. 따라서 한국 자본주의 체제의 모습과 과제를 연구하는 작업과 연관하여 한국 복지국가 체제를 이해하려는 노력이 필요하다. 복지국가를 구성하는 주요 제도의 발달과 전환에 대한 미시적 연구를 통해 한국 복지체제의 성격을 설명하려는 실용적 접근도 중요하지만, 복지국가 전체의 체제 구성과 관련하여 서구 복지국가의 역사적 경험으로부터 정립된 이론에 근거해 단순 비교하기보다 한국 자본주의의 역사적 맥락과 정치경제적 상황에 근거하여 실체와 변화를 설명하려는 연구도 더욱 활발히 이루어져야 할 것이다.[2] 물론 그러한 노력은 사회복지학의 정체성에 근거하여 정치와 경제의 맥락과 연계된 '복지'국가 체제의 특성과 내용을 설명할 수 있어야 할 것이다.

2) 이러한 시도로서 윤홍식은 『한국 복지국가의 기원과 궤적 1~3』(2019. 사회평론아카데미)을 통해 단순히 서구 복지국가의 기원을 찾기보다는 자본주의 세계체제를 단위로, 자본주의의 특성, 권력관계와 자원의 특성, 분배체계의 특성을 중심으로 한국 자본주의와 주체 형성의 역사를 분석하여 한국 복지 체제의 성격을 규명하고자 하였다. 김영순은 『한국 복지국가는 어떻게 만들어졌나?』(2020, 학고재)를 통해 민주화 이후의 복지정책을 대상으로 한국 복지국가의 발전을 복지정치의 렌즈를 통해 우리나라 복지정치의 특징과 복지국가 발전에 끼친 영향을 분석하였는데, 이는 정치적 변수를 통해 한국 복지국가 체제의 특징과 변화를 파악하고자 하는 노력이라 할 수 있다.

6. 복지국가의 위기

1) 경제성장과 발달

제2차 세계대전 후 자본주의 선진국은 고도성장 시대를 맞이하였다. 소위 자본주의의 황금시대가 시작되었다. 미국은 1950년대부터 70년대 초까지 연간 약 5%의 성장이 계속되었고 유럽도 유사한 정드의 성장을 경험하였다. 특히 미국의 고도성장은 포디즘으로 설명되어 왔다. 포디즘은 대량생산과 대량소비에 의한 수요 주도형 성장체제다. 이 용어는 미국의 포드 자동차 회사에서 유래한다. 포드사는 1910~1920년대를 중심으로 컨베이어 생산시스템을 통해 세계 최초로 자동차의 대량생산 체제를 구축하였다. 주목할 것은 창업자 헨리포드가 대규모로 생산되는 자동차를 종업원이 구입할 수 있도록 적극적인 임금인상을 추진했다는 점이다. 가처분 소득의 증가는 소비증가로 연결되어 거시경제적인 성장의 길로 이끌었다. 그런데 기업 차원의 불확실한 생산방식이 국가 차원의 시스템으로 성공할 수 있었던 배경은 무엇인가. 도디즘으로 대표되는 성장 시스템은 노사타협의 제도적 조정으로 성립할 수 있었다(이명현, 2020 : 47).

제2차 세계대전 후 경제성장이 지속된 주요 이유는 정부가 정책 수단을 동원하여 총수요를 적절히 관리했기 때문이다. 물론 공급 측면의 기술혁신이 있었기 때문에 가능했지만, 노사협조를 통한 활발한 제도적 조정이 불가능했다면 지속적·안정적으로 경제는 성장할 수 없었을 것이다. 포디즘적 노사타협은 대량생산과 소비를 통해 얻을 수 있는 성장의 이익을 위하여 노동자와 사용자 모두가 양보하는 것을 의미한다. 노동자의 양보는 테일러식의 과학적 관리법을 수용하는 것이며 한마디로 노동생산성 향상을 최대의 목표로 하는 노동을 받아들이는 것이다. 과학적 관리에 의해 작업완수에 가장 효과적인 시간을 계산하여 하나의 공정에 필요한 작업시간과 노동자의 하루 작업량을 정하며 다수 노동자가 단순 작업을 반복한다. 이러한 노동형태는 노동자에게 매우 고통스러운 것이지만 생산성 향상에 따른 성과급 임금을 약속한 회사의 제안을 수용함으로써 실현되었다. 이와 같이 노동방식과 임금에 대한 노사 타협을 바탕으로 규격화된 제품의 대량생산과 대량소비에 의한 국내 순환형 성장 구도가 성립되었다. 풍부한 생산을 바탕으로 이 시대 복지국가는 심각한 문제가 드러나지 않는 발전의 황금기를 맞이하였다. 포디즘이 초래하는 경제성장은 복지국가의 사회보장 제도를 확충하기 위한 재원을 만들어내고 또한 사회보장의 발전을 통하여 국내 소비가 확대되고 지속적인 성장의 기반을 다질 수 있었다. 케인즈-베버리지 복지국가의 합의가 정책이나 제도로서 정착되고 발전하였으며 국가의 역할은 보다 적극적으로 변하였다.

정치적 차원에서도 높은 경제성장을 기반으로 정당의 차이를 넘어선 정치적 합의가 성립되었다. 사회적 조건은 인구성장과 일반적인 가족 및 노동자상이 확립되었다. 노인을 부양하는 노동인구는 풍부히 공급되었으며 남성의 지속적 고용을 보장하는 완전고용이 가능해졌다. 이러한 상태에서 국가마다 다소 차이는 있지만, 여성 대다수는 전업주부로서 노동력 재생산이나 복지공급자의 역할을 담당하였으므로 국가 차원의 값싼 복지공급이 가능하였을 것이다. 국제적인 조건도 복지국가에 우호적인 환경이었다. 정부는 자본이동을 제약하고 고정 환율제와 금융정책의 자율성을 보호하여 국내 경제정책과 사회정책에 대한 재량권을 가질 수 있었다. 자유주의에 기반을 둔 국제 무역체제가 정비되었지만, 복지국가의 경제적·사회적 보호와 조합할 수 있었다. 풍요한 사회가 도래하였고 복지국가에 대한 합의는 점차 높은 수준으로 연결되었다. 정책의 목표는 빈곤으로부터 자유로워지는 것이 아니라 현재의 높은 생활 수준을 유지하는 것으로 변하였다. 중산층이 사회의 다수를 이루면서 더욱 큰 정치적 지지를 얻기 위해서도 사회보장의 확충은 피할 수 없었다. 높은 경제성장을 배경으로 대상자와 적용 범위의 확대, 급여 수준의 인상 등 복지국가 발달의 추세는 1970년대 초까지 지속되었다.

2) 복지국가 스웨덴의 발달

복지국가의 대표 사례라 할 수 있는 스웨덴은 영국과 독일에 비하여 개혁의 출발은 늦었지만 1960년 무렵에 복지 선진국으로 발전하였다. 경제성장과 복지국가 발달의 선순환 구조가 가장 분명하게 나타난 경우라 할 수 있다. 스웨덴은 1932년부터 사회민주노동당의 장기집권 과정을 통해 복지국가로서 형성되었다. 스웨덴 모델은 주로 연대임금정책・적극적 노동시장정책・보편주의 복지정책과 같은 세 가지 특징적인 정책으로 이루어진 정치경제시스템이다. 특히 스웨덴은 복지를 통한 경제성장이라는 노선을 강화하였다.

사회민주당은 처음부터 급진적인 사상은 배제하고 국민정당으로서 온건한 노선을 지향했다. 참정권을 요구하고 자유당과 공동 투쟁을 전개하여 1917년 정권을 획득하였다. 이후 1920년 단독정권을 수립하고 산업의 국유화와 같은 전통적 사회주의 노선과 거리를 두었다. 1910년대 사망자가 발생할 정도로 극렬한 노동자 쟁의가 있었지만 스웨덴 경영자연맹(SAF, 1902년 결성)과 LO는 1938년 스톡홀름 근교의 살트세바덴에서 역사적 타협이라 할 수 있는 노사협정을 통해 노사협조 노선을 도출하였다. 이후부터 연대적 임금정책에 의해 정부와 노동조합, 사용자 조합에 의해 직종마다 임금수준이 결정되고 그것이 기업이나 산업의 차이를 넘어 전국적으로 적용되었다[1]. 고도 성장기부터 1980년대까지 스웨덴의 임금 결정에 관계되는 단체교섭 제도는 중앙집권적이며 동일노동・동일임금 원칙이 적용되었다. 연대임금정책이 도입되면 노동생산성이 낮은 기업이나 산업부문은 도태된다. 적극적으로 결정된 임금수준으로 이윤을

---

1) 연대적 임금정책과 적극적 노동시장정책의 조합을 렌-메이드너 모델이라고 한다. 렌과 메이드너는 스웨덴 블루컬러 최대 노동조합인 스웨덴 노동총동맹(LO) 소속 경제학자다. 두 사람은 1951년 LO 전국 대회에서 자신들의 경제전략의 유효성을 주장하였다(石原, 1996).

얻을 수 없다면 도산이나 업종 전환뿐이다. 그러나 스웨덴은 적극적 노동시장 정책을 통해 새롭게 교육이나 직업훈련을 통해 고생산성 부문으로 재취직이 가능하도록 지원하였다. 이 두 정책에 의해 스웨덴은 완전고용과 노동생산성 향상이 가능했다.

고용으로 대응할 수 없었던 욕구는 보편주의 복지정책을 적용하였다. 보편주의 방침은 앵글로 색슨 계통의 선별주의와 대조적으로 대상자를 표적화하지 않고 빈곤에 이르기 전에 예방적으로 복지를 제공하려는 것이었다. 당시 인구감소 문제가 심각했던 스웨덴은 예방적 사회정책을 통해 인적자본에 적극적으로 투자하여 미래의 노동생산성을 높이는 효과를 노렸다. 이러한 정책은 현금 급여보다 현물급여를 중심으로 장기적으로 성장을 견인하는 경제전략이 된다는 것이었다. 보편주의 원칙으로 어머니와 아동에 대한 가족정책이 빠르게 정비되었으며 국민연금이나 건강보험에도 반영되었다. 케인즈-베버리지 복지국가는 완전고용을 목표로 총수요 관리정책의 일환으로서 사회보장제도를 확립하였지만, 스웨덴은 공급 측면에서의 발전전략으로서 복지를 활용했다(宮本, 1999).

뮈르달은 스웨덴 복지국가의 가치 규범으로서 자유·평등·우애를 제시하면서 국민통합을 의미한다고 하였다. 이는 스웨덴뿐만 아니라 복지국가 전체의 가치 규범에 해당한다고 하겠다. 복지국가는 국가개입의 결과가 점차 조직화되고 통제된 결과일 수 있는데, 개인의 자유를 억압하는 측면이 있다. 그러나 사람들은 그러한 억압에 반대하지 않고 오히려 만족한다. 왜냐하면 국가적 독재에 의한 간섭이 아니라 개입을 통한 더 큰 자유와 풍요를 얻을 수 있다는 것을 경험하기 때문이다(Myrdal, 1960 : 16, 86-89). 정치적으로도 이러한 인식은 국민의 지지를 받았다. 1950년대 말부터 60년대 초에 걸쳐 스웨덴 여당인 사회민주당은 국민에 대해 자유선택사회를 주창했는데, 이는 보수세력의 키워드였던 자유는 물질적으로 풍요한 시대가 도래한 시대에는 오히려 공공의 개입과 사회보장이 있어야 개인의 자유가 확대된다는 점을 강조하는 것이었다. 이러한 가치는 결과의 평등을 강조하는 사회주의와 기회의 평등을 중요하게 여기는 자유주의를 초월하여 공공부문의 확대와 중간층의 이익을 양립하려는 의도가 있었다.

복지국가의 발달에 평등과 우애의 가치가 포함된 것은 분명하다. 복지국가는 결코 평등만 중요하게 여기는 체제가 아니다. 특히 평등과 구별되어야 할 복지국가가 추구하는 우애의 가치가 무엇인가의 문제는 복지사회의 개념과도 연결된다. 이는 국가와 민간과는 다른 새로운 공공의 가치영역에 관계되는 것이다(Lipietz, 2001). 또한 자유와 평등 이상으로 중요시되는 돌봄의 가치를 논의하기 위해서도 우애가 관련된다. 그것은 교환이나 분배가 아니며 호혜에 의해 확장되는 것이다. 자유는 경제와 교환, 평등은 정치와 분배, 우애는 공동체와 호혜로 구분하여 논의할 수 있을 것이다. 복지국가는 경제・정치・사회의 세력 교차에 의한 제도적 타협의 산물이라고 할 때 각각의 가치도 서로 보완적이면서 대립적인 복합체라 할수 있다. 현실의 사회문제나 경제문제에 대한 해결책이나 시행착오를 거치면서 복지국가의 가치도 변화하고 발전할 것이다.

3) 복지국가의 분배원리와 위기

(1) 분배원리와 복지국가 비판

복지국가는 어떤 분배의 관점을 강조하느냐에 따라 다르게 볼 수 있다. 예를 들어, 공리주의는 인간의 행동을 규율하는 기본원리가 쾌락의 추구와 고통의 회피에 있다고 보고 있다. 이 관점에 따르면 최상의 복지정책은 전체 쾌락에서 전체 고통을 차감한 후 인간의 순수 쾌락을 극대화하는 방법을 선택하는 것이다. 술을 마시고 난 후의 쾌락, 공부를 통해 얻는 지적 쾌락, 남을 도우면서 느끼는 쾌락 모두 개인의 복지를 증가시킨다. 좋은 제도란 좋은 결과를 많이 가져오는 것이다. 가장 복지의 총량이 큰 대안을 선택하면 사회 전체적으로 복지가 늘어나는 결과를 낳을 것이다. 사회의 전체 구성원에게 좋은 것이 옳은 것이라는 결론이 나올 수 있다. 극단적으로 생각하면 빈곤층에 대한 복지프로그램을 확대하기보다 중산층 이상의 쾌락이 증가하는 복지를 선택하는 것이 옳은 것이다. 복지를 사회공학적으로 계산할 수 있다면 표준적 평가척도에 의한 객관적인 순위 매기기도 가능해지므로 누구에게나 공정한 복지의 성과를 계산할 수 있다. 하지만 비교할 수 없는 성질을 추상화하여 비교함으로써 복지의 성과를 가장한 복지의 자유가 훼손될 수 있다. 적어도 이러한 관점은 복지국가 발달을 견인하는 분배의 원리로는 부족해 보인다.

반면 개인의 자유를 어느 정도 침해할 수밖에 없는 복지국가의 간섭을 지지하는 이유를 정당화하는 원리는 롤즈의 차등 원리다. 현실에서 모두가 동의하는 분배원리는 사실상 불가능에 가까우므로 합리적으로 합의할 수 있는 원칙이라면 국가의 개입에 동의할 수 있다. 개인이 기본적 자유를 누릴 권리가 있지만, 다른 사람의 기본적 자유를 침해하면서 본인만 이익을 얻을 권리는 아니다. 만일 불평등이 존재하더라도 그 사회의 최소 수혜자가 가장 이득을 얻을 수 있도록 제도적 노력이 시행되고 있다면 어느 정도의 불평등은 허용할 수 있을 것이다. 그렇다면 사람들은 불행하게 사회경제적 약자로 태어났더라도 자신의 복지가 높은 수준으로 보장될 것이라 기대할 수 있으므로 그러한 사회질서를 선호할 것이다. 복지국가의 개입을 통해 모두가 최대의 분배를 얻을 수는 없지만, 이전과 다른 속도로 개인의 삶의 수준이 향상된다면 모두의 자유는 더 커질 수 있다.

그런데 자유를 최고의 가치에 두는 자유지상주의 관점은 최종 분배상태의 복지보다는 소득이나 재산의 형성 과정에 있어서 정의가 중요하다. 즉, 소유할 때부터 타인에게 불리한 영향을 주지 않고 어떤 사물을 처음 취득한 사람은 정의롭다는 것이다. 예를 들어, 소유주가 없는 황무지를 자신의 노동으로 일구어 만든 사람은 정당하게 자신의 복지를 가꾼 사람이다. 남보다 우수한 지능을 갖고 태어나 그것을 이용하여 막대한 돈을 벌어들인 사람, 운 좋게 부유한 부모에게 태어나 많은 유산을 상속받은 사람도 마찬가지다. 이 모두는 남에게 피해를 주지 않고 자신의 노동을 통해서 무엇인가 얻거나 자유로운 거래를 통한 결과로 얻은 권리이기 때문이다. 이러한 논리는 국가를 통한 복지보다 개인의 자유로운 교환에 의한 복지획득, 즉 시장경제를 통한 복지국가 발달의 정당성을 옹호하는 것이다. 또한 복지국가는 개인의 자유를 침해하여 사회의 활력을 잃게 한다는 비판의 논리를 대변하는 것이다.

특히 하이에크의 복지국가 비판은 매우 강력하다(Hayek, 1944). 그는 시장경제에 의해 수많은 경제주체의 욕구, 숙련, 계획 등이 가격을 매개로 전달되므로 암묵적 지식을 제대로 처리할 수 있다고 한다. 지식의 생산과 유통과 같은 명시적 지식도 중요하지만, 인간의 생존에 필수적인 지식은 본능이나 감각, 욕구와 관련된 암묵적 지식이며 시장경제가 가장 거기에 적합하다고 보았다. 시장경제는 오랜 시간 교환에 참여한 사람들이 비의도적으로 발전시킨 것이며 경험에 의해 효율성이 입증되고 진화해 온 자생적 질서이다. 따라서 수많은 개인이 시장에 참가하여 얻은 자연스러운 결과를 부정의하다고 규정할 수 없다. 만일 정부가 분배결과를 조정하려 시장에 개입하면 오히려 개인의 경제적 복지와 자유를 심각하게 침해하게 될 것이다. 국가가 사회복지 공급을 독점하면 다양한 형태의 복지제도가 형성되고 발전하는 것을 차단하게 된다. 물론 최소한의 공적 복지제도를 보장하는 것은 바람직한 사회질서 유지를 위해 필요하다.

이러한 입장은 분배하는 최소 복지국가에 가깝다. 만약 더 많은 평등을 위해 복지를 강화하면 더 많은 과세가 필요하고 결국 개인의 재산권을 침해한다. 따라서 복지는 신성불가침한 개인의 소유권을 해치므로 정의를 위배하는 것이 된다. 기업 활동에 대한 장애가 되는 다양한 규제는 없애고 노동시장의 규제를 완화하거나 유연성을 확대하는 등 민간기업의 자율성을 확대해야 한다.

하이에크는 뮈르달보다 1년 늦은 1899년 오스트리아 빈에서 태어나 1992년 사망하였다. 1944년 「예속의 길」을 발표하고 복지국가도 전체주의로 갈 수 있다고 비판하였다. 복지국가의 형성과정에 대한 그의 견해는 뮈르달과 크게 다르다. 복지국가는 계획화에 의한 우연하고도 불가피한 현상이 아니라 의도적으로 만들어진 결과라고 주장한다(Hayek, 1944). 즉, 민간시장의 독점으로 인하여 정부가 개입할 수밖에 없었다가 아니라 정부의 통제가 의도적인 개입이었다는 것이다.

국가의 통제에 대하여 뮈르달은 경쟁적 시장이 독과점적 시장이 되는 것을 우려하여 민주적으로 통제하는 것이 가능하다고 주장하였다. 따라서 직접적인 국가개입뿐만 아니라 노동조합, 사용자 단체와 소비자 단체 사이의 교섭에 의한 의사결정이 중요한 역할을 하는 상태라 생각하였다. 국가는 조정자의 역할을 하며 이를 통해 국민적 통합이 진행된다는 것이었다. 하지만 하이에크는 민주주의에 회의적이었다. 민주주의는 단일한 목적과 수단에 대해 옳고 그름을 묻는 것이 아니라 대립하는 목적이나 이해를 전체로 통합하여 다수결로 묻고 있으므로 계획화에 의한 독재로 연결될 수 있다고 주장한다. 한마디로 국가차원의 전체적 통제를 만들고 있으므로 국민복지는 민주주의에 의해 결정되는 것이 아니라고 보았다. 따라서 그는 민주주의보다 시장의 기능을 높게 평가하였다. 시장의 가격경쟁 체제는 분산된 지식을 가장 잘 집약하여 문제를 조정하여 해결하는 능력이 높다. 복지국가는 일부 사람들이 사회를 본인들의 의도대로 이끌어가려는 오해에 불과하다. 적극적으로 옹호하고 추구해야 할 가치는 개인의 자유로서 미덕이나 도덕에 가깝다. 또한 개인의 자율성이나 책임감, 다양한 문제를 해결하려는 개인의 자발적 활동에 대한 신뢰, 관용, 습관, 전통에 대한 존경, 권력에 대한 건전한 의심 등이다(Hayek, 1944 : 295-296). 하이에크의 복지국가의 핵심은 조정은 국가의 개입이 아니라 시장경쟁에 의해서만 일관적으로 진행될 수 있으며 민주주의에 의해서 개인의 자유가 보장되지 않는다는 것이다. 그는 모든 사람에 대한 최저생활보장과 같은 복지국가의 일부 대책은 부분적으로 인정하였다.

복지국가는 중간층의 정치적 지지를 얻기 위하여 정책적 방향이 중도적 성격으로 나타났기에 좌파와 우파 모두의 비판을 받았다. 우파의 비판이 하이에크로부터 시작되었다면 좌파의 비판은 네오마르크스주의로부터 시작되었다.

마르크스는 기본적으로 자본주의는 노사의 계급격차를 촉발하고 국가의 개입주의적 시도에 의해서도 개량되지 않을 것이라 하였다. 자본주의 경제를 고수하는 국가는 지배계급의 이익을 대변할 뿐이며 국가는 지배계급의 이익을 위한 도구에 불과하다는 비판을 제기하였다.

네오마르크스주의는 1960년대가 거의 끝나갈 때 나타났다. 1968년 파리 5월 혁명이나 체코의 프라하의 봄과 같이 고도성장과 복지국가의 발달로 가라앉았던 노사대립이나 정치적 불안이 눈에 띄게 증가하면서 마르크스주의에 의한 국가론이 등장하였다. 관련하여 지배계급의 이익을 대변하는 도구주의적 국가관을 인정하는 입장과 계급관계로부터 상대적으로 자율적인 국가를 주장하는 주장이 격렬히 대립하였다. 이들의 공통적인 논점은 복지국가에 내재하는 모순이다. 자본주의 국가는 두 개의 기초적이며 상호모순적인 기능, 즉 축적과 정당화의 기능을 가지고 있다는 것이다(O'connor, 1973 : 10). 특정 계급의 자본축적을 위해 다른 계급을 희생시키는 데에 국가는 도구화되고 그에 대한 반발에 대하여 체제 정당화와 생산능력 확보를 위해 대규모 지출을 감행할 수밖에 없다. 오코너는 국가의 지출을 축적과 정당화라는 두 개의 기능으로 이루어지는 것으로 보고 사회적 자본과 사회적 손실 비용으로 구분하였다. 사회적 자본의 요청에 따르기 위해서 생산적 지출이 필요하며, 사회적 손실 비용을 위해서는 복지예산 등의 비생산적 지출이 필요하다. 생산적 지출은 사회화되지만 비생산적 지출은 사적으로 소유되므로 필연적으로 국가 세출과 세입의 구조적 격차가 발생한다고 주장하였다. 한마디로 복지지출은 체제 정당화를 위한 소비성 지출이며 낭비적이므로 생산으로 연결되지 않는다는 것이다. 도구적 복지국가는 항상 재정적자에 시달리게 되는 것이다. 이 비판에 따르면 복지국가 자체가 모순이다. 복지국가는 복지를 늘려 개인의 능력을 발달시키고 시장의 역기능을 제어하는 기능도 있지만, 대중을 통제하여 자본주의 경제의 욕구에 적응하게 하는 경향을 동시에 가지고 있다(Gough, 1979 : 32-33). 이런 입장에 의하면 복지국가는 국가권력을 자본주의 노동력 재생산, 비노동 인구의 유지를 위하여 이용하는 것이다. 한마디로 자본주의 체제의 복지국가는 착취와 빈곤과 같은 근본적인 문제를 해결할 수 없다는 것이다.

(2) 복지국가의 위기

복지국가에 대한 비판은 처음에는 소수파의 의견에 불과했다. 고도 경제성장이 지속되고 정치적·사회적·국제적 조건이 복지국가에 우호적인 분위기로 되면서 비판이 크게 드러나지 않았기 때문이다. 그런데 1970년대 초부터 복지국가 발전을 강력하게 지탱해 왔던 고도성장에 균열이 생기면서 상황이 변하기 시작하였다. 하이에크류의 복지국가 비판이 빠르게 확산되어 정치적 영향을 끼칠 정도가 되었다. 1970년대 말부터 신자유주의 정권이 탄생하면서 복지국가는 전환점에 도달하게 된다. 특히 1980년 10월 OECD 본부에서 1980년대 사회정책에 관한 회의가 개최되고 다음 해에 「복지국가의 위기」 보고서가 간행되었다(OECD, 1981). 그 내용이 위기감을 확산시킬 정도는 아니었지만 1970년대 후반부터 1980년대 복지국가의 상황을 묘사하는 단어로 위기가 널리 활용된 계기는 이 보고서의 제목 때문일 것이다. 복지국가의 위기란 무엇이며, 위기가 있었다면 어떤 위기였는지에 대해 의문은 있지만, 1980년대는 복지국가의 상황이 위기에 노출되었다는 인식은 널리 공유되었다.

복지국가 위기론이 급격히 높아진 이유는 정치·경제·사회의 여러 측면으로 설명할 수 있지만, 가장 중요한 것은 경제적 문제라 할 수 있다. 1970년대 초 포드주의 체제의 노동생산성 상승은 한계를 맞이했고 노동방식이 다품종 생산에 대응할 수 없게 변하였다. 생산성이 늘지 않는 상황에서 노동자의 임금 인상 요구가 강력해지고 포드주의 노사타협은 붕괴되었다. 1970년대 초의 두 가지 경제충격－닉슨쇼크(1971년 미국의 금달러 교환정지)와 1973년의 석유 위기는 포드주의 붕괴에 결정타를 날렸다. 브래튼우즈 체제도 붕괴되어 자본주의 선진국의 경제는 정체되기 시작하였다. 불황은 케인즈적 처방이 수반되었어야 했지만 1970년대 중반 이후 등장한 스태그플레이션으로 인하여 설득력 있는 처방전이 될 수 없었다.

이 시기 케인즈를 대신하여 지지를 확대한 것은 프리드먼을 추종하는 통화주의자의 이론이었다. 자연실업률보다 낮은 실업률을 목표로 하는 재량적인 정책은 더 강한 인플레이션을 초래할 뿐이라 주장하였다. 케인즈식 정책은 항상 적자재정을 초래할 뿐이라는 비판도 가세하였다. 저성장 경제로 전환되는 가운데 사회정책의 기초가 되는 이론과 사상뿐만 아니라 정치도 변하였다. 특히 영국과 미국에서 뚜렷한 변화가 나타났다. 영국은 베버리지 보고서 이후 모두가 인정하는 복지 선진국이었지만, 1979년 보수당의 대표 대처가 수상에 취임한 후 엄청난 전환이 일어났다. 하이에크의 애독자인 그녀는 신자유주의 노선에 부합하는 대처리즘 정책을 시행하였다. 시장 메커니즘을 중요시하고 작은 정부가 기본노선이 되어 규제완화, 국유기업 민영화, 노동조합의 활동억제, 복지삭감을 지향하는 노선이었다. 대처가 원하는 것은 정체된 영국 경제를 살리고 가족이나 지역사회의 인연과 유대, 빅토리아 시대 자조의 미덕을 다시 살리는 것이었다. 신자유주의에 의해 초래되는 사회붕괴는 보수적 미덕으로 회피할 수 있는 것이며, 그러한 미덕을 재생하기 위해서도 소득재분배나 사회복지는 삭감되어야 한다. 1980년대 중반까지 영국 경제는 양호했으며 대처 정권은 인플레이션 억제에 성공하였다고 평가받았다. 그러나 작은 정부를 지향하면서 조세 부담률은 이전 정권 35.2%에서 40%까지 상승하였다. 조세부담 인상은 경제를 정체할 것이라 여겨 조세부담의 중심을 부유층에서 빈곤층으로 이전하였다. 소득세 최고율은 83%에서 60%, 더욱이 40%까지 인하되었다. 부가가치세는 조세개혁을 통해 8%에서 15%까지 인상하였다. 실업과 도산이 증가하였으며 소득격차는 확대되고 범죄율은 상승하였다. 1989년부터 경기후퇴와 인두세 도입에 대한 비판으로 1990년 결국 퇴진하였지만 기본노선은 계속 보수당 메이저 정권으로 계승되었다(新野, 2002 : 35-43).

미국에서는 1980년 공화당의 레이건 정권이 탄생하였다. 레이건 정부는 통화주의와 공급 측면을 중요시하는 정책으로 레이거노믹스를 추진하였다. 세율을 높이면 일정 시점까지는 조세수입이 증가하지만, 일정 수준을 넘어가면 오히려 조세 수입이 감소한다는 이론(래퍼곡선)에 근거하여 법인세와 소득세 감세를 실시하였다. 이렇게 하면 역설적으로 세수가 증가할 것이라는 정책 제안으로 연결되었다. 하지만 미국은 처음부터 작은 정부였으며 복지 지출에 관련된 공공부문도 소수였다. 레이건 정부는 복지정책 측면에서 별다른 기여를 보여주지 못한 채 1989년 임기를 마쳤다. 대처와 레이건 정권 모두 케인즈주의 정책이나 복지국가에 대한 신뢰를 흔드는 데에 상당한 성과를 보여주었다. 세계에서 존재감이 매우 큰 두 국가의 정치적 동향은 다른 복지국가에 미치는 영향이 강할 수밖에 없었다.

복지국가 형성 초기에는 빈곤 구제가 시급한 문제였으며 세계대전이나 대공황과 같은 국제적 위기 속에 총력전과 같은 국민적 유대감이 만들어지고 엘리트 관료와 정치가 등에 의한 사회정책 과정에 대한 국민 신뢰가 높았다. 더욱이 전쟁 후에 찾아온 풍요한 사회는 높은 수준의 복지정책에 대한 정치적 지지를 견인할 수 있었다. 하지만 1970년대 이후 복지국가를 지지하는 여론은 강력한 기세를 이어가지 못했으며 경제적 동향과 정치적 담론에 쉽게 좌우되었다. 경제적 침체는 엘리트에 대한 신뢰를 떨어뜨리고 관료주의의 폐해를 드러나게 했다. 세금 감면을 요구하는 사회적 분위기가 만들어지고 복지급여의 부정수급 방지 캠페인이 전개되었다. 고복지·고부담 체제를 구축하고 온건한 복지국가에 대한 합의가 유지될 것으로 보였던 스웨덴조차도 조세에 대한 불만이 높아지고 있다는 연구가 등장하였다(藤田, 2017). 이처럼 1960년대 고도 성장기의 복지국가를 지탱해왔던 사회적 조건은 변하였다. 선진국은 저출생 고령화가 진행되고 연금이나 의료 관련 지출이 늘어나면서 복지재정의 지속 가능성이 과제가 되었다. 탈산업화와 지식 정보사회가 빠르게 진행되고 노동자와 가족의 모습은 다양하게 변하였다. 새로운 욕구에 구체적으로 대응할 수 없는 획일적이고 경직된 사회보장 제도에 대하여 불만이 분출되었다. 복지국가는 여성의 억압위에 성립되었다는 페미니스트의 비판은 공감을 불러일으켰다. 복지국가는 생산제일주의이며 자원의 제약이나 환경문제를 가볍게 다루고 있다는 환경주의자들의 비판도 설득력을 얻었다. 이민과 사회적 소수자의 입장에서의 비판도 무시할 수 없게 되었다.

이처럼 소위 복지국가의 위기의 시대는 커다란 전환기를 의미하는 것이었다. 경제 · 정치 · 사회가 역동적으로 변하면서 지금까지 널리 합의를 얻었던 복지국가의 정통성이 다시 평가를 받게 된 것이다. 그렇다고 복지국가의 축소가 실제 진행된 것도 아니다. 복지삭감의 목소리가 높았던 대처 정부에서조차 복지지출의 확장을 막지 못했다. 저출생과 고령화가 진행되는 가운데 복지수요는 줄어들지 않았던 것이다. 복지국가는 한계를 보이면서도 필요한 존재였다. 역사를 뒤로 돌릴 정도로 후퇴하지는 않았던 것이다. 복지국가 위기론이 상징하는 것은 획일적인 복지삭감보다는 개별적인 대응을 의미한다. 복지국가에 대한 합의가 국가마다 다양하게 수렴된 것처럼 변화에 대한 대응도 국가마다 다르게 나타났다.

영국이나 미국의 신자유주의적 대응과 다른 방향으로 인플레이션과 실업 억제에 성공한 나라가 있었다. 스웨덴 등 북유럽 국가 중심의 네오코포라티즘을 지향하는 국가였다. 네오코포라티즘은 하나의 이익대표 시스템으로서 직능별로 분화된 속성을 가지며 국가에 의하여 승인된다. 나아가 자신의 지도자 선출이나 요구, 지지 표명에 있어서 일정한 통제를 받으며 협의 상대로서의 독점적 대표권을 주장할 수 있다(Schmitter, 1974).

고도성장기 스웨덴은 노사정 대표에 의한 중앙집권적 임금결정 교섭에 의존하는 렌-메이드너 모델을 유지했지만 1970년대 경제침체기에 변화가 초래된다. 적극적 노동시장 정책은 노동이동을 촉진하는 수단보다는 고용기회가 부족한 지역의 고용을 창출하는 수단으로 변하였다. 공공부문 고용은 지방정부 수준에서 확대되었으며 시간제 고용비율이 상승하였다. 노동자는 완전고용을 달성하기 위하여 임금 인상의 억제를 수용하였다. 그동안 장기집권하던 사회민주당은 1976년 보수중도 정권으로 교체되었지만, 1982년 다시 사회민주당이 정권을 탈환한다. 보수파로 정권교체가 있었지만, 복지정책의 근본적 변화는 없었으며 북유럽의 보편적 복지정책에 대한 지지는 여전히 높았다.

그러나 1982년부터 이 전략은 변화되기 시작한다. 수출산업의 주요 기업은 다른 저생산 부문도 포함한 중앙교섭의 형태에 불만을 품기 시작하면서 사무직 노동자와 다국적 대기업이 LO(생산직 노동조합)와 SAF(사용자 조합) 중심의 임금교섭 체제에서 이탈하려는 움직임이 강해졌다. 이에 따라 사회민주당은 노동자 기금설치 등 노사협조 정책의 새로운 방침을 제시하고 금융규제 완화와 같은 신자유주의 경제정책을 도입하는 등 과거의 방침을 바꾸기 시작하였다(Fujita, 2014). 1990년 SAF가 LO와의 노사협의에서 철수하도록 방침을 정하면서 연대적 임금정책의 기반이 붕괴되었다(Fujita, 2017).

스웨덴도 1980년대 말 지금까지의 금융규제 완화의 결과 경제의 거품 붕괴가 발생하여 1990년대에 민간금융기관의 파산을 계기로 경제위기가 급속히 확대되었다. 1991년부터 1993년에 걸쳐 경제성장은 마이너스를 기록하고 재정수지가 적자로 돌아서 3% 아래로 관리되던 실업률도 급상승하여 8% 이상을 기록하였다. 그런 가운데 1991년 선거에서 사회민주당은 의석을 크게 잃고 보수당을 중심으로 하는 중도우파 정권이 탄생한다. 그러나 보수당 정권은 발족 직후부터 긴축재정에 의한 위기대응을 할 수밖에 없었다. 그를 위하여 거대 야당인 사회민주당도 포함하는 형태로 위기 극복을 위한 정책 패키지를 구상할 수밖에 없었다. 우파정당은 전후 최대의 경제위기에 효과적으로 대응하지 못한 채 1994년 총선거에서 다시 사회민주당에 패배한다.

사회민주당은 긴축재정 노선을 계속하면서 질병보험으로부터의 급여를 삭감하고 대기일을 도입하거나 실업수당을 삭감하는 등 스스로 사회보장의 삭감을 단행하였다. 그러한 노력에 더하여 불황의 결과 스웨덴 통화의 가치하락으로 수출이 개선되었고 드디어 스웨덴 경제는 회복되기 시작하였다. 실업률이 이전과 같이 낮게 되지는 않았지만 5% 수준으로 되고 1998년 재정상황도 7년 만에 흑자를 기록하였다.

이처럼 1990년대는 스웨덴 복지국가의 여러 상황이 크게 변한 전환의 시기였다. 본격적인 후기산업사회로 진행하면서 유럽 통합의 파고가 닥쳐오는 가운데 1994년 국민투표를 거쳐 EU 참가를 확정하였다. 이에 대하여 시장통합의 장점뿐만 아니라 사회정책 측면에서 하향 평준화의 우려도 제기되고 정당 간의 대립뿐만 아니라 사회민주당 내부적으로도 반대 의견이 제기되었다. 그러나 사회민주당 다수파와 우파의 중심세력인 보수당 및 자유당은 현실적으로 가입을 피할 수 없다고 판단하였다.

이 시기 사회보장의 변화에 대하여 특징적인 것은 연금제도의 개혁이다. 고도경제 성장기 초기에 설계된 연금제도는 그 후의 경제상황의 변화에 의해 보험료 적립 대비 지급액의 증가 규모가 우려를 낳아 대폭적인 수정이 필요하게 되었다. 수년간의 심의 및 조정을 거쳐 1998년 성립된 새로운 제도는 기초연금과 소득비례연금을 통합하여 최저보장연금을 새롭게 도입하는 것이었다. 또한 부분적(보험료율 18.5% 중 2.5%)으로 가입자가 연금 투자처를 선택하여 직접 운용할 수 있도록 하고 국민경제의 동향과 연동하여 수급액이 결정되게 하였다. 이는 전체 피용자를 동일한 연금제로 유지하면서도 미래의 리스크를 공평하게 분담하여 제도의 지속 가능성을 확보하려는 결과였다. 1950년대의 개혁과 다르게 이익집단의 대표를 배제하고 정당 대표가 중심이 되어 조사위원회를 조직하고 전문가를 초빙하여 논의를 반복하면서 기술적인 합리성을 추구하는 형태로 진행되었다(渡辺, 2004). 이 시기 스웨덴은 사회보장의 질적·양적 측면의 변화를 거치면서 복지국가 전환의 시기를 맞이하였다.

1990년대 전반의 위기를 극복한 스웨덴 경제는 그 후 회복하여 2000년대는 비교적 안정을 찾았다. 2000~2007년에 걸쳐 연간 평균 경제성장률은 3%를 기록하고 실업률도 거의 5%를 유지하는 등 유럽에서 상대적으로 양호한 결과를 보여주고 있다. 더욱 2005년부터는 경기과열에 의한 물가 상승이나 도시의 주택 부족이 문제가 될 정도였다.

그동안 공공지출에 대해서는 계속 억제기조를 유지했지만, 아동이나 가족을 대상으로 하는 대책은 예산의 증대를 수반하는 개혁도 나타났다. 그 전형이 2002년 실현된 보육료 상한제도와 전체 아동의 취학전 교육의 도입이었다. 지금까지 보육서비스는 각 자치단체의 책임으로 제공되었지만, 그 이용료는 특히 과소 지역일수록 비싸지는 경향이 있어 지역격차가 확대되고 있었다. 그리하여 전국적으로 동일한 상한을 설정하고 그에 따라 자치단체의 늘어난 재정부담에 대해서는 국고로부터 보전하게 하였다. 또한 그에 앞서 보육소가 교육성의 관할인 점을 감안하여 5~6세 아동 전원을 대상으로 1년 동안 취학 전 교육이 보장되었다.

이러한 개혁에 대해서는 1990년대 복지삭감을 선택할 수밖에 없었던 사회민주당이 경제상황의 개선을 계기로 새로운 이념을 포함한 복합적인 제도 개혁을 출범시킨 측면이 있는 한편, 법안의 심의 과정에서는 중도우파 4당도 합동으로 동일한 예산규모의 바우처 방식에 의한 교육지급액을 요구하였다(渡辺, 2004). 여기에서 복지국가의 재정적 중점이 노후 소득보장에서 유년기·장년기 생활지원으로 전환하는 점에 대해서는 당파를 초월한 인식이 공유되고 있었다고 할 수 있다.

그런 가운데 2006년 정권교체를 계기로 새로운 개혁 동향이 나타난다. 이 시기 발족한 보수당을 중심으로 하는 중도우파 연립정권은 질병보험 급여의 인정요건을 엄격하게 하고 지급기간을 제한하고, 실업보험의 수당에 대해서도 지급액을 삭감하였다. 또한 조합비 소득공제를 폐지하였다. 또한 자산세의 폐지와 가사대행업 이용에 대한 소득공제 도입 등 중간층 중심의 정책을 전개하였다. 2006년 정권교체에 대해서는 우파 중심세력인 보수당이 신자유주의 노선에서 복지국가 용인으로 전환하여 새로운 지지자를 획득하였기 때문이었지만, 이상의 동향으로 볼 때 우파는 복지국가를 일단 인정한 후에 그 재편에서 주도권을 잡는 전략을 택하여 성공을 거두었다고 할 수 있다. 이러한 개혁을 진행하는 과정에서 일시적으로 여론이 악화되었으나 2008년 이후의 국제경제위기에 대한 대응을 평가받아 2010년 선거에서도 승리하였다.

현재 스웨덴의 가장 큰 문제는 증가하는 이민이다. 이전의 사회보장 수준을 유지하는 데에 있어 이민을 무임승차자로 보고 배제하고자 비판하는 복지 배척주의가 등장하였다. 2010년은 이민배척을 주장하는 우파정당 스웨덴 민주당이 의회에 진출하였다. 한편 노인이나 돌봄에 참여한 민간기업에 의한 서비스 제공 인력은 적지 않은 부분을 이민이 담당하고 있다(鎮目 外, 2013 : 221). 고도 경제성장기 노동력 이민뿐만 아니라 인도적 견지에서 세계 각지의 난민을 적극적으로 받아들여 보편주의나 정상화 이념에 근거하여 사회통합을 추진해 온 스웨덴 복지국가는 새로운 도전을 맞이하고 있다.

(3) 복지사회론의 등장

복지국가는 결코 완성된 형태가 아니며 계속 전환의 과정에 있다. 그렇다면 과연 복지국가는 이후 어떤 모습으로 변해 있을까. 복지국가의 다음 단계에 대해서 뮈르달은 이미 고도로 발달한 1960년 시기의 복지국가를 미완성 상태로 보고 이후 단계에서 국가의 간섭이 줄어든 복지국가의 새로운 형태를 기대하였다. 국민 전체에 대한 포괄적인 정책 범위 내에서 시민에게 필요한 최소한의 직접적인 국가의 간섭만 존재하며 시민들은 직접 노동이나 생활에 대한 책임을 감당하게 될 것이다. 이러한 사회는 충분한 수준의 복지국가 발달 이후의 단계에 전망할 수 있다고 생각하였다. 한층 정밀한 통제와 규칙이 있음에도 시민 서로의 일체감과 유대감이 높고 지역사회의 참가를 수반하는 보다 협력적 사회가 나타날 것이다. 이는 복지국가의 구조 속에 복지의 문화가 출현하는 것을 의미한다. 하지만 결코 복지국가는 다음 단계로 자연스럽게 나아가는 이상적인 체제는 아니다. 복지국가를 지탱하는 민주주의가 계획화의 위험에 빠질 수도 있기 때문이다. 대중은 잘 속고 여론은 조작이 쉽다. 누진과세 제도는 빠져나갈 허점이 있고 언론은 대중의 소비양식과 정치적 의견까지 좌우한다. 민주적인 복지국가가 무력해지지 않기 위해서는 정보공개와 정치참가, 보통교육의 확대 등이 필요하다. 복지국가의 성공으로 오히려 정치적 무관심이 높아질 수 있다. 복지국가의 다음 단계를 향한 길은 훨씬 능동적인 노력이 필요하다.

뮈르달이 1960년대 제기했던 복지국가 다음 단계의 개념은 롭슨(Robson)에 의해 1970년대 복지사회론으로 등장한다. 롭슨은 「복지국가와 복지사회」(1976)에서 묘사한 상황이 뮈르달의 복지국가 다음 단계의 상황과 비슷하다고 서술하고 있다(Robson, 1976 : 215). 복지국가는 의회가 규정하고 정부가 실행하는 것이며, 복지사회는 대중의 복지에 관한 문제에 대하여 사람들이 느끼고, 행하고, 생각하는 것이다. 복지사회에서 복지는 공공기관의 행위를 통하여 국가에 의해 만들어진 것일 뿐만 아니라 개인과 집단의 행위나 태도에 의해서도 만들어진다(Robson, 1976 : 43). 그는 복지에 대하여 시민이 주체적으로 생각하고 행동해야 한다는 점, 그리고 권리와 동시에 의무를 이행해야 한다는 점을 강조하였다. 이는 복지국가의 비판이기보다는 복지국가의 완성으로서의 복지사회론이라 할 수 있다.

복지국가 발달의 역사를 고려할 때 복지국가는 현실적인 목표를 추구해 왔다. 즉, 빈곤의 구제, 질병의 치료, 신체 및 정신장애의 재활, 슬럼의 제거, 불량한 주거의 퇴치, 무지의 추방 등이다. 하지만 복지국가론의 범위는 빈곤 등의 퇴치뿐만 아니라 문화와 예술, 좋은 환경 등 자기실현을 위한 광범위한 기회를 충분히 제공하는 것이다. 사람들이 창조적으로 되도록 강제할 수 없지만, 창조적인 다양한 기회는 다른 이외의 국가보다 복지국가에서 훨씬 풍부하다(Robson, 1976 : 167).

롭슨은 자신이 속한 영국 사회가 복지국가와 모순되는 사회적 요인이 너무 많아 정책의 성과가 손상되고 있으므로 더 충실한 복지국가로 되어야 한다고 주장하였다. 롭슨은 그를 위한 변화를 몇 가지 제시하였다. 첫 번째로 복지국가에서 누릴 권리를 보완해야 할 의무를 이해하고 수용해야 한다. 그러한 의무는 노동의무, 경제를 붕괴시키지 아니할 의무, 기초적인 공공서비스 및 국유산업을 유지할 의무, 공교육을 충분히 활용할 의무, 법을 준수하고 질서유지에 참여할 의무다. 두 번째로 모든 성인은 자신이 속한 조직을 대변하는 데에 있어서 자신의 의견을 확실히 대표할 수 있도록 노력해야 한다. 세 번째로 다양한 비정부 조직이 무엇을 위해 존재하는지를 다시 생각해야 한다. 단체의 구성원은 자신의 권한을 효과적으로 제어할 수 있어야 한다. 네 번째로 노동조합은 더 큰 사회의 이익을 인식하고 때로는 그들의 권력행사를 억제해야 한다(Robson, 1976 : 216-218). 복지사회 없이는 진정한 복지국가를 누릴 수 없으며 양자는 상호 보완적이다. 오랜 기간의 복지국가 발달이 복지사회의 형성을 이끌겠지만 양자는 서로 보완해야 한다. 복지사회의 기반이 되는 시민의 자율성 발달을 통하여 복지국가의 과도한 중앙집권화나 관료주의가 억제되고 집권과 분권의 균형이 이루어져야 할 것이다.

복지사회는 대부분 사람이 상호연대와 협력에 따라 생활의 안전을 높이기 위하여 다양한 자발적 활동에 참가하고 있으며 일반 시민이 복지를 위하여 무엇이 필요한지 충분히 이해하고 있는 사회다. 지방공공단체는 단순한 국가의 대리자가 아니며 복지사회의 시민을 대표하는 조직가와 조정자의 역할을 할 수 있다면 복지사회의 중요 구성요소가 될 것이다. 복지사회의 실현은 복지국가의 목표가 정당하다는 것을 다수가 이해함으로써 다양한 복지제도를 지속할 수 있는 정치적 조건을 만든다. 복지국가의 성숙은 복지에 대한 합의를 바탕으로 물질적 성취보다 복지를 우선하는 사회로 유도할 것이며, 가족이나 기업에 의한 복지, 시민사회의 유대에 의한 복지공급이 활발히 이루어질 것이다. 따라서 복지국가 이후의 복지사회 등장이라는 설정보다는 복지국가와 복지사회의 협동이라는 개념이 더 적절할 것이다. 특히 현대 복지국가의 복지공급 주체는 국가 독점이 아니며 다양한 주체의 거버넌스에 의해 이루어진다. 롭슨의 복지사회론은 선진 민주주의 복지국가의 복지다원주의로 연결된다고 생각된다.

하지만 몇 가지 논점이 제기된다. 과연 복지사회의 '사회'가 어떤 사회를 의미하는지 합의할 수 있어야 한다. 가족이나 지역과 같은 전통적 공동체인지, 새로운 사회적 연대까지 포함한 사회인지 논의가 필요하다. 과거의 미덕이 강조되어야 한다고 볼 수도 있지만, 반대로 새로운 인간관계와 사회관계를 강조하는 것이라 기대할 수도 있다. 그리고 과연 어떻게 복지사회를 형성해 가야 하는지, 큰 줄거리가 무엇인가에 대한 의문을 지켜야 한다. 기존 복지국가는 발달하기 이전의 수준으로 삭감되어야 복지사회가 부활할 것인가, 반대로 복지국가의 성숙 이후에 복지사회가 형성될 것인가에 대한 것이다. 복지사회 없이는 진정한 복지국가가 성립할 수 없다면 복지국가의 성숙 이후에 복지사회를 전제로 그 이후 단계로서 복지 세계까지 기대할 수 있을 것이다.

7. 복지국가의 전환

1) 세계화 속의 복지국가

세계화는 국경을 초월하여 사람과 물자, 돈의 이동이 증가하는 현상이다. 거의 대부분 경제적 측면의 세계화를 먼저 생각한다. 세계적으로 시장경제의 구조가 확산되고 여러 개인이 시장 시스템과 결합하여 지구적 규모의 경제활동과 교류가 이루어진다. 국제화란 용어도 사용되지만, 세계화는 그것보다 국민국가의 관계성은 약하며 개인이나 기업의 행동이 더욱 강조된다. 19세기 제1차 세계대전 이전에도 국경을 초월하여 사람과 물자, 돈의 이동이 비교적 자유로웠으므로 그때를 제1차 세계화라 할 수 있지만, 그것은 부분적 세계사회로 표현되므로 현재의 세계화와 다르다(Myrdal, 1956). 당시 유럽이나 미국 등 선진국의 경제교류는 활발했지만 식민주의로 인해 선진국과 저개발국 사이에 차별적 장벽이 만들어지는 등 세계는 크게 분단되었다. 현재의 세계화는 선진국뿐만 아니라 저개발국도 동일한 시장경제로 편입시키고 있다. 또한 복지국가의 발달도 과거에 경험하지 못하였다. 1990년대 이후 세계화 용어가 급속히 보급된 배경에는 냉전의 붕괴에 의한 자본주의 경제의 급속한 확대와 정보기술 혁명이 있다.

미국은 1990년대 정보 기술의 발달과 금융 주도형 성장을 통하여 급속히 회복되었다. 미국의 신자유주의가 발전도상국을 비롯한 세계를 향하여 영향력을 발휘하기 시작하였다. 세계화는 인간의 얼굴을 가지고 있으며 사회에 부정적 영향을 끼친다는 사고는 옳지 않고 제도 개혁과 지원체제로 세계화의 부작용을 완화해 주어야 한다(Bahagwati, 2004 : 11-12). 하지만 세계화는 발전의 가능성을 안고 있지만, 어디까지나 가능성일 뿐이며 세계화가 효과적으로 기능하기 위해서는 정책이나 경제제도, 사고방식 등 개선해야 할 점도 많다(Stiglitz, 2006). 그래도 세계화의 추세를 부정하기보다 적절히 관리하여 효과적으로 기능하게 만드는 것이 필요하다는 점에 대해서는 일치한다. 세계화는 지금까지 지향해 왔던 보편화와 대립하는 현상으로 나타나고 있다. 단순한 역사의 반복이 아니며 최근에 이르러 생긴 현상으로 이해해야 한다. 복지를 중심으로 생각하면 특히 세계화는 무작정 환영보다는 적절한 제어가 필요하다. 경제적 입장에서 복지는 여전히 비용으로 간주되고 있으므로 세계화의 진전은 복지 격차를 더 크게 할 수 있기 때문이다. 세계화를 통하여 부유한 국가의 가장 부유한 계층뿐만 아니라 세계 대부분 사람들의 생활이 개선되도록 해야 한다. 따라서 민주주의 확산을 통한 세계 경제질서의 재구축이 필요하거나 시민사회의 활동에 대한 기대가 커지게 된다. 즉, 세계화는 경제적 세계화뿐만 아니라 민주주의 세계화나 연대의 세계화를 통해 적절히 관리되고 보완되어야 한다.

세계화는 각국의 경제 사회정책의 자율성을 잃게 만든다고 알려져 있지만, 세계화가 복지국가에 끼친 영향에 대해서는 여러 의견이 있다. 주요 논의를 세 가지로 정리하여 살펴보면 다음과 같다. 첫째는 세계화에 수반하는 경제정책의 자율성 상실과 마찬가지로 복지국가도 신자유주의로 수렴되어 국가 복지의 자율성을 상실했다는 것이다. 세계화는 노동조건을 대외적 경쟁에 노출하여 여러 국가의 사회보장 급여를 삭감하고 폐지하려는 압력을 크게 했다. 과거의 수렴이론은 산업화 논리에 근거하여 제안되었지만, 세계화 논리의 근거로 수렴론이 변용되어 등장했다는 것이다(武川, 2007 : 69). 유동적인 자본의 이동을 배경으로 규제완화나 노동비용 절감을 요구하는 사용자의 압력이 강해지고 노동자의 대항력은 상대적으로 약해진다. 그 이유는 사용자는 국외로의 자본이동의 옵션을 선택할 수 있지만, 노동자는 그에 대한 대항 수단이 마땅하지 않기 때문이다(Mishra, 1999). 따라서 노사정 합의에 의한 계획화는 계속 유지할 수 없으며 복지국가는 후퇴할 수 있다. 둘째는 신자유주의 확산이나 세계화에도 불구하고 복지국가는 지속 가능성이 유지된다는 것이다. 즉, 복지국가는 불가역적이며 자율성 상실은 아니라는 것이다. 역사적으로 볼 때 우발적이라고도 할 수 있는 복지국가의 초기 조건이 결정적 분기점이 되고, 그 이후 경로의존성을 통하여 형성된 여러 국가의 복지제도의 유산이 중요한 역할을 수행한다(Pierson, 1994). 복지국가 형성과정에 세력이 강한 이익집단이나 의사결정과 관련된 규칙과 결정이 제도의 변화를 방해하고 복지국가의 구조를 유지하게 한다. 이러한 신제도론의 논의는 왜 복지국가는 즉시 변하지 않는지에 대한 이유를 설명하는 논의다. 셋째는 세계화가 무조건 바닥으로의 경쟁을 유도하는 것이 아니라는 입장이다. 세계화에도 불구하고 복지국가는 여러 개의 다양한 형태로 구분되어 발전한다는 것이다. 경제적 세계화의 압력이 여러 국가의 정치를 통하여 정책적·제도적 특성을 초래하여 다양하게 발전한다는 것이다. 각 복지체제가 세계화의 영향에 어떻게 대응할 것인지, 경제적 역량이나 정치세력, 사회적 가치관에 따라 다양해진다는 것이다. 각 국가와 산업 및 기업의 전략에 따라 노동자뿐만 아니라 사용자도 복지확대의 추진 세력이 될 수 있다.

2) 전환과 대응

현재의 복지국가는 산업화 시대의 경제·사회 구조와는 다른 질적 변화를 경험하고 있다. 4차 산업혁명을 비롯한 정보화·서비스화가 확대되고 있으며 플랫폼 노동, 비정형·저임금 노동 등이 확산되었다. 전통적인 복지국가의 경제 사회적 기반이 크게 변하고 있다. 국민 국가의 힘은 약화되어 특정 국가의 국경 내부의 정책적 영향력이 약화되고 있다. 또한 인구 및 가족구조의 변화, 젠더 평등 등의 사회적 변화는 기존 복지국가에서 없었던 현상이다.

경제적 측면에서 산업구조는 2차 산업에서 서비스 중심의 3차 산업으로 이동하였다. 예를 들어 2005년의 경우, 서비스 산업의 GDP 비중은 미국 76.9%,

영국 76.3%, 프랑스 76.6%, 독일 70.0%, 일본 70.6%, 스페인 66.5%였다. 하지만 2013년의 경우, 미국 80.1%, 영국 79.2%, 프랑스 78.5%, 독일 68.4%, 일본 72.6%, 스페인 73.9%로 독일을 제외하고 대부분 상승하였다. 3차 산업은 상대적으로 생산성이 낮으므로 경제성장과 임금 상승률이 감소하여 국가의 재정수입은 줄어든다. 아울러 민간 부문의 일자리 증가는 동시에 일자리 수준의 불평등을 초래한다. 더욱이 세계적 차원의 무한경쟁으로 인해 노동시장의 근본적 개편이 촉발되었다(윤도현, 2017 : 123-124). 임금노동은 주로 남성 노동자에 의해 수행되었으며 정규직 남성 노동자는 노동협약에 의해 보호되었다. 하지만 노동시장의 유연화라는 이름으로 기간제와 파트타임 등 다양한 비정형 노동방식이 출현하였다.

〈표 3〉 OECD 국가의 파트타임(part-time) 근로자 비율

연도	2000	2001	2002	2003	2004	2005	2006	2007	2008	2009
OECD 평균	13.9	14.3	14.6	14.6	15.0	15.2	15.2	15.4	15.6	16.4
한국	7.0	7.3	7.6	7.7	8.4	8.9	8.7	8.8	9.3	9.9
연도	2010	2011	2012	2013	2014	2015	2016	2017	2018	2019
OECD 평균	16.7	16.9	16.9	17.1	17.0	16.8	16.7	16.5	16.5	16.7
한국	10.6	13.5	10.1	11.0	10.3	10.5	10.8	11.4	12.2	14.0

* Part-time employment is based on a common 30-usual-hour cut-off in the main job.

자료 : https://stats.oecd.org/Incidence of FTPT employment-common definition 2021. 5. 29. 추출.

OECD 국가 평균 주당 30시간 미만의 파트타임 노동은 2000년 이후 지속적으로 증가하였다. 우리나라도 해마다 약간의 차이는 있지만, 꾸준히 상승하는 경향을 보이고 있다. 이러한 동향을 통해 노동시장의 유연화를 확인할 수 있다. 특히 주당 노동시간이 15시간 미만의 미니잡(mini job), 디지털 플랫폼에 의한 노동이 증가하고 있다. 세계화와 지식혁명 사회로의 진행, 인구 고령화 등에 의한 영향이 크다. 노동 유연화는 과거 복지국가와는 질적으로 다르다. 고용연령 자체는 상승하지만, 연금 시작 연령은 늘어나고 있다. 평생교육의 필요성

도 증가하고 돌봄으로 인한 노동경력의 단절도 문제가 된다. 생산성의 증가와 경쟁력 확보를 위해 노동시장 유연화가 필요하지만, 노동조건과 소득보장의 불안정을 촉발할 수 있다. 지식경제 사회와 노동시장 유연화는 과거 제조업 중심의 정규직 노동자 체제에서 안정적 발전을 경험했던 선진 복지국가에 경험하지 못한 도전이라 할 수 있다.

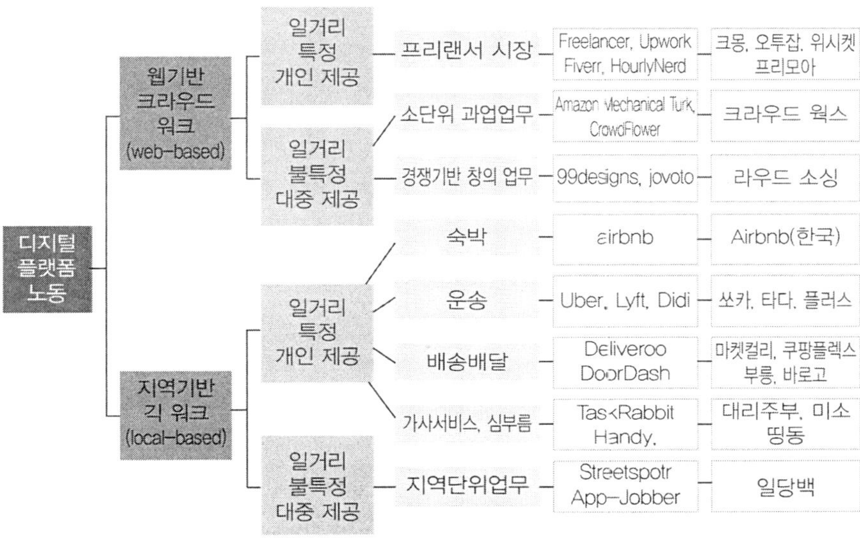

| 그림 3 | 플랫폼 노동의 유형

자료 : 김종진(2019). 디지털 플랫폼 노동 논의와 쟁점 검토, KLSI ISSUE PAPER, 한국노동사회연구소, 제112호, 2019-11호, p. 6.

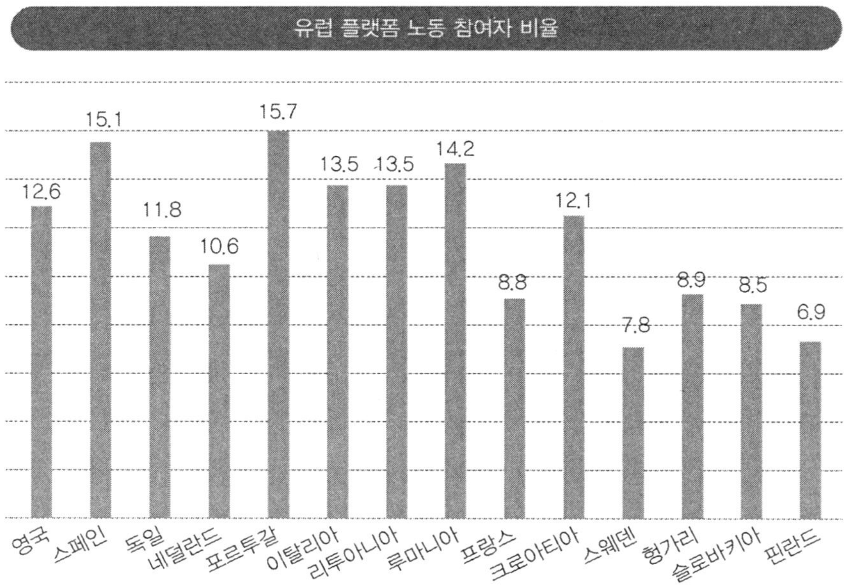

자료 : European Commission(2017)

자동화/ 디지털화될 가능성이 큰 일자리	자동화/ 디지털화될 가능성이 적은 일자리	새로운 일자리
사무직 판매직 운송, 물류 제조업 건축업 일부 금융서비스업 일부 서비스 업(번역, 세금, 컨설팅 등)	교육, 예술, 미디어 법률 서비스 경영, 인적자원 관리사업 일부 금융서비스업 의료 서비스 제공업자 컴퓨터 관련직, 엔지니어, 과학자 일부 서비스업(사회복지 업무, 미용사, 미용 등)	'초고숙련직' 데이터 분석가, 데이터 마이너, 데이터 설계사 소프트웨어 및 앱 개발자 네트워킹, 인공지능 등 전문가 새로운 지능형 기계, 로봇, 3D 프린터 설계자 및 생산자 디지털 마케팅 및 전자상거래 전문가 '초저숙련직' 디지털 '갤리선 노예'(데이터 입력 또는 필터링 작업자) 및 기타 디지털 플랫폼에서 작업하는 '에커니컬 터크(Mechanical Turks)(아래 참조) 우버 운전기사, '협력적' 경제에서의 임시직(수리, 주거개선, 애완동물 돌보기 등)'

자료 : ETUI(2016)

| 그림 4 | 유럽 플랫폼 노동자 비율 및 디지털 일자리 유형화

자료 : 김종진(2019). 디지털 플랫폼 노동 논의와 쟁점 검토, KLSI ISSUE PAPER, 한국노동사회연구소, 제112호, 2019-11호, p. 8 재인용.

지금까지 세계화로 인하여 국민과 국가 사이의 양적 교류가 증가되었지만, 앞으로는 양적 교류의 확대를 넘어서 생활의 질적인 변화를 초래할 수 있을 것이다. 그렇다면 세계화는 복지국가에 어떤 영향을 미칠까? 노동과 자본 시장은 더욱 밀접히 국제적으로 통합될 것이다. 세계화로 인해 국가 독자적인 세금 부과와 재분배는 더욱 어려워질 수 있다. 노동세력의 조직화의 힘은 약화되고 자본과 시장의 힘이 더욱 커질 수 있다. 지금까지 국경 내의 특정 범위로 한정되었던 복지국가의 영향력은 세계화 시대에 독자적인 자율성을 유지하기는 어려울 것이다. 복지국가의 권리와 의무는 항상 국가 내부의 범위에서 작동하는데 국경을 초월하여 자본이 이동하면 복지국가 내부의 자본의 의무는 모호해진다. 복지국가 내부의 재분배 요구가 강해지면 자본을 국경을 초월하여 설비를 이전하거나 자본을 투자하게 되므로 복지의 양과 질에 영향을 받을 수 있다. 따라서 사회경제적 위기가 심화되어도 복지국가에 대하여 과거와 같은 적극적 개입과 조절 능력을 기대하기 어렵다.

복지국가는 경제적 자율성의 축소뿐만 아니라 고용정책을 실시할 재량도 줄어들고 누진과세와 같은 국가 주도적 재정정책을 집행하는 데 어려움을 겪을 수도 있다. 즉, 세계화는 복지국가의 개입역량을 희석하여 임금삭감, 탈규제화, 법인세 인하, 복지비용 감축 등이 강화될 수 있다. 결국 복지국가의 주권과 자율성은 약해지는 것이다. 물론 지나치게 결정론적으로 해석하는 것이라는 비판도 가능하다. 국가가 처한 사회경제적 상황에 따라 경제적 대응능력과 복지정책의 전개는 달라진다. 세계화의 진행에도 불구하고 복지국가의 역할과 책임은 여전히 필요하므로 축소가 아니라 재조정된다는 것이다. 이러한 관점에 따르면 단순히 세계화로 인하여 복지국가가 사라질 것이라는 전망이 오히려 비현실적이다. 그렇지만 세계화의 영향을 결코 과소평가해서는 안 된다. 노동시장의 유연화와 장기실업의 증가, 노동조합의 약화, 사회적 덤핑(Social Dumping)과 같은 현상들이 확산되면 복지국가의 사회통합 성과는 위험에 처하게 될 것이다.

THE REALITIES OF SOCIAL DUMPING

Companies make savings through posting

A worker posted from Portugal or Poland to the Netherlands, earning the same net income, can save an employer up to 25% on labour costs through the difference in social security payments.

Dutch worker		Portuguese worker		Polish worker	
Net salary	1600	Net salary	1600	Net salary	1600
-/- soc. sec in NL	496	-/- soc. sec in Portugal	81	-/- soc. sec in Poland	350
-/- taxes in NL	81	-/- taxes in NL	81	-/- taxes in NL	81
gross salary	**2177**	gross salary	**1762**	gross salary	**2032**

Source: Berntsen and Lillie, 2015

▌그림 5▐ 노동자의 국적에 따른 노동절감비용

고용주는 사회보장세의 차이로 인하여 노동자의 국적에 따라 노동비용을 25%를 절감할 수 있다.

출처: FREE MOVEMENT, YES! SOCIAL DUMPING, NO! 유럽 내 이민자 혐오, 이유 있는 '종로에서 뺨 맞고 한강에서 화풀이'(ppss.kr)(https://ppss.kr/acives/101811), 2021, 8. 18 추출.

그동안 빈곤 감소에 크게 기여했던 복지국가의 성과를 고려한다면 가족의 연대성과 사회통합 측면에서 비교적 성공한 모델이라 할 수 있다. 복지국가의 일부 부작용을 지나치게 과대로 포장하여 실패라 단정할 수 없다. 여전히 매력적이며 이상적인 국가체제라 할 수 있다. 나아가 세계평화와 안전을 위해 복지국가 이후의 복지 세계까지 구상할 수 있어야 할 것이다. 사람과 재화, 자본의 이동에 대해 국가 장벽의 장애물을 제거하고 단일한 법과 제도, 소통 수단을 창출하는 세계적 차원의 복지통치 기구와 과세 제도가 필요하다. 세계화 차원의 안전과 복지를 위해서는 결코 포기할 수 없는 문제이다.

현시점에서 복지국가는 질적 변화에 대응하기 위한 어떤 노력을 시도하고 있는지 살펴보자.

첫째, 워크페어(workfare) 전략의 채택이다. 워크페어는 일과 복지를 통합하는 정책이며 노동과 복지의 연계를 강화하는 여러 프로그램을 의미한다. 노동의 질을 문제시하기보다 어떤 직업이든 일을 하는 것이 중요하며 개인은 의무적으로 취업을 해야 한다. 자유주의 레짐에서 채택하고 있으며 신자유주의 연장선상에 있는 복지정책의 방향이라 할 수 있다. 워크페어 개념이 사회적 영향력을 갖게 된 것은 AFDC 제도의 개혁 때문이었다. 1960년대 후반부터 AFDC 수급자가 증가하고 그 대부분이 싱글맘이었기 때문에 재정적 부담뿐만 아니라 도덕적 문제로서도 중요한 사회문제가 되었다. 애초에 개혁은 노동 가능한 수급자를 취업하도록 지원하여 빈곤에서 탈출하도록 하는 것이 목표였지만, 점차 취업의 지원보다는 취업의 요구가 주요 목적이 되었다. 미국에서 워크페어가 다시 주목을 끈 것은 민주당 클린턴 정권의 시기였다. 그는 그동안 익숙했던 복지를 끝내겠다고 선언하고 1996년 개인책임취업기회 조정법을 제정하였다. 그 중심에 있는 것이 TANF라 할 수 있다. 이는 수급기간을 제한하고 수급자에게 취업의무를 부과하는 것이다. 주 정부는 연속하여 2년 동안 통산 5년 동안 수급하는 자에 대한 급여에 연방 보조금을 사용할 수 없게 되었다. 입법조치에 의해 수급기간을 정하고 강제적으로 기한을 설정할 수 있게 되었다. 노동능력이 있는 수급자는 노동이나 취업훈련 의무를 부과하였다. 성인 수급자는 지방 정부가 규정하는 노동에 종사해야 하며 그 의무를 이행하지 아니하면 급여를 받을 수 없다. 수급자가 노동윤리나 준법 의식을 익혀서 건설적인 생활을 하기 위해서는 정부가 감독자로서 생활을 관리할 필요가 있다고 생각하였다.

이러한 대응은 보수 대 진보라는 전통적 대립축으로 볼 수 없다. 빈곤자의 권리나 욕구가 아니라 사회질서를 유지하기 위한 관점에서 생활 습관을 바꾸기 위하여 프로그램을 활용하는 점은 보수적인 성격을 띠고 있다. 하지만 정부가 중심적인 역할을 하는 점에서 진보적인 성격이 강하다. 또한 직업훈련의 의무화는 단순히 거부하거나 급여액을 삭감하는 것에 비하여 비용이 더 많이 필요하다. 워크페어 개혁은 복지국가를 재정의하는 것, 즉 정부가 해야 할 역할이 변해야 한다는 것을 의미한다. 과거의 사회보장법에 비하여 지방 정부의 정책적 재량이 확대되고 재정적 제약도 증가하였다.

또한 1996년 개혁에서 연방정부가 정책을 일괄적으로 집행하기보다 지방정부가 다양한 정책 실험을 실시할 경우, 자유경쟁에 의해 더 좋은 프로그램이 나올 것이라는 주장이 지배적이었고 그 결과 TANF는 일괄보조금으로 지방 정부에 제공되었다. AFDC는 빈곤자가 많아 구제의 필요성이 높으면 지방 정부가 연방정부에 대하여 재정적인 보조를 요구할 수 있었다. 하지만 TANF는 연방정부가 각 지방 정부에 일괄보조금으로 규정한 액수의 자금을 제공하고 경제, 사회상태가 변해도 금액이 증감되는 경우가 없었다. 그 대신 지방 정부는 일정 요건만 충족하면 보조금을 자유롭게 이용할 수 있었으므로 재량의 폭이 크게 확대되었다. 만일 지방 정부가 독자적인 재분배 정책을 확충하면 빈곤자가 모여들고 고액 납세자는 다른 지역으로 빠져나갈 가능성이 있으므로 복지정책의 규모를 축소할 것이라 예상할 수 있겠다. 복지정책이 충분히 지원할 수 없다면, 사회안전망을 제공하거나 복지수급 희망자에게 직업훈련, 교육지원, 상담 등 사회서비스를 제공하는 역할은 비영리조직이 담당할 수밖에 없을 것이다. 이처럼 미국 복지국가는 국가의 책임은 일정 정도 최소화하고 개인의 책임을 강화하고 노동의무를 더욱 강화하는 등 워크페어 정책을 강조하는 움직임은 더 커질 것으로 보인다. 심지어 앞으로는 공공부조를 대출로 제공하고 향후 변제하도록 해야 한다는 주장도 가능하리라 생각한다.

영국은 1997년 노동당으로 정권이 교체되어 블레어 정권(1997~2007)이 탄생하였다. 그는 새로운 노동당(New Labour)을 표방하면서 제3의 길 정책을 제시하고 복지개혁의 기축을 워크페어(Welfare to work)로 전환하였다. 영국의 제3의 길은 사회학자 앤서니 기든스가 제시한 정치이념으로 전통적인 사회민주주의와 신자유주의 노선 모두 아니었다(Giddens, 1998). 제3의 길 관점에서 보면 전후 복지국가는 시민에게 급여를 지급하는 소극적인 복지를 하는 데 불과했다. 반면 제3의 길은 시민이 정치·경제·사회·문화에 참가할 권리를 보장하는 적극적인 복지를 지향한다. 이 때문에 우선 취업을 유도함으로써 개인이 경제적으로 자립하는 것이 필요하다고 주장하였다. 따라서 블레어 노동당 정권은 직업훈련이나 교육정책이 중요시되고 사회보장제도에 의한 수급자도 취업 인센티브를 제공하는 취업을 위한 복지 정책이 강조된다. 소위 워크페어는 복지국가의 현대화를 주장하는 노동당 정권의 담론으로 활용되었다. 예를 들어, 이 당시 취업을 위한 복지는 청년을 위한 뉴딜정책이 대표적이다. 6개월 이상 실업 중인 18~24세 청년에게 민간 부문의 취업, 전일제 직업훈련이나 교육, 비영리 자원봉사단체에서의 활동, 환경단체에서의 활동 중에 선택하게 한다. 청년 실업자는 실업 기간 중 급여뿐만 아니라 취업을 위한 기술까지 갖추도록 하겠다는 것이다. 한편 이 모든 선택지를 거부하는 경우 실업급여 삭감이나 급여 중단의 제제를 부과하게 된다(Hewitt, 1999 : 156). 취업촉진과 연계된 사회보장제도는 실업급여뿐만이 아니다. 블레어 정권은 사회보장정책에 세액공제를 활용하였다. 예를 들어, 취업 여부와 관계없이 아동이 있는 가구를 지원하기 위하여 2003년 기존의 취업동기를 해칠 수 있다고 판단되는 급여를 다수 폐지하고 아동세액공제를 도입하였다. 또한 아이가 없는 가구에게도 근로세액공제가 적용되었다. 이는 아동이 없는 생산연령 가구의 생활수준 향상과 함께 아동세액공제와 마찬가지로 가구의 취업 인센티브를 높이기 위한 의도였다. 2007년 장애인급여에 취업과 직업훈련 참가를 촉진하는 한편, 참가를 거부하는 장애인은 급여를 삭감하는 제재가 부과되어 마찬가지로 취업촉진과 급여의 연동이 진행되었다(Steward, 2012 : 335). 또한 실업자의 급여수준은 낮은 상태가 유지되었다. 메이저 보수당 정권 시대에 실업급여를 저소득자 소득부조와 통합하여 구직자 수당이 도입되었으며, 수급조건이 매우 엄격해졌다. 블레어 정권은 이를 그대로 계승하여 급여수준을 낮게 유지하였는데, 취업에 대한 인센티브를 높이려는 의도로 생각된다. 영국의 워크페어는 고용을 통한 생활보장에서 누락된 사람에게 현금급여를 제공했던 전후 복지국가의 전통이 취업의 촉진을 강화하는 방향으로 개혁된 경우라 할 수 있다.

블레어 노동당은 빈곤문제를 사회적 배제의 문제로 파악하고 사회적인 배제를 해소하는 사회적 포용의 정책이념을 제시하였다. 그러나 정책의 실태는 취업을 우선시하는 성격이 강하였다. 취업 우선의 요소가 강한 사회정책은 영국뿐만 아니라 다른 서구 국가도 나타나며 복지와 고용을 조합하는 정책을 워크페어나 활성화(activation)라 부른다(福原 外, 2007). 보수당 정권 시기에도 워크페어는 도입되었지만, 체계적인 구상으로 진행된 것이 아니라 심각해진 실업문제에 대응하기 위하여 사후적·단계적으로 도입한 것이었다. 이를 블레어 노동당 정권은 사회적 포용이념을 구체화한 정책으로 취업을 위한 복지담론으로 전개하였다(阪野, 2002). 고용에서 누락된 사람에게 보편적인 국민 최저한을 보장하는 영국 복지국가의 합의는 변용되었다. 권리로서의 급부가 아니라 취업의 촉진과 그를 통한 자립을 요구하는 권리와 의무의 호혜적 관계가 강조되었다(Dean, 2004; Dwyer, 2008). 2010년 총선거 결과, 성립한 캐머런 정권은 보수당과 자유민주당의 연립정권이다. 그러나 2010년 총선거에서 보수당·자유민주당·노동당 사이에 워크페어 정책을 지속하는 데 합의가 공유되고 있었다. 총선거 몇 개월 후 공표된 백서는 급여제도의 구조개혁을 주장하였다. 이 백서는 노동당 정권의 정책에 의해 사회급여와 세액공제 제도가 너무 복잡하게 되었으므로 사람들이 신청을 어렵게 하고 있다고 주장하였다. 그리하여 2013년 이후 새로운 제도로 대체되었다. 2010년의 선거 이후 구성된 보수·자유민주당 연립정부는 사회보장 제도 개혁의 일환으로 통합공제(Universal Credit)를 도입하였다. 이 제도는 공공부조 수급에서 근로를 하도록 조건을 강화하고 복지의존을 줄이도록 설계되었다. 노동을 할수록 유리하며 수급자가 쉽게 알 수 있도록 제도를 단순하게 구성하였다. 통합공제제도는 근로연령대를 대상으로 하는데 기존의 소득지원(Income Support), 소득기반 구직수당(Income-Based Jobseeker's Allowance), 소득연계 고용 및 지원수당(Income-Rellated Employment and Support Allowance), 주거급여(Housing Benefit), 아동세금공제(Child Tax

Credit), 근로세액공제(Working Tax Credit)를 통합하여 대체하는 성격의 핵심적인 비사회보험 급여(Core Non-Insurance Based Benefit)이다(한국보건사회연구원, 2018). 사회보장에서 워크페어 요소를 강화하는 점에서 대처부터 블레어 정권까지의 경로의존을 볼 수 있다.

1980년대 이후 경제구조와 노동시장 변화에 의해 전후 복지국가의 전제였던 안정된 고용에 의한 생활보장은 기대할 수 없게 되었다. 복지국가에서 사회보장의 대상으로 상정되지 않았던 청년층 등 취업 가능한 생산연령에 대하여 사회보장의 확충이 필요하게 되었다. 동시에 사회보장에 취업촉진적인 요소를 도입하는 워크페어 요소는 강조되고 있다. 이에 따라 급여조건에 제약이 더해지는 경향이 있는데, 이는 전후 베버리지 보고의 이념에 의해 추구되었던 보편주의적 급여의 성질이 붕괴되고 선별주의적 복지국가의 요소가 강화되고 있다는 것을 의미한다. 이러한 동향은 복지국가의 구성요건인 시민권이 변질되고 있다는 것을 의미한다. 국가에 의한 급여는 소극적 복지로 인식하고 취업을 촉진하는 정책을 적극적 복지라고 하는 담론은 노동시장에 포섭되지 못한 사람들의 존재를 배제하는 상황으로 연결될 수 있다. 현대 영국 복지국가는 권리로 제공되는 사회 급여에서 권리와 의무로서 취업을 조건으로 제공되는 급여로 전환되고 있다. 취업을 통한 자립은 권리의 실현이라고 볼 수도 있지만, 현실적으로 안정된 고용조건을 기대하기 어려운 상황에서는 권리보다 의무를 강조하는 억압적 정책으로 흐를 위험이 있다.

둘째, 활성화(activation) 전략이다. 복지와 노동을 연계하는 점에서는 워크페어와 유사하지만, 취업과 사회참가 촉진을 위해 직업훈련과 같은 적극적인 노동시장 정책이나 평생학습과 같은 교육을 충실히 실행해서 일할 수 있도록 고용을 지원하는 점이 특징이다. 노동의 질을 향상하고 임금 수준을 보장하는 데에 초점을 두는 국가에서 볼 수 있는 전략이다. 고도성장기에 독자적인 정치경제 모델을 만든 스웨덴은 1970~1980년대까지 그러한 체제를 유지하였다. 하지만 1980년대 말 지금까지의 금융규제완화의 결과로 소위 거품경제의 붕괴가 시작되었다. 90년 민간금융기관의 파탄을 계기로 경제위기가 급속히 확대되었다. 1993년까지 경제성장은 마이너스가 되고 재정수지는 적자로 돌아선 가운데 3% 이하에 머물던 실업률도 급속히 상승하여 8%를 기록하였다. 1990년대 이후 스웨덴은 정치적 좌우 대립을 넘어 재정재건과 구조개혁을 목표로 삼았다. 1991년 세제개혁을 통해 법인세와 소득세가 대폭 인하되었고 1992년 복지정책 개혁으로 고령자의 의료·돌봄 행정의 지방분권과 효율화가 추진되었다. 또한 1999년에 연금제도 개혁도 이루어져 최저보장연금이 도입되고 가입자의 책임에 의해 일부 연금보험 수급액이 결정되었다. 활성화는 이러한 복지개혁의 시대에 1990년대 이후 추구되었던 중요한 노동·복지정책이었다. 이러한 방침은 독창적이기보다 스웨덴식 사회민주주의의 전통이라 할 수 있다. 즉, 1950년대부터 이어지던 높은 수준의 적극적 노동시장 정책이 활성화의 주요한 방법이었기 때문이다. 스웨덴은 오랫동안 제도적 환경 속에서 완전고용이나 노동에 대한 규범의식이 확고하였으며 복지의 개념과 연결되어 있다. 스웨덴 사회민주당이 완전고용과 성장을 강조하는 이유는 보편주의 복지를 유지하는 전제조건이기 때문이다. 모든 시민이 사회의 외부로 밀려나지 않고 통합되기 위해서도 완전고용이 필요하다는 것이다. 노동은 복지와 번영은 물론 사람들의 개인적 성장의 기초를 이룬다. 노동하는 사람은 그렇지 않은 사람에 비하여 스스로에 대하여 더욱 큰 자신과 건강을 유지하고 더 자유롭다. 완전고용 정책은 장기적으로 더 큰 경제적 효과를 기대할 수 있다. 단기적으로 부담이 늘어날 것 같지만, 인적자원의 조달이라는 관점에서 노사 모두에게 장기적으로는 이득이 더 크다. 실업자가 새로운 일자리를 발견할 기회가 늘어나고 높은 복지급여를 받으면서 질 높은 직업훈련과 교육을 통해 능력을 개발할 수 있다면 경제도 더욱 강해질 것이다.

스웨덴 복지국가는 보편주의 특징을 상실할 정도로 변한 것은 아니다. 예를 들어, 연금이나 실업보험, 질병보험 급여의 소득대체율은 20년 전과 비교하면 낮아졌지만, 여전히 OECD 국가의 평균보다 높은 수준에 있으며 공공부조를 중심으로 한 자산조사형 급여 비율이 사회보장 지출 전체의 5% 미만으로 1980년대와 큰 변화 없이 역시 OECD 평균보다 매우 낮게 유지되고 있기 때문이다(渡辺, 2013 : 220). 하지만 부분적으로는 급여의 권리성보다 자조와 의무의 취업 중심 전략이 강조되었다. 예를 들어, 2000년대부터 질병보험 급여를 장기적으로 수급하는 사람에 대한 도덕적 해이가 커진다. 이후 2008년 중도우파 정권에 의해 수급자를 노동시장으로 유도하기 위해 급여 기간의 상한(1년)이 도입되어 취업의무가 강화되었다.

활성화는 경제적 효율성의 추구와 함께 개인의 행복과 사회통합의 수단으로 효과적인 대책이라 여겨져 왔다. 노동은 복지의 일부이며 동시에 수단으로 여겨진다. 노동을 추구하는 의미가 어떻게 정책목표로 설정되고 사회적으로 인식되고 있는지 노동을 무조건 의무화하는 정책과는 이념적으로 다르다.

셋째, 유연안정성(flexcurity) 모델이다. 네덜란드와 덴마크는 유연안정성을 대표하는 국가다. 네덜란드는 시간제 근무 노동자나 파견 노동자와 같은 비정규 노동자의 비율이 높다고 알려져 있으며 낮은 실업률과 높은 취업률이 특징이다. 시간제 근무 노동자의 비율이 전체 노동자의 절반 가까이에 이르며 여성 비율이 높다(水島, 2010 : 252). 2017년 유로스타트(Eurcstat)의 자료에 의하면 전체 근로자 가운데 49.7%가 주당 35시간 미만 시간제 근로이며 80% 이상이 자발적으로 시간제 노동을 선택하였다(강한솔, 2019). 이러한 배경은 1982년 노사정 대타협(바세나르 협약)의 영향이다. 고용 사정이 악화되면서 노동시간을 줄여 일자리를 나누는 방법이 선택되었고 시간제로 근무하는 노동자 채용이 적극적으로 추진되었다. 뿐만 아니라 비정규 노동자의 정규직화를 추진하는 제도개혁이 이루어졌다. 노동에 대한 균등한 처우를 목표로 1987년 시간제 근무 노동자도 전일제 근무 노동자와 마찬가지로 실업보험에 포함되었고 1996년 노동시간에 의한 차별이 법률로 금지되었다(水島, 2010 : 252). 네덜란드는 남녀의 성별 역할 분담에 대한 보수적인 인식이 강하고 자녀가 있는 여성의 고용에 비판적인 풍토였다. 아이를 키우는 것은 여성의 역할이라는 생각이 지배적이었다.

따라서 여성이 시간제로 일하는 경우라면 사회적으로 더 쉽게 수용될 것이라는 이유에서 시간제 근무가 확대된 측면도 크다고 생각된다. 하지만 그러한 상황에서 비정규 노동자의 정규직화 방침은 오히려 효과적으로 작용하여 고용의 격차를 방지할 뿐만 아니라 보다 많은 사람이 노동시장에 참여하도록 자극하여 취업을 통한 사회적 포용이 가능해졌다. 또한 노동자의 권리로 노동시간의 선택이 가능해지면서 일과 생활의 균형이 확보된 장점도 생겼다(水島, 2010 : 268). 아울러 근로시간 조정뿐만 아니라 재택근무나 원격근무와 같이 근무 장소 조정을 통해 필요한 만큼 노동하면서 일과 생활의 균형을 맞추며 노동자와 회사가 공존할 수 있는 노동 형태가 무엇인지 고민을 이어가고 있다(강한솔, 2019).

덴마크도 낮은 실업률과 함께 높은 취업률 달성으로 주목받았다. 일종의 유연화라 할 수 있는데, 이는 노동시장의 유연성과 고용 및 소득보장을 조합한 개념이라 할 수 있다. 덴마크의 유연성은 낮은 고용보호 법제와 높은 실업급여, 적극적 노동시장 정책의 삼각형 구조에 의해 지탱되어 왔다. 덴마크와 네덜란드는 동일한 북유럽 국가이며 두 나라의 정치경제 제도는 공통적인 부분이 많지만, 네덜란드가 임시직 사용과 노동시간 변화를 원활하게 하는 유연화 모델인 데 반해, 덴마크는 영구 계약을 맺는 노동자들도 비교적 쉽게 해고할 수 있는 유연화 모델로 알려져 있다(정희정, 2008).

비교적 해고가 쉬운 점에서는 앵글로색슨 국가에 가깝지만, 실업급여는 높은 수준이며 적극적 노동시장 정책의 비율도 높다(水島, 2010). 덴마크의 행복도가 세계에서 최고 수준으로 알려진 것도 유연성과 무관하지 않을 것이다. 즉, 유연성이 행복한 삶을 실현하는 시스템으로 관계하고 있다는 것이다. 덴마크 노동자는 자주 직장을 옮기지만 실업급여가 충분하고 재교육을 위해 대학에 입학해도 학비는 무료이며 직업훈련 제도가 충실히 발달되어 있다. 노동자는 새로운 경제환경에 순응해야 하는 압력이 있지만, 노동조합과 국가, 지방자치단체의 적극적인 지원을 받는다. 고용의 유연성을 확보함으로써 경제의 효율성과 경쟁력이 확보되고 있으며 여기에는 개인이 불행해지지 않도록 지탱하는 사회적인 안전보장 시스템이 있기 때문이라 평가할 수 있다. 유연성만 추구하면 불안감을 조성할 수 있지만, 균형적이고 효과적으로 실현되면 노동과 복지의 연계를 강화하여 고용보장에 의한 복지국가로의 전환이 가능하다는 장점이 있다. 사람들은 각자의 생활방식에 따라 필요에 맞게 노동시장에 참여할 수 있는 자유와 선택을 확대할 수 있다. 하지만 이 모델이 신자유주의 시기에 실업수당을 줄이고 그 수급을 까다롭게 만들기 위한 복지국가 후퇴 정책이며 실업자를 가능한 빨리 재취업하도록 하는 기만책이라는 비판이 제기된다(강동훈, 2018).

최근 코로나19로 인한 대량실업 위기에 맞서 덴마크는 일자리 유지계획과 같은 새로운 정책을 통해 대량 실업을 막았다. 경기 하강기에 기업의 해고를 수용하면서 강력한 사회안전망 및 적극적 노동시장 정책을 작동했던 과거 사례와 달리 유연성 부분에 일정한 제한을 가하였다. 네덜란드 역시 임시 긴급고용유지 지원제도를 통해 시간제와 임시직 일자리 보호에 발 빠르게 대응하였다. 두 나라 모두 유연성 모델에서 일부 벗어나 고용 안정과 보호에 힘쓰고 있다(김현경・김기태, 2020).

넷째, 기본소득 전략이다. 기본소득은 복지와 노동을 완전히 분리한다. 새로운 사회경제적 상황에 대한 복지국가의 기능 부진에 대한 재편 담론이 활발해지면서 기본소득에 대한 논의는 현실적 적용 문제에 초점을 두고 전개되고 있다. 특히 코로나19 사태로 기본소득은 위기 상황 극복을 위한 경제사회 대책으로 관심을 끌고 있다. 기본소득 구상은 유럽에서 출발하였지만, 제도화 논의의 중심은 대한민국이라 할 수 있다. 비록 국가 차원의 제도화는 실현되지 않았고 제도의 성격을 둘러싼 논란이 있지만, 지방자치단체 단위에서 특정 인구학적 집단을 대상으로 실시되고 있기 때문이다.

기본소득의 목적은 모든 사람에게 실질적 자유를 보장하려는 것이지만, 단일한 형태로 수렴되기보다는 이데올로기적 입장에 따라 실현 가능한 형태는 다르게 전개될 것이다. 기본소득은 시민권을 가진 개인에 대하여 조건 없이 제공되는 소득이다. 일반적으로 국경 내의 국민을 대상으로 노동 의사와 관계없이 지급된다. 따라서 가장 넓은 보편주의적 소득보장이며 일상적으로 노동력을 상품화하지 않아도 될 자유를 승인하는 대책이다. 기본소득은 노동원칙을 우선하는 생산주의 복지국가와 성격이 다르다. 임금노동을 통해 삶의 질을 높이고 자유를 확보하는 규범이 아니라 다양한 일을 통한 생활보장을 상정하고 있기 때문이다. 이전의 복지국가 프로그램이 기본소득으로 대체되는 경우 근대적 노동규범에서 해방된 복지사회를 기대할 수 있는가. 아니면 복지국가의 비효율 및 불완전한 기능을 대체하는 최소한의 복지국가를 기대할 수 있는가.

기본소득에 의해 개인의 사생활은 존중되고 복지급여를 얻기 위해 의무적으로 노동을 제공하지 않아도 된다(Fitzpatrick, 1999). 복잡한 조사와 심사 절차가 필요 없으므로 행정비용을 절감할 수 있다. 훈련이나 교육에 필요한 비용이 절약되고 노동시장의 유연화는 높아질 것이다. 조세제도와 사회보장 제도를 통합하여 모든 개인이 같은 금액을 수급하고 같은 비율의 세금을 부과할 수 있다.

기본소득이 도입되면 시장가격 수준까지 임금이 저하될 수도 있다. 또한 개인에게 직접 지급되므로 세대주의 영향력에 좌우되지 않는 세대 간 중립이 유지될 수 있을 것이다. 또한 무조건 지급되므로 포착률이 100%에 이를 수 있으며 빈곤함정도 해결할 수 있을 것이다. 직업이동에 대한 부담을 줄여 노동시장의 유연성이 높아지고 노동자의 발언력이 강화될 것이라 알려져 있다. 하지만 고용윤리가 불안정해지고 비용 부담의 문제, 가족의 결속력 약화와 같은 문제가 제기되기도 한다. 아울러 보험원리를 해치며 노동시장 퇴출이 쉬워져 오히려 사회적 배제가 강화될 것이라는 우려가 있다.

앞으로 산업화 시대와 같은 고도의 경제성장은 어려우며 대규모 정규직과 같은 완전고용만의 지속적인 창출은 기대하기 어렵다. 그렇다면 노동에서의 자유뿐만 아니라 노동과 다양한 일에 참여할 자유까지 정책목표에 포함하여 기본소득 아이디어를 활용하는 것이 필요하다. 기본소득의 복지관은 과거 구빈법 체제를 기반으로 하는 사회부조와 다르며 임금노동 중심의 생산주의 복지도 아니다. 하지만 복지국가의 조건적 기여에 의한 사회적 연대를 한층 더 확대된 호혜성으로 발전시키는 아이디어로 기본소득을 평가할 수 있다면 연계성을 모색할 수 있을 것이다.

3) 세계화와 이민문제

세계화로 인한 경쟁이나 새로운 사회적 위험의 출현 등으로 복지국가의 사회경제적 상황의 변화로 새로운 전환을 맞이하고 있다. 현재 이러한 시기에 대응하는 복지국가의 형태에 대한 새로운 균형과 합의가 모색되는 상태라 할 수 있다. 세계화의 도전에 대한 반응은 여러 국가의 기존 정책을 수렴하는 수준이 될지, 결별하고 새로운 전략이 될지 선택이 될 것이다. 워크페어와 활성화, 유연안정성, 기본소득 등은 복지국가의 새로운 전략을 반영하는 정책이다. 이러한 정책은 현대 복지국가의 의미를 재검토하고 그에 대한 국가의 실천적인 행동 지침이라 할 수 있다. 하지만 전략은 거의 국민국가 수준의 대응에 초점을 두고 있다. 경제의 세계화에 의한 외부의 충격에 어떻게 대응할 것인지에 맞추어 각 국가의 복지정책이 전개되었다. 결국 복지국가의 성공과 실패에 관한 판단이 국내적 차원에 한정되었다. 하지만 현재 복지국가의 상황은 내부·외부적 변화에 영향을 크게 받고 있다. 국민국가 중심의 관점은 국내적 불평등과 위험에 대해 집중했지만, 상대적으로 더 거대한 세계적 차원의 불평등과 위기에 대해서 무관심했다(Beck, 2002).

현재 복지국가의 주요 문제 중 하나로 꼽히는 것은 이민 문제다. 경제의 세계화는 사람과 물자, 돈을 국경을 넘어 이동하게 하는 것이지만, 이민 문제는 사람의 이동과 관련하여 일어나고 있는 문제다. 사람의 세계화가 이민 문제로 나타날 경우, 국민경제가 탈국가화하는 추세에 대하여 정치적으로 재국가화를 추진하는 세력이 되는 경향이 있다(Sassen, 1996). 예를 들어, 유럽에서 강화되는 복지 포퓰리즘 문제는 복지정책의 대상에서 이민이나 외국인을 배제하려는 태도와 관련된다. 복지국가를 방어하기 위하여 이민을 배제하거나 이민으로부터 지키려는 입장이다. 복지국가의 수준이 높고 어느 정도 변화에 성공을 거둔 경우 그러한 세력이 강하다고 알려져 있다. 2000년대 이후 유럽의 여러 지역에서 새로운 우익정당이 도약한 것도 이민 문제와 관련이 깊다. 그러한 노선은 국민 공동체의 가치나 이익을 옹호하는 민족주의적 성격을 강하게 띠고 있다. 또한 개방사회에서 폐쇄사회로의 강화를 대안으로 제시하는 것이기도 하다(畑山, 2006 : 142-144). 덴마크나 스웨덴 등 이민 수용에 관용적이었던 국가도 새로운 극우 정당의 세력이 강해졌다.

물론 최근의 코로나19 대유행으로 이러한 흐름에 제동이 걸린 건 사실이다. 2020년 OECD의 국제 이주전망 보고에 의하면 코로나19의 영향으로 선진국 이민 인구가 2019년 절반수준으로 급감하였다. 감염병의 대확산으로 국경통제와 이동제한 조치가 도입된 결과일 것이다. 특히 비자와 거주허가증 발급건수는 2020년 2분기 OECD 통계 작성 이후 가장 큰 감소폭을 기록했다고 한다. 이민자가 유일하게 감소하지 않은 나라는 스웨덴으로 전면적 봉쇄를 하지 않았기 때문이다. 특히 전통적으로 이민자 고용의 비중이 큰 숙박업과 요식업의 경우 자국 출신보다 이민자를 먼저 해고하는 경우가 많아 이민자의 고용상황은 크게 악화되었다(매일경제, 2020). 코로나19가 적절히 통제되지 않을 경우 이민자의 고용상황은 크게 악화는 당분간 지속될 것이라 예상할 수 있다. 하지만 재난적 상황에 의한 이민 억제가 이 문제에 대한 근본적인 해결책이 될 수는 없다.

이러한 현상을 어떻게 평가할 것인가. 복지국가의 국가적 이익의 보호라는 차원에서 긍정적으로 평가해야 할 것인가. 그런데 복지 선진국의 국민은 어느 정도 특정 지역의 국민이라는 의식과 함께 세계시민에 대한 공감대를 공유하고 있다고 생각된다. 지구적 차원의 사회문제나 인권에 강한 문제의식을 안고 있을 것이다. 세계화 속에서 수동적인 자세로 특정한 국경 내부에 한정된 국민으로만 정체성을 고수한다면 세계적 규모로 진행되는 빈곤과 불평등에 무기력하게 고립될 것이다.

코로나19 대유행으로 선진국 이민 작년의 반토막
OECD '국제이주전망 2020' 보고서
상반기 회원 비자·거주 허가 발급 46%↓

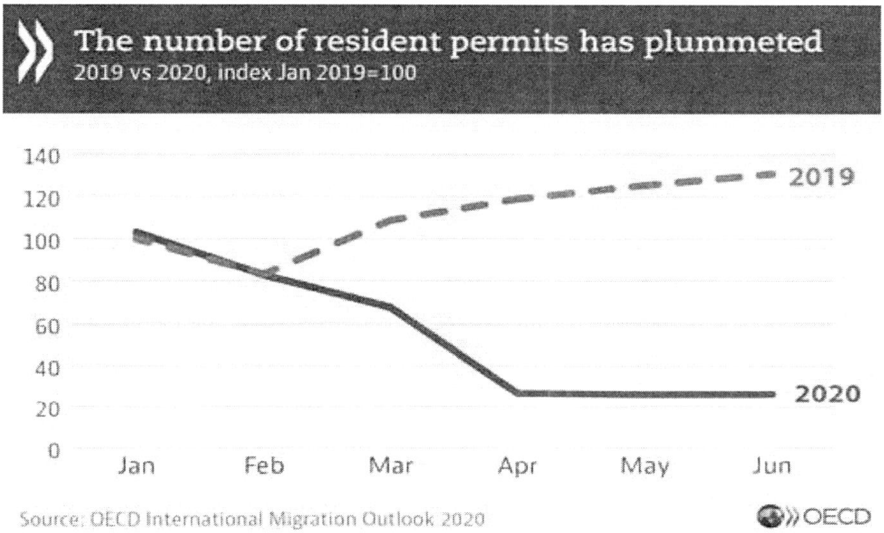

자료 : 매일경제, 2020. 10. 22. "코로나 19 대유행으로 선진국 이민 작년의 반토막", 국제뉴스.

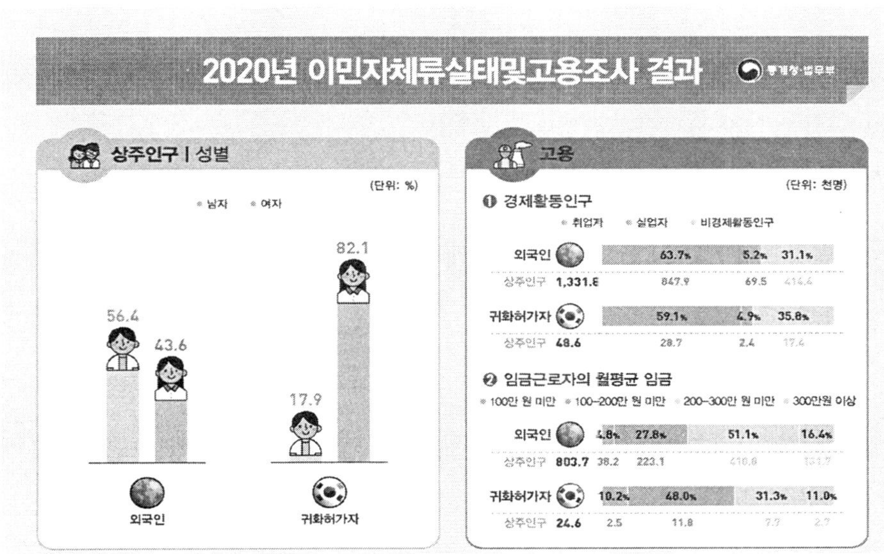

자료 : 통계청 · 법무부, 2020, 이민자 체류실태 및 고용조사 결과.

▌그림 6▐ OECD 국제이주전망 보고서

8. 복지국가와 시민권

1) 욕구와 시민의 권리

욕구(needs) 개념은 복지의 실현에 관계되는 행위나 제도 등을 주제로 하는 연구에 있어서 중심적인 위치를 차지하고 있다. 욕구에 따른 자원공급은 기여에 따른 자원공급과 함께 복지국가의 기초원리가 되고 있다. 그렇지만 유럽 복지국가의 성장과 확대 시기에 욕구 자체가 크게 두드러지는 경우는 드물었다. 욕구 개념이 본격적인 논의의 대상으로 된 것은 황금시대가 끝나고 복지국가 위기에 대한 논의가 시작되면서부터였다. 1950년대 이후 복지국가의 확대기에는 욕구가 어떻게 개념화되어 왔는지에 대한 원리적인 문제보다도 시민의 욕구를 어떻게 파악하여 적절하게 자원을 공급할 것인지에 관련된 실천적인 문제가 중요했다.

복지국가 확대기에 영국의 사회정책 연구는 실업, 저소득, 주택문제, 생활환경 악화 등 산업화와 도시화에 수반되는 각종 사회적 욕구의 미충족 상태에 대응하기 위하여 각종 자원을 조달하여 계획적으로 공급하는 데에 집중되었다(Dean, 2012 : 34). 이러한 문제의식에 따라 주민이나 제도 이용자의 의견을 중요하게 반영하면서도 최종적으로 행정이나 전문가에 의해 욕구를 객관적으로 측정・해석・판정하여 사회화함으로써 합리적이고 공정한 방식으로 욕구를 충족할 수 있다는 인식이 지배적이었다.

〈표 4〉 Bradshaw에 의한 욕구 분류

구 분	욕구 해석의 기반	결정의 방법
규범적 욕구 normative need	전문적 판단	전문가에 의한 결정
느껴지는 욕구 felt need	사람들이 느끼고 있는 것	여론조사, 질적 조사
표현된 욕구 expressed need	사람들이 요구하고 있는 것	투표, 건의, 참가형 평가
비교에 근거한 욕구 comparative need	다른 모든 사람이 갖추고 있는 것	사회실태 조사, 서비스 평가

자료 : Bradshaw(1972); Dean(2010), p. 38.

브래드쇼(Bradshaw)의 사회적 욕구의 분류는 당시 그러한 인식을 반영한 것이었다. 그러나 1970년대 이후 이러한 욕구 분류에 대하여 의문이 제기되었다. 그것은 복지국가의 위기와 연동된 주류적 관점에서 전개되었던 사회정책 연구의 위기라고 할 수 있었다. 1980년대 영국 대처 정권은 욕구에 관한 주류파의 견해를 근본적으로 부정하였다. 타인이 결정하는 '사회적 욕구'와 같은 것은 처음부터 존재하지 않았고 어디까지나 개인의 주관적 선호나 요구로서 이해해야 하며, 그것은 시장의 자유로운 경제활동이나 가정 내 상호부조에 의해 가장 적절한 형태로 충족할 수 있다는 것이었다. 복지국가와 욕구 충족의 형태에 관한 주류파의 전제는 신자유주의를 비롯한 다양한 반대 정치세력으로부터 공격을 당하였다. 이것은 욕구 개념의 정치화라 할 것이다. 이러한 사태를 거쳐 욕구를 이해하는 방식에 대한 조정이 진행되었다.

여기서는 우선 욕구 개념의 일반적 특징을 확인하고 그 개념을 획기적으로 발전시킨 센(Sen)과 도얄(Doyal) 및 고흐(Gough)의 논의를 살펴보자.

욕구는 바람, 욕망, 선호와 거의 유사하게 사용하기도 하지만, 복지국가와 사회정책을 논의하는 문맥에서 수요와 욕구를 동일시하는 것은 전혀 다른 차원이라 할 수 있다.

욕구에 관한 학술적 논의를 위해서는 요구(want), 욕망(desire)이라는 심리적 개념과 함께, 수요(demand) 또는 선호(preference)와 같은 경제학적 개념과 대비하여 구별하는 방법이 일반적이다(武川, 2011 : 21-35). 수요는 공급과 연계하여 논의되는 경제학적 용어라 할 수 있다. 수요는 시장에서 특정한 상품을 구입하고자 하는 경제주체의 요구와 욕망이며 구매력에 의해 뒷받침되고 있다. 즉, 수요란 사람들이 갖고 싶어 하는 상품을 실제로 어느 정도 구입했는지에 따라 나타나는 개념이다. 일반적으로 어떤 상품을 고객이 구입하고자 할 때, 그 이유나 사용 목적이 구매의 요건이 될 것이다. 구입하려는 이유나 목적이 어떠하든 통상적으로 매매의 대가를 지불할 경우에 수요는 성립한다. 생활에 꼭 필요한 것이 수요가 되는 경우도 있는데, 그러한 필수품은 어디까지나 상품이다. 따라서 시장에 있어서는 반드시 욕구가 충족되지 않는 경우도 발생할 수 있다는 것을 암시한다. 즉, 어떤 무엇인가를 필요로 하더라도 구입하기 위한 비용이 부족하거나, 처음부터 그러한 욕구를 충족하기 위한 재화나 서비스가 상품으로서 유통되지 않는다면 시장을 통하여 욕구를 충족하기는 어렵다.

이에 대하여 공적인 사회서비스처럼 시장의 외부에서 구매력이나 상품화와 관계없이 욕구를 충족하려는 경우에는 그 이유가 문제시된다. 일상적으로 단순히 필요하다고 표현되지만 정확하게는 'A에게는 X가 필요하며, 그것은 R때문이다'는 의미일 것이다(Doyal & Gough, 1991 : 39). 왜, 무엇을 위하여 필요한가에 답할 수 없다면, 요구나 욕망으로 언급되고 있을 가능성이 높다. 시장의 외부에 있어서 욕구 충족의 단서로서는 무엇인가 필요로 하고 있다는 것이 자원 보유자인 상대에게 전달되게 된다. 자원 보유자는 A의 욕구를 충족할 수 있는 능력이나 권한의 소유자이지만, A에게 X가 필요하다는 것을 인정할지 여부는 결국 R에 달려 있는 것이다. 만일 R을 정당한 것으로 인정할 수 있다면, 자원 보유자가 A의 욕구를 충족하는 것도 정당하다고 할 수 있게 되고 자원 보유자가 그렇게 하지 않았다고 한다면 그것은 부당한 것으로 된다.

따라서 욕구와 수요의 차이는 그 충족을 하는 데 있어서 이유가 결정적인가에 달려 있다. 그렇다면 그 이유는 어떠한 것인가. 앞서 지적한 'A에게 X가 필요하다'는 표현은, 단순히 'A에게 X가 결여되어 있다'는 사실을 말하는 것이 아니다. 단적으로 말하면 'A에게 X가 필요하다'는 것은 'A가 X를 결여하고 있다는 것은 좋지 않다' 그리고 'A에게 X를 제공해야 한다'는 규범적 표현으로 바꿀 수 있는 것이다. 그리고 그러한 규범적 표현의 정당성을 담보하고 있는 것이 R이며 그것은 어디까지나 규범의 차원에 속하는 것이라 할 수 있다. X를 제공하지 않으면 A가 생명을 유지할 수 없다는 생리학적 사실이 A에게 X를 제공해야 한다는 판단을 정당화할 수 있는 이유가 되는 것처럼 보인다. 그러나 그러한 사실이 정당한 이유로 통용되는 것은 사람이 죽음에 이르는 일은 피해야 하며 어떻게 해서든 살려야 한다는 규범이 자원 보유자에게 공유되고 있기 때문이다. 그 이외에 'X를 제공하지 않는 것은 법률에 위반되는 것이다', 'A는 X에 대한 권리를 가진다'는 법적 사실이 정당한 이유가 되기도 하는데, 그때는 법 그 자체가 예를 들면, '국가는 국민의 삶을 보장해야 한다'는 규범적 이유를 규정하고 있다는 점을 간과해서는 안 된다(圷洋一, 2012 : 174).

정당한 이유를 가진 욕구는 어떠한 형태로 충당해야 하지만, 시장을 통한 충족은 어떤 이유에서든 구매력과 상품 공급의 유무에 따라 충족할 수 있는지가 결정된다. 그리고 시장에서의 구입 가능성과는 관계없이 욕구를 사회화, 공공화하면서 충족하기 위한 통로가 복지국가의 사회정책이라 할 수 있지만, 거기에는 공적으로 또는 사회적으로 충족해야 할 욕구의 형태가 무엇인지 문제가 될 것이다. 그러한 사회적 욕구의 형태는 복지국가의 목표와 분리할 수 없는 관계를 맺고 있다. 즉, 사회정책에 의해 충족되어야 하는 욕구의 이유 R은 복지국가의 목표와 연결된다. 그러므로 복지국가와 사회정책을 둘러싼 논의에서 욕구를 어떻게 사회적인 개념으로 설정하여 시민 개개인에게 제공할 것인지의 문제는 중요한 의미가 있다.

욕구는 구분하는 형태에 따라 충족 방식도 달라진다. 인간이 살아가는 데 필요한 것은 국가나 시대가 달라져도 변하지 않는 것도 있지만, 국가나 시대에 따라 변하는 것도 있다. 변하지 않는 것은 인간의 생명이나 생활의 유지와 관련하여 필연적으로 정해져 있다. 반면 삶의 필연성과 관계되는 의식주와 같은 기본 요소라 해도 종교·문화·풍토 등의 사회환경과 개인의 속성이나 생활양식에 따라 다양한 차이가 나타난다. 사회적 동물인 인간은 신체와 정신의 욕구 모두를 충족해야 한다. 그렇지만 복지국가나 사회정책과의 관계에서 절대적·상대적 구분이 상호 배타적으로 대립하는 개념으로 되기도 한다. 이러한 구분은 처음에는 빈곤의 구분에 적용되는 것이었다. 일반적으로 절대적 욕구가 충족되지 않고 생명의 유지조차 위험한 상태는 절대적 빈곤이다. 상대적 욕구가 충족되지 않고 보통의 삶을 영위하기 어려운 상태는 상대적 빈곤이다. 빈곤 구제의 방식을 둘러싼 논의에서는 절대적 빈곤만을 급여의 대상으로 해야 한다는 의견, 상대적 빈곤에 초점을 맞추어야 한다는 의견이 서로 대립해 왔다. 절대적 기준을 지지하는 관점은 그 수준을 과학적·객관적으로 정할 수 있을 뿐 아니라 급여를 정확하게 조정하여 공적인 비용을 절약하고 복지의존이나 태만을 방지할 수 있는 장점을 강조한다. 이에 대하여 상대적 관점은 급여를 절대적 수준으로만 고정해버리면 인간다운 생활을 보장할 수 없다는 것이다. 절대와 상대의 구분은 이러한 빈곤관에 대한 이데올로기적 대립을 배경으로 어느 한쪽이 옳다고 하는 양자택일적 관점으로 이해하는 경우가 많았다. 그러나 어느 한쪽만이 옳다는 방식의 이해는 욕구에 관한 사고의 범위를 한정하여 확장된 논의를 어렵게 할 수 있다. 그러므로 욕구와 빈곤의 이해를 보다 적절한 것으로 발전시키려는 사람들은 절대적 개념과 상대적 개념의 대립을 극복하는 것이 필수적인 과제였다.

대립적 이해를 극복하기 위한 논의 중 대표적으로 등장하는 이론이 센(Sen)의 잠재능력론(capabilities)이다. 노벨 경제학상 수상자인 센의 잠재능력(capability) 개념은 욕구와 빈곤의 사고에 큰 영향을 끼쳤다. 잠재능력 개념을 이해하기 위해서는 기능이라고도 번역되는 'Functionings' 개념의 의미를 이해해야 한다. 그 의미는 '사람이 이룰 수 있는 것, 또는 될 수 있는 것'을 의미한다(Sen, 1985 : 2). 그리고 '사람이 어떠한 기능(functionings)을 실현할 수 있을 것인지, 그

선택지의 확대를 제시함으로써 실질적인 자유를 실현하려는' 개념이라고 한다. 이러한 개념을 이용하여 욕구와 빈곤을 둘러싼 절대적 및 상대적 구분을 다시 해석할 수 있다. 그것은 욕구와 빈곤은 잠재능력의 차원에서는 절대적이지만, 기능을 실현하는 수단적 차원에서는 상대적이라고 할 수 있다(山森, 2000). 이러한 해석은 과거의 욕구나 빈곤의 해석이 기능을 실현하는 수단, 즉 자원이나 재화 및 서비스에만 집중하는 데에 대한 반성을 요구하는 것이었다. 센은 이러한 실현 수단, 즉 재화 중심의 빈곤 및 욕구의 관점을 극복하기 위하여, 실현 수단은 상대적이라 해도 자신이 가치를 두는 무엇인가를 실현할 수 있을지 어떨지는 절대적 사안이라는 점을 강조한다. 즉, 인간에게 있어 잠재능력이라는 자유가 실현 수단에 의해 좌우되어서는 안 된다는 것으로 이해할 수 있다(圷洋一, 2012 : 177).

하지만 잠재 능력론은 다음과 같은 한계가 지적되기도 한다(Dean, 2010 : 85-89). 그의 이론은 자유주의 사상에 뿌리를 둔 자립주의 모델을 전제로 하고 있으므로 인간의 상호부조적 측면을 소홀히 할 뿐만 아니라 개인의 잠재능력을 규정하고 기능(functionings)의 의미를 부여하는 사회구조의 영향을 충분히 인식할 수 없다는 것이다. 잠재능력론은 빈곤이나 불평등을 초래하는 자본주의에 대하여 효과적인 비판을 제기할 수 없어 스스로 기반을 무너지게 할 수 있다는 것이 그러한 비판의 핵심이다.

한편 도얄(Doyal)과 고흐(Gough)는 일련의 상대주의적 논의를 바탕으로 욕구의 보편적인 이론을 정립하고자 하였다(Doyal & Gough, 1991). 그들은 신체적 건강과 개인적 자율은 인간의 행위·상호행위에 있어서 필수적인 조건이라고 규정하였다. 그러므로 그것들은 인간의 기본적 욕구(basic human needs)를 구성하며 문화적·사회적 차이나 특수성을 초월한 보편성을 가지게 되는 것이다. 예를 들어 기본적 욕구 중 중간적 욕구(intermediate needs)는 기본적 욕구를 충족하기 위한 구체적인 수단을 말한다. 그 충족 방법은 사회·경제·문화의 상황에 따라 다르며 이 중간적 욕구의 충족이 사회정책의 역할이다. 이처럼 그들의 논의는 절대 및 상대의 구분을 부정하는 것은 아니다. 기본적 욕구는 절대적이지만, 중간적 욕구는 상대적이라는 것이며 센과 마찬가지로 양자택일적인 이해를 피하고자 한다.

〈표 5〉 도얄(Doyal)과 고흐(Gough)의 욕구 분류

기본적 욕구	• 신체적 건강(physical health) • 인격적 자율(personal autonomy)
중간적 욕구	• 적절한 영양식과 음료수 • 적절한 주거 • 위험이 없는 노동환경 • 위험이 없는 물리적 환경 • 적절한 의료 • 아동기의 안전 • 중요한 일차적 관계 • 신체적 안전 • 경제적 안전 • 안전한 피임과 육아 • 기초교육

자료 : Doyal & Gough(1991); Dean(2010), p. 26.

딘(Dean)의 연구는 욕구론을 집대성하고 있다. 그의 목적은 독창적인 욕구이론을 구축하는 것이 아니라 욕구와 관련 개념과의 연결을 통한 이론적 틀을 제시하는 데에 있다. 최종적 과제는 욕구에 관한 이해를 인간의 상호의존성(human dependency)에 대한 이해와 인권에 대한 요구로 연결하는 것이다(Dean, 2010). 그는 욕구를 두 가지 조합으로 분류하고 있다. 첫 번째 조합은 '본질적 욕구(inherent needs)'와 '해석적 욕구(interpreted needs)'다. 본질적 욕구는 인간이 처음부터 가지고 있는 고유한 성질에서 나오는 욕구개념이며 인간의 권리에 대한 이론에 의거하여 추상적인 욕구가 하향식으로 설정된다. 이에 비하여 해석적 욕구는 관찰·판정·요구 등을 통하여 사회적으로 구축되는 개념이며 구체적인 욕구가 상향식으로 설정된다. 단, 어떠한 욕구가 본질적이라고 간주될 때 이미 특정한 해석이 스며들어 있다는 의미에서 본질적 욕구와 해석적 욕구를 완전히 분리할 수 없다고 한다(Dean, 2010 : 121). 두 번째 조합은 '약한 욕구(thin needs)'와 '강한 욕구(thick needs)'다. 이는 행복이나 복지의 사고에 관한 두 개의 사상적 전통에 뿌리를 두고 있다. 그 전통은 그리스 철학에서 나오는 쾌락주의(hedonism)와 행복주의(eudaemonism)의 계보이다. 약한 욕구는 쾌락주의, 강한 욕구는 행복주의에 연결된다. 쾌락주의는 쾌락의 증가나 고통의 감소 등 물질적·개인적·일시적인 사태에 착안한 행복이나 복지에 대한 사고이며 행복주의는 인생의 만족이나 사회정의와 같은 비물질적·사회적·장기적 사태에 착안한 행복이나 복지에 대한 사고이다. 이러한 분류는 대립적이고 양자택일적인 방식이 아니라 이분법적 구분을 초월하여 욕구의 폭을 확대하려는 시도라 할 수 있다. 이러한 본질적·해석적 욕구, 약한·강한 욕구의 분류를 조합하여 사람들의 일상적인 욕구 이해와 연결된 네 개의 접근을 제시하였다. 각 접근은 욕구의 관점뿐만 아니라 욕구가 어떻게, 어떠한 권리로 전환될 것인가 하는 점에 대해서도 견해를 달리한다. 이러한 접근을 일반적인 정치사상의 계보와 연결하면 경제주의 접근은 자유주의, 권위주의 접근은 공리주의, 인간주의 접근은 사회민주주의, 온정주의는 보수주의와 관계가 있다(圷洋一, 2012 : 179).

〈표 6〉 욕구와 권리에 대한 접근

구 분	본질적 욕구 교리상(doctrinal) 권리 하향식(top-down) 권리	해석적 욕구 요구에 근거한(clams-based) 권리 상향식(bottum-up) 권리
약한 욕구 자율적인 주체에 의해 행사되는 권리	경제주의(economistic approach) 특수한(particular) 욕구 선택적(selective) 권리	도덕적-권위주의(moral-authoritarian approach) 상황적(circumstantial) 욕구 조건적(conditional) 권리
강한 욕구 취약한 주체에 의해 행사되는 권리	인간주의(humanitarian approach) 보편적(universal) 욕구 시민의(citizenship) 권리	온정주의(patemalistic approach) 공적(common) 욕구 보호적(protective) 권리

자료 : 圷洋一(2012), p. 181의 그림을 참조로 필자가 재작성.

딘은 욕구가 권리로 전환되어 가는 통로를 두 가지로 구분한다. 첫 번째는 본질적 욕구가 교리상의 권리(doctrinal rights)로 전환되는 통로이며, 또 하나는 해석적 욕구가 요구에 근거한 권리(claims-based rights)로 전환되는 통로이다(Dean, 2010 : 141-142). 교리상의 권리는 어떤 욕구가 본질적이라고 간주되고 있는 특정한 주의와 이론에 따라 위에서 아래(top-down)로 전달되는 권리를 의미하며, 요구에 근거하는 권리란 스스로의 욕구에 대한 승인과 충족을 요구하는 사람들에 의해 전개되는 운동이나 투쟁을 통하여 아래에서 위(bottom up)로 주장되는 권리를 의미한다. 이리하여 욕구에 대응한 권리에 관한 두 개 조합의 구분이 성립한다. 그리고 이 본질적・해석적 욕구, 약한・강한 욕구를 축으로 네 개의 접근을 도출하였다.

첫 번째는 경제주의(economist) 접근이다. 개개인을 자율적이고 경쟁적인 경제적 주체로 간주하고 그 주관적 필요와 선택의 자유를 강조하는 점에서 약한 욕구관에 뿌리를 두고 있다. 또한 개인의 경제활동과 그러한 주관적이고 내적인 동인에 의거하고 있는 점에서 욕구를 본질적인 것으로 이해한다. 이 접근에서는 무엇을 필요로 할 것인지는 개인마다 다르다. 그러므로 욕구는 개별적이며 특수한 것이 된다. 그러한 대표적인 예로서 자산조사의 전통, 교육・의료・주택을 비롯한 인적자본 정책이나 기회 평등화 정책 등의 대응을 들 수 있다. 이와 같은 경제주의 접근은 자율적인 주체가 경제시장에 평등하게 참가함으로써 스스로 특수한 욕구를 충족하고 있다고 가정한다. 즉, 경제주의 교리에서는 권리란 시장에 참가하는 평등한 기회로서 이해되는 것이다. 그러므로 이 권리는 시장에 참가하는 개개인이 스스로의 특수한 욕구를 충족하는 경우에 생긴다는 의미에서 선택적이다. 또한 부조에 대한 권리는 생존 수단이나 시장참가 능력을 상실하고 있는 경우에만 생기고, 다른 한편 교육이나 의료에 대한 권리는 시장이 인적자본을 발달시킬 수 없는 경우에만 생긴다는 의미에서 이러한 권리도 선택적인 것으로 간주된다.

두 번째는 도덕적-권위주의(moral-authoritanrian) 접근이다. 이 접근은 개개인이 자기책임으로 살아남아야 하는 자연상태와 같은 사회를 가정하고 있다. 여기서는 여전히 사람들이 물질적 욕구에 관심을 두고 있다는 의미에서 이 접근은 약한 욕구관에 뿌리를 두고 있다. 또한 그러한 욕구의 파악과 평가에 관하여 권위자의 판단을 중요시하는 점에서 해석적인 것으로 이해한다. 이 접근은 욕구는 개인에 내재하지 않고 어디까지나 개개인이 처해 있는 가혹한 경우에 따라 생긴다고 한다. 그러므로 욕구는 상황에 의한 것(circumstantial)이다. 그러한 욕구관에 의거한 대표적인 예로서 공공부조의 원천인 구빈법이나 사회사업의 원류인 자선조직협회의 빈민 처우와 같은 공리주의적 대응을 들수 있다. 권위주의 접근은 자율적인 주체가 위험에 가득 찬 사회에서 욕구 충족 수단을 둘러싸고 서로 거래를 하고 있다고 생각한다. 그러한 거래는 점차 기대를 낳게 하고 그것이 권리와 같은 것으로 간주된다. 그러나 이 권리는 양자 사이에 교환을 실행하기 위한 조건에 지나지 않는다. 이러한 의미에서 상황적 필요를 충족하는 권리는 조건적인 것으로 간주된다.

세 번째는 인간주의 접근이다. 인간주의 접근은 사회적 행위 주체인 인간에게는 의미 있는 사회참가가 필요하다고 간주하는 점에서 강한 욕구관에 뿌리를 두고 있다. 또한 그러한 욕구는 관계적인 존재로 간주되는 인간의 본래적 특질로 여겨지는 점에서 욕구는 본질적인 것으로 이해한다. 이 접근에서 사회적 행위 주체가 되기 위한 조건으로서의 욕구는 모든 인간에게 필수적인 것으로 간주된다. 그러므로 욕구는 보편적인 것(universal)으로 개념화된다. 이러한 예로서 사회적 시민권에 의거하여 급여나 서비스를 보편적으로 제공하는 대책을 들 수 있다.

네 번째는 온정주의(paternalistic) 접근이다. 인간은 물질적·존재론적 안전과 보호를 필요로 하는 취약한 존재라고 가부장적 보호주의 시선으로 생각하는 점에서 강한 욕구관에 근거를 두고 있다. 또한 그러한 욕구는 사회적인 문맥·전통·질서에 의거한 충족과정에서 만들어지는 것이라 간주되는 점에서 욕구는 해석적인 것으로 이해한다. 이 접근은 사회성원은 취약성을 공유한다고 본다. 그러므로 욕구는 공공적인 것(common)으로 개념화된다. 이러한 욕구관의 대표적인 예는 사회질서의 유지에 관계되는 노블레스 오블리주의 전통,

가족의 책임을 강조하는 가톨릭의 보충성(subsidiarity), 사회보험에 의한 사회적 리스크의 공유를 들 수 있다.

이처럼 온정주의 접근에서는 계층적으로 질서를 이룬 사회에 속하는 사람들이 공적 욕구를 서로 충족하고 있다고 생각할 수 있다. 그리고 욕구를 충족하는 데 있어서의 권리는 사회의 전체 성원이 공유하는 공통의 특징으로서의 취약성에 근거하여 생기는 것이다. 그러한 권리의 부여는 사람들의 연결을 강화할 뿐만 아니라 사회질서의 방어나 공동의 리스크로부터의 보호에도 도움이 되는 것으로 간주한다.

결국 욕구는 인간의 권리를 지향하는 것이다. 딘은 위의 네 접근이 혼재하는 현실의 복지국가와 거기에서 전개되어 온 낡은 복지정치를 극복하기 위하여 대안을 전망한다. 그 논의를 정리하면 다음과 같다(圷洋一, 2012 : 183). 과거의 복지국가에 있어서 낡은 복지정치는 인간의 욕구가 아니라 국민이나 시민의 욕구를 주제로 하면서 그것들을 인간 자체의 권리가 아니라 주로 조건적인 권리로 전환했다. 현실 복지국가는 자본주의와 사회권의 타협의 산물이었지만, 그러한 타협이 신자유주의의 등장과 함께 붕괴되고 욕구 개념은 정치적 성격을 띠게 되었다(Dean, 2010 : 245-247). 딘은 새로운 복지정치는 인간의 욕구를 둘러싼 정치라 할 수 있다. 따라서 복지정치는 곧 욕구를 실현하려는 정치라 할 수 있다. 그것은 모든 기존의 경계나 범주를 없앤 인간 그 자체의 욕구에 눈을 돌려 사회권으로 전환하려는 시도다. 욕구의 정치를 위해서는 인간의 욕구가 사회권으로 실제로 전환되어 갈 때의 조건이 중요하다(Dean, 2010 : 167). 딘은 그러한 조건으로서 사람들이 '비판적 자율'의 능력을 습득하는 것과 '행복을 중요시하는 사회윤리'가 우세하게 될 것이라 예상하였다. 비판적 자율이란 욕구의 승인・판정・충족이 이루어지는 정책과 사회활동에 참가하면서 인간성을 억압하거나 무력하게 만드는 현실을 폭로하고 바로잡기 위해 도전할 수 있는 집단적 지성을 말한다. 그것은 결코 고립된 개인의 능력이 아니라 공동체 속에서 길러지는 인식이나 의식과 같은 것이라 이해해도 좋을 것이다(Dean,

2010 : 168). 또한 행복을 중요시하는 사회윤리, 즉 행복주의 사회윤리란 일반적인 욕구 충족이나 살아남기 위해 위험을 회피하는 데에 머물지 않고 사람들의 인격적 완성과 서로 돌보는 관계에 가치를 두는 것이며 권리를 관계로 이해할 것을 요구하는 좀 더 광범위한 윤리를 말한다(Dean, 2010 : 172). 그가 말하는 인간의 욕구를 둘러싼 복지정치는 재분배주의 담론이나 자율주의와도 일맥상통하며 진정한 포용 정책을 향한 변혁적 재분배 전략을 우리에게 요청하는 것이다. 결국 복지국가의 시민에 대한 정책을 고려할 때, 경제적·물질적 욕구뿐만 아니라 사회적·관계적 욕구까지 포함하여 자율적으로 서로 돌보는 관계를 어떻게 형성하도록 전개해야 할지 과제를 안겨주고 있다.

2) 시민의 의미

복지국가의 인간은 평등한 시민으로서 다양한 권리와 의무를 부여받고 있다. 그러나 우리는 평소 시민이라는 점을 철저하게 의식하면서 살고 있지 않다. 시민의 공적인 공간을 시민사회라고 하지만 그것을 인식하고 사는 경우도 많지 않을 것이다. 일반적으로 비영리조직이나 자원봉사활동에 적극적으로 참가하고 있는 사람들을 제외하면 시민으로서 자신의 정체성을 강하게 인식하고 있는 경우를 일상에서 거의 찾아보기 어려울 것이다. 오히려 국민이나 주민으로서의 속성이 시민보다도 친숙할 것이다. 이처럼 시민이라는 정체성을 이해하는 것은 쉽지 않다.

시민은 시민권이라 대표되기도 하며, 이 외에도 공민권, 국적, 시민의 자격으로도 쓸 수 있을 것이다. 정치 영역에서는 시민권으로서 국민의 권리 및 의무, 국적 부여의 형태가, 문화 영역에서는 소수자의 차이나 정체성 승인의 문제가 관련될 것이다. 복지 영역에서는 각종 급여 및 사회서비스를 받을 권리가, 교육의 영역에서는 육성해야 할 시민의 자질이나 능력이 문제가 된다. 이처럼 시민권 정의는 단일한 정의를 내리기 어렵지만, 간단하게 정리하면 특정 공동체의 성원이 갖추고 있어야 할 요소로 폭넓게 이해할 수 있다.

시민은 공동체의 성원으로 정의할 수 있지만, 이는 시민이 국민으로 한정되지 않는다는 것을 의미한다. 지금까지 시민은 여전히 국민국가라는 정치적・문화적인 공동체의 자격으로 간주되었다. 그러나 오늘날 지역적 범위부터 세계적 규모에 이르기까지 다양한 차원의 공동체와 그 멤버십이나 귀속의 형태가 논의되고 있다. 이러한 동향과 관련하여 합의되어야 할 시민의 자격이란 사실적인 것과 규범적인 것을 모두 포함하는 개념이라는 점을 알 수 있다. 일반적으로 어떠해야 한다고 서술할 때, 사실을 근거로 설명할 수도 있지만 규범에 근거하여 판단할 수도 있다. 시민권은 형식적이든 실질적이든 시민이 사실로서 갖추어야 할 법적 권리나 지위 등을 의미하는 경우와 정치적 논의나 사회공헌 활동에의 적극적인 참가 등 시민이 갖추어야 할 행동규범이나 자질과 관련된 것도 있다. 아울러 시민권의 정의에는 시민권의 내용으로서 규정되어 온 다양한 사안이 시민권의 구성요소라는 추상적 단어로 포함되어 있다. 즉, 권리와 의무, 책임, 참가, 성원의 자격, 귀속감, 정체성 등이 포함되지만 어떤 요소가 중요할지는 맥락에 따라 다르다.

우리나라에서 시민권은 국적과 거의 동일한 의미로 이해되고 있다고 생각한다. 그러한 사용방식은 결코 잘못된 것은 아니다. 하지만 시민권에 대한 폭넓은 이해를 방해하는 방식이기도 하다. 시민권을 권리와 국적 측면만 강조하면 시민권의 조건이 한정되어 배제를 낳을 우려가 있다. 시민권은 시민의 권리 이상으로 의무의 요소를 강조하는 사상적 입장도 있다. 그러한 입장은 '시민적 공화주의(civic republicanism)'라 할 수 있다. 이는 기원전부터 존재하는 유서 깊은 정치사상으로 상호 통치자와 피치자를 나누어 갖거나 적극적으로 의무를 서로 완수하는 과정에서 사람은 공적인 덕성으로 가득한 선량한 시민이 될 것으로 생각하는 것이다. 즉, 이러한 사상적 전통에서는 시민으로 되는 것이 목표이며 그러한 시민이 실질적으로 갖추어야 할 의무・공헌・미덕과 같은 요소가 시민권으로 되는 것이다(坪洋一, 2012 : 187-188).

한편 자유주의(liberalism)는 이와 반대로 일정한 영토 속에 거주하는 개인은 시민으로 간주하며 법적 지위로서의 시민권의 형태에 대하여 의무도 포함하는 지위(status)를 평등하게 보장하는 권리로 간주한다. 의무를 완전히 무시하지 아니하므로 이러한 관점에서는 시민에 대하여 형식적으로 갖추어야 할 법적 지위, 즉 권리와 의무 등의 요소가 시민권을 뜻하는 것이다. 현대 시민권 이론의 주축이 된 마샬(Marshall) 이론도 자유의 발달과 맥락을 같이하므로 권리적 요소를 강하게 띠고 있다고 할 수 있다.

만일 시민권과 국적을 동일한 의미로 생각하면 시민의 조건이나 범위는 '국민이라는 것'으로 제한되기 쉽다. 국민국가로서의 성질을 가진 정치적·문화적 공동체 속에는 국민 이외의 다양한 사람들이 생활하고 있다. 고향을 떠나서 외국에서 오랫동안 생활하고 있는 소위 재외국민, 전쟁이나 박해 등을 피해 외국에서 체류하는 사람도 있다. 사회권이나 참정권을 일부 인정하고 있는 국가도 있지만 그러한 대응은 국가마다 차이가 있다.

정치적·경제적인 난민이나 이민, 합법 또는 비합법적인 외국인 노동자와 가족은 국민국가 속에서 비정상적인 배제 상태가 되어 국민에게는 당연한 복지를 누리기 어려운 경우가 적지 않다. 외국인이나 무국적자의 권리나 지위를 어떻게 생각해야 할 것인지 쟁점으로 떠오르고 있는데, 그때 문제가 되는 것이 시민권의 형태라 할 수 있다. 따라서 시민권은 성원의 자격이나 지위의 형태를 재검토하는 기점이 되는 것이다. 국적의 유무와 관계없이 인정되는 시민권은 실질적 시민권이라 할 수 있는데, 법적으로 규정된 시민권인 형식적 시민권과 구별된다(武川, 2011 : 232). 또한 국민국가가 아닌 정치적 공동체, 예를 들어 EU와 같은 연합체나 지역 단위의 커뮤니티가 주목받게 된 것도 시민권의 재검토를 촉구하는 요인이 되고 있다. 이러한 점을 고려하면 우선 시민권과 국적을 동일시하지 않는 것이 이해의 폭을 넓히는 첫걸음이 될 것이다.

3) 시민권론의 의의와 비판

공화주의와 자유주의는 시민권 논의의 원점이라 할 수 있다(岡野, 2009 :

28-36). 공화주의의 시민권은 고대 그리스의 도시국가와 공화제 로마를 기원으로 하는 전통적 사고다. 특징은 공동체 성원의 특권과 결합한 의무와 책임-군사, 납세, 정치참가 등-의 수행을 중요하게 여긴다. 그러한 실천을 통하여 사람들은 자유롭고 덕을 갖춘 시민이 된다. 시민으로서 공동체를 위하여 무엇을 할 것인가에 대해 중점을 두고 있으므로 공화주의의 시민권은 능동적이고 적극적 성질을 가진다. 단, 고대 로마에서 이러한 시민권의 형태가 중요하게 여겨졌던 것은 공화제 시대까지이며 제국의 시대에 들어서면 덕을 갖춘 시민을 육성하기 위한 목적은 줄어들고 시민권은 통합이나 평화유지를 위해 피정복자에게 주어지는 법적 지위로 변해간다. 이에 대하여 자유주의적 시민권은 17세기 후반에 등장한 근대적 사고다. 기본전제는 인간은 터어나면서부터 자유롭고 평등하다는 자연권 사상에 근거한다. 홉스나 로크에서 유래하는 근대 사회계약론은 국가나 사회가 존재하지 않고 폭력이 만연한 야만의 상태에서 자유롭고 평등한 개인들의 투쟁은 피할 수 없는 것으로 보고 있다. 그리고 투쟁을 조정하여 자연권을 보호하기 위한 필요악으로서 국가는 계약에 의해 설립된다고 가정한다. 개인으로부터 자연권을 계약으로 위임받은 국가는 시민의 권리를 법에 의해 존중하도록 요청받는다. 그러한 권리와 그에 의해 법적·형식적으로 보장된 지위야말로 시민권이라고 해석한다. 따라서 시민권은 국가에 의해 존중되는 개인의 법적인 지위라 할 수 있는데, 상대적으로 수동적이고 소극적인 해석이라 할 수 있다. 이처럼 자유주의는 형식적인 지위나 규칙을 존중하면서 개인의 해석과 선호, 다양한 가치관, 자기 이익의 추구를 존중하므로 특정 국민의 삶의 방식이나 생의 목표가 우월한 것이 아니다. 그렇지만 공화주의와 자유주의 양자의 입장이 있다는 것을 이해하는 것이 중요하며, 어느 쪽이 옳은가를 판단하는 것은 중요하지 않다.

마샬(Marshall)이 1940년대 후반에 정리한 강연 논문집 「시민권과 사회계급(Citizenship and Social Class)」은 오늘날 시민권론 이론의 고전이라 할 수 있다. 마샬은 시민권의 역사적 발달 모델을 제시하는 가운데 시민권을 정의하고 있다. 즉, 시민권이란 어느 공동체의 완전한 성원에게 주어지는 지위다. 이 지위에 오르는 사람은 모두가 지위에 의해 부여되는 권리와 의무에 있어서 평등하다. 그러한 권리와 의무가 어떠한 것이 되어야 할지를 결정하는 보편적 원리는 존재하지 않는다. 하지만 시민권이 제도화하여 발전하는 사회는 시민권의 이상적인 모습을 창조한다. 그리고 이러한 이상적인 모습에 비추어 달성 수준을 측정하거나 거기에 맞게 기대를 갖추도록 하는 것이 가능해진다. 이러한 경로를 향하여 전진하려는 충동이야말로 더욱 완전한 평등을 성취하고 지위를 튼튼하게 만드는 성분을 풍부하게 하며, 그러한 지위에 있는 사람들이 증가하도록 조성하는 것이다(Pierson & Casteles ed. 2006 : 34).

일반적으로 시민권은 시민적·정치적·사회적이라 부르는 세 가지 요소로 이루어진다. 시민적 요소는 개인의 자유를 위하여 필요한 권리로 이루어지며 신체의 자유, 언론·사상·신조의 자유, 재산을 소유하고 정통한 계약을 맺을 권리, 재판을 제기할 권리를 포함한다. 정치적 요소는 정치적 권위를 인정할 수 있는 단체의 성원으로서 또는 그러한 단체의 성원을 선거할 자로서 정치 권력의 행사에 참가할 권리를 의미한다. 사회적 요소는 경제적 복지와 안전의 최소한을 청구할 권리로 시작하여 사회적 재산을 완전히 서로 나눌 권리와 사회의 표준적 수준에 비추어 문명 시민으로서 생활을 보낼 권리에 이르기까지의 광범위한 여러 권리를 의미한다. 각 요소는 서로 다른 경로를 거쳐 제도적으로 뒷받침되는 권리로서 형성되었다. 18세기는 시민적 권리, 19세기는 정치적 권리가 등장하며 그러한 기초 위에 사회적 권리가 발달하였다. 모든 시민은 자신의 계급적 입장과는 관계없이 다른 시민과 함께 지위의 평등을 공유한다. 시민권은 노동·납세·보험료 기여 등 의무도 포함한다. 이처럼 복지국가의 발전을 시민권의 역사적 발달과 연결하여 묘사한 마샬의 논의는 사회적 시민권의 이념에 의해 복지국가를 기초하는 이론으로서 널리 수용되었다(金田, 2000 : 135; 圷洋一, 2012 : 193). 시민권의 확대가 가져온 가장 중요한 귀결은 사회적 평등이 향상되었다는 것이다. 즉, 빈민, 장애인, 환자, 실업자 등이 생활상의 리스크에서 해방되어 시민으로서 생활을 누릴 기회가 확대되어 더욱 평등해졌다는 것이다.

그러나 사회적 권리의 확대는 본질적으로 자본주의와 대항적 관계에 있다는 데에 주목해야 한다는 지적도 있다(金田, 2000 : 136). 복지국가는 이러한 대항적 관계가 갈등으로 점화되지 않도록 완화하는 장치였다. 그러나 사회적 권리와 자본주의와의 관계는 그 후 복지국가의 위기를 계기로 다시 표면화되었다. 드와이어(Dwyer)는 시민권이 지나치게 낙관적이며 시대착오적이라는 비판이 제기되고 있으며, 또한 젠더・장애・인종 등에 대해서도 배타적이므로 시민권이 연속적으로 발달한다는 이론은 실패하였다는 비판을 지적하고 있다(Dwyer, 2010 : 46).

마르크스주의 입장에서 복지국가에 의한 사회적 시민권의 보장은 표면적인 빈곤 구제를 내세워 결과적으로 계급적 착취를 지원함으로써 자본주의 생명의 연장을 돕는 것이었다. 또한 불평등이나 억압의 구조적 원인을 가려버리고 노동자 계급에 의한 변혁의 싹을 제거해버리는 것이었다(Dwyer, 2010 : 56-58). 시민적 권리와 정치적 권리만이 본질적이며 개인이나 가족의 책임을 면제해버리는 사회적 권리는 무용하다고 생각하는 신자유주의 입장에서는 복지국가에 의한 사회적 시민권의 보장은 반사회적이며 나태한 사람들에 의한 복지의존을 초래하는 한편, 보장을 위한 비용징수가 개인의 노력을 공정하게 보상하는 시장의 원리를 무너뜨린다고 비판한다(Dwyer, 2010 : 62-68).

이상과 같이 좌파와 우파는 별도의 입장에서 사회적 시민권에 대하여 근원적인 물음을 던지고 있었다. 그것은 사회적 시민권이 유상노동에 종사하는 성인 남성이 주요 소득자가 되는 이성애에 기반을 둔 제도적 혼인을 표준으로 하는 근대가족 모델을 전제로 하는 것에 대한 비판이기도 하다. 이러한 비판은 페미니즘이나 반인종차별주의와 같이 젠더・장애・인종과 같은 문화적 차이나 다양성의 존중과 승인을 요구하는 관점에 서 있다. 이처럼 복지국가와 시민권은 그것이 전제로 하는 근대주의적 전제를 포함하여 각종 이데올로기에 의한 근원적 비판에 직면하였다. 아울러 근대주의적 시민권 개념의 어떤 요소를 버리고 무엇을 남길 것인지, 어떻게 전환할 것인지에 대한 과제를 안고 있다. 이는 세계화와 탈산업화에 수반하는 노동과 생활 방식의 변화나 최근 코로나 팬데믹과 같은 사회적 리스크 구조의 전환이라는 현실적 과제가 시민권의 재검토에 영향을 끼치기 때문일 것이다. 따라서 사회적 배제를 극복하기 위한 포용의 복지정책과 현대적 시민권은 사실상 비슷한 과제를 배경으로 하고 있다고 할 수 있다. 임금노동을 특권화하고 개인 중심의 권리 개념에 치중하여 이해와 관심을 획일적으로 이끄는 표준적인 방식만 내세우는 균질적 사회만 고집하는 이상, 사회적 시민권은 고정되고 배제적인 시민권으로 남을 위험성이 있다.

〈표 7〉 시민권론의 과제

시민권의 문제점	대응
임금 노동의 특권성 - 각 권리에 대응하는 의무나 공헌으로서 임금노동을 통한 공헌이 특권화되어 시민권의 보편성이 위협당한다. - 노동시장에서 배제되기 쉬운 여성, 장기실업자, 장애인 등	시민소득의 도입 - 시민소득(BI)이나 참가소득을 도입하여, 무조건적으로 또한 임금노동 이외의 다양한 공헌을 조건으로 사회적 시민권의 보편적인 보장을 추진한다.
개인 중심의 권리 자유주의적 발상에 기초하고 있으므로 개인을 보유자로 하는 권리만 강조한다.	집단적 권리의 보장 다수파가 지배하는 문화에서는 소수파 사람들이 집단으로서 억압이나 차별에 노출되므로 집단에 따른 권리를 보장한다.
동일화된 보편주의 개별적으로 특수한 이해 관심을 극복할 수 없는 한, 보편적 이해 관심은 성립하지 않는다고 상정하고 있다.	차이에 따른 보편주의 개별적으로 특수한 이해 관심이나 필요를, 보편적인 시민권의 공유와 보장을 기반으로 하여 승인한다.

자료 : Dwyer(2010), pp. 207-212를 기초로 坏洋一(2012), p. 197의 작성 자료를 인용함.

이런 가운데 기본소득 구상은 광범위한 사람들의 관심을 끌고 있다. 복지국가가 직면하고 있는 다수의 과제를 고려하면서 보다 포용적이고 보편적인 시민권을 실현할 대안으로 기대를 모으고 있다.

4) 시민권과 기본소득

기존 사회보장 제도의 급여방식과 비교할 때 기본소득(Basic Income)은 무조건성과 개인단위로 지급한다는 것이 큰 특징이다. 무조건성은 급여에 일정한 조건을 부과하고 있는 기존의 소득이전 시스템과 차별적이다. 개인단위라는 점은 기본소득이 생활 방식이나 가족의 형태에 대하여 중립적이라는 것을 의미한다. 그렇지만 무조건이라고 해도 중요한 예외가 있을 수 있다는 데에 주목해야 한다. 무조건성에 관한 가장 중요한 예외는 기본소득을 제공하는 전제로서 시민권의 유무를 조건으로 한다는 것이다. 즉, 기븐소득의 무조건성은 기존 제도에서 볼 수 있는 조건을 요구하지 않을 뿐이며 실제로는 시민이어야 하는 조건이 있는 것이다.

시민권과 기본소득의 관계에 대하여 피츠패트릭(Fitzpatrick)은 '기본소득은 시민권의 원리를 사회보장 시스템에 도입하는 최초의 것'이 될 것이며, '시민권에 대한 어떠한 논의도 기본소득을 무시할 수 없다'고 주장한다(Fitzpatrick, 1999 : 46). 그는 기본소득을 '조건을 부과하지 않고 모든 남성, 여성, 아동이 시민의 기본적 권리로서 고용, 혼인, 세대에 의한 지위에 전혀 관계없이 지불되는 소득'이라고 정의한다. 이처럼 기본소득은 시민권에 근거하는 권리이며 시민권을 기존 복지국가와 사회정책보다도 더 완전한 형태로 실현하려는 수단이라는 성격을 알 수 있다. 그렇지만 기본소득은 시민권 그 자체가 안고 있는 원리적 한계를 더욱 선명하게 떠오르게 한다. 그것은 시민권이 어디까지나 시민이라는 범주에 부합하는 개인들만이 가지는 요소라는 것이다. 따라서 기본소득은 비시민은 배제하는 결과를 낳는다. 시민으로 간주되지 않는 사람은 시민권을 갖지 못하므로 기본소득도 지급되지 않게 된다(坏洋一, 2012 : 197). 그렇지만 모든 기존의 경계나 범주를 제거한 인간 그 자체의 욕구에 눈을 돌려, 그것을 인간 그 자체의 권리로서의 사회적 시민권으로 전환해 간다면 기본소득에 시민이라는 전제가 부여되어도 그 즉시 무조건성을 위배하는 것이라 단정할 수는 없을 것이다.

기본소득 구상과 관련된 논의는 기존의 소득이전 시스템과의 차이, 제도의 설계, 찬성과 반대의 논쟁이 주축을 이룬다. 보험료 기여를 조건으로 하는 사회보험이나 자산조사를 조건으로 하는 사회부조와 다르게 조건 없이 개인단위로 지급하는 것은 소득이전 시스템의 차이다. 급여 수준과 재원이 추산되고 전달하는 방법에 집중하는 것은 제도의 설계에 해당한다. 기본소득의 중립성과 단순성에 대하여 노동 동기의 저하와 재정의 파탄 등으로 도입에 반대한다면 그것은 찬반 논쟁과 관련된 것이다. 게으른 자와 무책임한 무임승차자에 의해 우리들의 귀중한 자원이 조건 없이 제공되면 낭비되어 버릴 것인가. 그러한 비난을 피하기 위해 참가소득이라는 아이디어도 제기되었다. 이처럼 기본소득의 찬반에 대한 논의는 이데올로기의 차이를 반영하고 있어 인간 본성이나 국가의 성격 등에 대한 논의와도 연결될 수 있다.

다음으로 소득보장으로서의 기본소득에 대한 논의다. 세계화에 수반되는 고용의 유연화와 실업의 장기화에 대응하기 위하여 노동과 복지의 연결을 강화하고 사람들의 고용 능력을 높이려는 사회정책은 워크페어(workfare)다. 하지만 기본소득은 인생 경로의 여러 국면에서 배제를 당한 사람들의 생활을 보장하기 위하여 노동과 복지를 단절하여 인간의 잠재능력 실현을 촉진하려는 소득보장 정책이라 할 수 있다. 기본소득은 이러한 탈생산주의 사회정책 구상으로서 소득을 보장하고자 하는 사회정책이다. 물론 경제 활성화를 위하여 소비측면을 강화하고자 하는 경제정책으로서의 도입하는 지방자치단체도 있지만, 그 본질은 현금소득을 보장하는 제도라 할 수 있다. 따라서 기본소득의 도입과 보건의료, 주택, 교육 등의 사회서비스 대책의 폐지 여부는 별개의 문제라 할 수 있다.

기본소득의 평가나 내용은 이데올로기에 달라질 수 있다. 즉, 기본소득을 구상하고 그 형태를 논의하는 데 있어서 시민과 국가의 관계나 각각의 역할, 경제 체제의 형태와 같은 사회구상을 둘러싼 논의도 필수적으로 연결되는데 이 역시 이데올로기에 따라 달라질 것이다. 일련의 기본소득 구상은 시민으로서 충족해야 할 욕구란 무엇인가, 왜 그것이 충족되지 못하고 있는가, 시민이라는 것, 시민이 되는 것은 어떤 의미인가, 무엇이 그것을 저지하고 있는가와 같은 사안을 비판적으로 사고하기 위한 지적 자원이라 할 수 있다. 기본소득이 실현될 경우, 그 무조건적 급여가 다양한 삶의 방식을 지원하면서, 그러한 시민으로서 올바른 역할을 다하는 데 필요한 물질적 자원이 될 것이라 기대해 볼 가치는 충분하다고 생각한다.

〈표 8〉 이데올로기로 보는 시민권의 정의와 기본소득

	시민권의 정의	기본소득의 유형
급진우파	시장을 기초로 하는 시민사회 속에서 동등한 시민적·정치적 권리와 사회적·도덕적 의무를 가지는 개인이 선호를 충족할 때의 형식적 평등	부의 소득세
복지집합주의	물적 조건의 평등화를 통하여 초래된다. 기초적 욕구의 충족. 사회권은 호혜적인 사회적 의무에 따라 시장경제 내부에 있어서 재화의 부적절한 배분으로부터 우리를 보호해 준다.	참여소득
사회주의	생산수단의 평등한 소유와 통제, 정치공동체에 의한 경제 시스템의 민주적 통제에 의해 가능해진다. 사회의 완전한 참가자격	사회배당
페미니즘	평등과 차이의 통합, 돌봄 윤리의 촉진. 공사의 분할의 재조정 등에 의해 젠더·형평을 실현하는 것	추구되는 복지 모델마다 다르다. 예를 들어, 돌봄 제공자 등가모델에서는 기본소득과 참여소득을 지지
생태주의	현재의 종에 있어서 지각된 지위와 미래의 종에 있어서 지각된 지위 사이의 평등화	녹색 정책 패키지의 공통분모로서 부분 기본소득과 완전 기본소득

자료 : Fitzpatrick(1999)을 참고로 坪洋一(2012), p. 201의 작성을 재인용함.

9. 복지국가와 사회적 배제

1) 사회적 배제와 포용

사회적 배제는 사회의 주류로부터 밀려나는 상태를 말하며 장기실업자나 홈리스 등 배제된 사람의 존재는 평등이나 시민권의 평등한 보장을 이념으로 하는 복지국가의 균열을 상징하는 사태로 주목을 받아 왔다. 사회적 배제는 그에 대응으로서의 사회적 포용과 패키지로 논의되는 경우가 많다. 사회 속에서 누군가 본인의 의지와 관계없이 배제되어 있다면 어떤 방식으로든 포용해야 한다는 생각은 당연하다. 그렇지만 배제와 포용을 함께 논의하다 보면 '누군가를 배제하는 사회'와 '그 배제된 누군가를 포용하는 사회'의 차이를 명확히 구분하여 대응하기가 애매해지기 쉽다. 배제하는 사회에서 배제된 사람들을 포용하는 것과 배제를 초래하는 사회를 배제하지 않는 사회로 바꾸는 것은 다른 문제다. 배제된 자를 포용하는 것은 적응과 동화를 떠올리게 되고 굳이 사회적 포용이라고까지 하지 않아도 될 것이다. 배제의 근원과 포용의 장이 바뀌지 않는다면 근본적인 사회적 포용까지 가지 않기 때문이다. 반면 배제하는 사회 자체를 배제하지 않는 포용적 사회로 바꾸는 것은 사회정의에 적합한 사회적 포용이라 할 수 있다.

사회적 배제의 개념은 1990년대 이후 유럽의 탈산업화와 세계화에 수반하는 장기실업자나 청년 실업자의 증가에 대한 대응과 관련된 정책 논의 속에서 널리 사용되었다. 우리나라에서도 사회적 배제와 포용은 학술 용어로도 사용되고 정책적으로도 활용되고 있다. 사회적 배제라는 관점은 아동 및 여성의 빈곤,

노인의 빈곤 등 범주별 빈곤과 불평등 문제를 횡단적으로 분석하고 사람들의 사회적 고립화를 초래하는 사회관계의 단절이나 붕괴를 규명하는 데 있어 유익한 관점이 될 수 있다. 시장과 가족, 정치, 사회서비스와 같은 주요한 사회관계로부터 특정 사람들은 사각지대에 놓여 있다면 현대 사회문제를 규명하는 것, 그리고 그것을 저지하여 사회적 포용을 실현하기 위해서도 사회적 배제가 적절한 개념이 될 수 있다.

WHO가 조직한 「사회적 배제 지식 네트워크 : SEKN」의 연구 보고서에 의하면 사회적 배제를 다음과 같이 정의하고 있다(Popay et al, 2008 : 36). '배제는 불평등한 권력관계가 불러일으키는 동태적이고 다차원적 과정으로 구성된다. 이들 과정은 문화・경제・정치・사회의 네 가지 차원에서 개인・집단・세대・공동체・국가・국제적 영역과 같은 다양한 차원에 영향을 미치면서 각 차원과 수준을 횡단하면서 작용하고 있다. 배제의 과정은 포용/ 배제의 연속체를 형성하는 것으로 건강 불평등의 원인이기도 하다. 이 연속체는 불공정한 자원분배 및 불평등한 능력과 권리가 특징이다. 이러한 능력과 권리는 다음 사안에 있어서 결코 제외할 수 없다. 첫 번째는 모든 주민이 기본적인 필요를 충족함과 아울러 거기에 머물지 않기 위한 필수적인 조건을 창출하는 것, 두 번째는 사회시스템을 참가하기 쉽게 통합해 가는 것, 세 번째는 다양성을 존중하는 것, 네 번째는 평화와 인권을 보장하는 것, 다섯 번째는 환경 시스템을 계속 유지하는 것이다'. 이러한 정의는 건강 불평등과의 관계뿐만 아니라 복지국가의 사회적 리스크 문제를 복합적으로 조합한 포괄적인 정의라 할 수 있다.

사회적 배제는 참가할 수 없음을 직접적으로 표현하는 것이며 배제가 복합적으로 불이익을 당하는 경험을 통해 형성된다는 점을 강조한다. 그러한 과정이 결과로서가 아니라 과정으로서 발생하는 점을 이해할 수 있게 한다. 예를 들어, 빈곤은 생필품 등 물질적인 자원의 부족으로 인식되고 있지만, 사회적 배제는 비물질적인 관계의 부족에도 주목한다. 사회 속으로 참가한다는 것은 특정 집단이나 관계에 속하고 있다는 것뿐만 아니라 그 속에서 의사를 표현하거나 결정을 내릴 수 있도록 힘을 발휘하는 것도 포함한다. 관계의 부족이나 결핍은 그러한 힘을 상실하고 있다는 것과 마찬가지다. 따라서 대응 방향에 있어서 물질적 부족뿐만 아니라 참가할 힘의 부족으로까지 시야를 넓힐 수 있다. 또한 사회적 배제는 개인의 삶의 행로의 궤적 속에서 파악되어야 한다. 사회적 배제로 귀결되는 복합적인 불리함은 청년 실업자, 한부모 가정, 알코올 의존자, 노숙인 등 사회적 약자가 개별적으로 당하고 있는 고통의 경험이 누적되어 나타난 것으로 이해할 수 있다. 사람들이 당하는 불리함은 학력이나 기능의 부족, 학교・직장・가정・지역에서의 여러 관계의 왜곡, 자존심이나 의욕 상실과 같은 복잡한 사태와 관련된다. 이러한 불리함은 사회경제적 계급으로서 당하는 착취와 차별과 같은 집합적 사태라기보다 오히려 개별적 사태라고 할 수 있다. 아울러 하나의 과정으로서 배제를 이해하는 것은 다차원적이고 복합적인 불이익을 각 개인의 삶의 경로 속에서 파악해야 하는 것과 연결된다. 이는 사회적 배제가 원인과 결과가 서로 복합적으로 얽혀있는 연쇄적인 현상이라는 것을 의미한다.

사회적 배제는 참가할 수 없다는 점이 분석과 논의의 중심이어야 하며, 이와 관련하여 참가의 기회를 위한 자원이나 관계의 형태를 주목해야 한다. 일반적인 생활은 다양한 사회관계나 집단으로의 참가와 비참가를 반복하면서 이루어진다. 현대 사회의 생활은 참가와 비참가, 소속과 무소속, 포용과 배제의 연속체로서 성립한다고 볼 수 있다. 그러므로 초점은 일련의 참가와 비참가의 궤적 속에서 사람들을 멀어지게 하는 과정과 요인을 파악하는 것이다. 이처럼 사회적 배제는 지금까지 빈곤 연구에서 집중해 왔던 불이익과 부정의뿐만 아니라 참가와 귀속을 저해하고 있는 문화적인 불리함과 부정의를 강조하고 있는 데에 의의가 있다. 사회적 배제는 우리들의 삶의 어려움에 물질적 차원뿐 아니라 문화적・상징적 차원도 중요하다는 것을 강조하는 것이다(Lister, 2010). 포용과 배제의 동태적 과정에 의하면, 과거로부터 축적된 인적・물질적・금융자본 등의 영향이 현재의 선택에 영향을 미치고, 그것이 개인뿐만 아니라 가족과 공동체, 지역과 국가, 지구적 차원에 걸쳐서 의식이나 행동의 결과에 영향을 초래하면서 결국 개인의 경험으로 돌아오기 시작하는 것이다(Hills et al., 2002 : 8).

특히 사회적 배제와 관련된 논의에서 두 가지 측면에 주목할 필요가 있다(岩田, 2008 : 28-32). 첫 번째는 공간적 측면이다. 특정 집단이 특정 장소로 배제되는 것으로 그 장소 자체가 배제된 공간으로서의 의미를 갖게 된다. 예를 들어, 도시재개발로 인한 지역의 고급화와 거기서 도시 주변부로 밀려난 저소득층의 황폐화와 같은 이중 동태에 주목해야 한다. 두 번째는 복지국가의 제도와 관계되는 차원이며 처음부터 사회적 배제는 복지제도에서 탈락하는 것과 관련이 깊다. 이러한 제도적 배제는 제도로부터 새어 나온다는 의미에서의 배제－불법체류자나 자격요건이 있어도 정보・비용・신뢰의 결여 등으로 접근이 방해되고 있는 사람들－와 제도 자체가 낳고 있는 배제－공공주택 건설에 의한 빈민의 집중 주거지 형성과 같은 의도하지 않은 배제, 한센병이나 장애인 시설과 같은 격리정책에 의한 의도적 배제－가 있을 수 있다. 하지만 사회적 배제는 특정 국가의 문화나 역사, 정치 시스템이나 제도 편성 등의 차이를 반영하고 있으며 그에 대한 해석은 결코 간단하지 아니하다.[1)]

사회적 배제에 대한 관점을 구분하는 것은 레비터스의 유형이 널리 알려져 있다. 첫째, 재분배주의 담론(RED : Rredistributionit discourse)으로 시민권, 사회권, 사회정의를 중요시하는 비판적 논자나 활동가들이 지지하는 담론이다. 둘째, 도덕주의적 담론(MUD : Moral Underclass Discourse)은 배제를 당하는 사람에 대한 도덕적 비난을 기조로 하는 담론이다. 셋째, 사회통합주의 담론(SID :

---

1) 사회적 배제를 파악하기 위해 구체적인 배제 현상을 중심으로 지표를 만들어 분석하는 방법과 포괄적으로 사회의 주요 행위에 참여하지 못하는 현상으로 폭넓게 해석하여 분석하는 방법이 있다. 예를 들어, 전자의 경우 브래드쇼(Bradshaw)를 중심으로 개발된 지표로서 ① 적절한 수입으로부터의 배제(수입미달, 사회적 필수품의 결여, 주관적 빈곤), ② 노동시장으로부터의 배제(실직, 퇴직, 학생), ③ 공공재 향유(전기, 수도, 가스, 전화, 금융서비스, 교통수단), ④ 사회적 관계로부터 배제(가족과의 단절, 가사지원, 모든 행위 미참여, 선거 제외 모든 행위 미참여, 사회활동, 일몰 후 산책 등 사회활동 미참여등)를 위주로 세부적으로 측정한다. 후자는 20001년 유럽연합에서 채택된 '빈곤 및 사회적 배제에 관한 공동지표'로 일차지표와 이차지표로 구성되어 있다. 각 지표는 재정적 빈곤, 소득불평등, 고용율의 지리적 차이, 장기실업, 일자리 없는 상태, 저수준의 교육, 짧은 수명, 열악한 건강 등 20여 개 이상으로 구성되어 있다(심창학, 2004).

Social Intergrationit Discourse)은 영국을 비롯하여 유럽에서 뿌리 깊은 담론이다(levitas, 2005 : 9-26). 이러한 담론은 사회적 포용 형태에 관한 정치적 구상을 포함하고 있다.

2) 사회적 배제의 등장 배경

제2차 세계대전 후 전승국과 패전국 모두 각 나라는 피폐한 경제사회를 재건해야 하는 공통적인 과제에 직면하였다. 미국의 지원을 받은 서구 사회는 대규모로 급속한 산업화가 진행되어 경제 사회적 부흥과 성장을 달성하여 풍부한 사회를 구축하였다. 그 원동력은 대량생산과 대량소비의 경제사회 구조(포디즘)이며 그것을 뒷받침하는 복지 시스템도 있었기에 가능하였다. 케인주의적 유효수요 창출을 기조로 하는 완전 고용정책, 그리고 그것과 일체화된 베버리지형 포괄적인 사회정책 프로그램이 각국의 경제성장을 이끌었다. 1960년대에 황금기를 맞이한 고전적인 복지국가 체제는 당시 사람들의 생활을 지원하여 그러한 노동방식과 생활 방식을 전형적인 것으로 만들었다. 규격화된 공업제품을 대량으로 생산했던 노동자는 장기간에 걸쳐 같은 공장에 머물면서 고도의 숙련기능을 유지하는 것이 허용되었다. 노동자의 생활과 재생산은 성 역할이 구분된 분업에 근거하여 생활공동체로서의 근대가족 속의 여성에 의한 무상노동으로 유지되었다. 그러므로 산업사회의 사회정책은 노동력 재생산 비용을 오로지 가족에 맡기고 완전고용에 가까운 안정된 고용상황을 전제로 하면서 실업의 경우에 실업급여를, 퇴직의 경우에 노령연금을, 다자녀 가족은 가족수당을, 질병의 경우는 의료를 제공하는 것으로 노동자 가족의 생활 안정을 유지할 수 있었다(宮本, 2009 : 45-7; 坏洋一, 2012 : 145).

생활 안정화를 위한 소득보장은 대부분 국가에서 수평적 재분배에 의한 빈곤 정책으로서 사회보험 방식이 채택되고, 수직적 재분배에 의한 정책으로서 공공부조 방식으로 보완하는 형태로 안전보장 대책이 확립되었다. 경제성장으로 확대된 파이에 의해 그와 같은 사회정책에 필요한 재원은 충당할 수 있었다.

이처럼 복지국가의 확대기는 경제성장과 사회정책 프로그램이 서로 부합하는 선순환이 가능했다. 산업사회는 총체적으로 안정된 획일적 노동 사회였다. 그런데 임금노동을 중심으로 조직된 경제사회 시스템에서는 퇴직자, 장애인, 홀몸노인 및 한부모 등 전형적 취업을 통해 안정적인 수입을 기대할 수 없는 사람들은 시스템 외부로 밀려나는 형태가 되었다. 이러한 사람들의 빈곤 예방과 최저생활보장은 사적인 부양과 상호부조와 같은 비공식 지원을 전제로 하면서 잔여적이고 선별적인 사회부조 제도를 통해 대응하였다. 고전적 복지국가는 안정적인 노동시장, 기여제 사회보험, 남성 주소득자 가족과 같은 노동사회의 안정성을 중심으로 구성되면서 그 외부에 배제된 사람들도 국가의 복지 공급망에 의해 나름대로 포용을 유지해 왔다(Young, 1999 : 15-28).

1970년대 이후 복지국가의 상대적 축소 시기에 국민 생활의 불안정성 문제는 국제적으로 공통의 관심사가 되었다. 1990년대 이후 그러한 사태는 더욱 심각해졌다. 국제적으로 장기적 실업의 문제가 이슈였으며 그 배경에는 소품종 대량생산 및 대량소비 사회에서 다품종 소량생산 및 선택적 소비의 경제사회로의 전환과 경제의 세계화와 같은 큰 흐름이 있었다. 자동차나 가전제품을 비롯한 내구 소비재가 널리 확대되면서 사람들은 소비에 대하여 부가가치나 차이를 요구하기 시작했다. 또한 산업구조도 서비스나 IT, 금융산업으로 중심이 이동하였다. 자본의 세계화는 자본유출에 대한 우려와 기업의 국제경쟁에 속도를 더하게 하였다. 그 결과 국제경쟁력을 유지하면서 다양해진 수요의 동향에 부합하는 생산을 지속하기 위하여 고용을 유연하게 만들고 사회보험에 대한 기업부담을 낮게 하려는 시도가 이루어졌다. 정규직 사원 중심의 종신고용이나 연공서열형 임금과 같은 고용 관행이 수정되고 임시 및 시간제 등 비정형 고용과 같은 유연화가 급속히 추진되었다.

탈산업 사회의 노동방식은 다양한 차원의 유연화를 요구하였다. 일상적으로 기술향상이 진행되고 직업이동이나 구조조정은 특별한 사태가 아니었다. 장기적으로 같은 직장과 기능을 유지할 수 있는 사람들은 소수에 그칠 것이다. 동시에 기업은 생산과 고용의 조정을 더욱 효율적으로 추진하기 위하여 정규사원은 줄이고 인력 파견회사 등을 통하여 값싸고 해고가 쉬운 비정규 직원을 대량으로 채용할 수 있게 되었다. 또한 성과주의에 바탕을 둔 인사관리 도입은 정규직의 경쟁을 격화시켜 일과 가정의 균형은 멀어지고 여유가 없는 노동방식이 압박을 더해 왔다. 서비스 경제의 발달과 함께 고도의 기능을 갖춘 고소득자는 희소가치를 높여 소수가 고용되지만, 동시에 미숙련 및 저소득의 고용도 증가하였다. 그 결과 노동자의 격차와 유연화, 불안정화가 진행되었다. 한편 사람들의 생활양식이나 가치관이 다양해지고 여성의 고학력화도 진행되어 성별 역할분업에 기반을 둔 가족 규범도 흔들리기 시작하였다. 맞벌이 가구와 한부모 가구, 홀로 가구가 증가함과 아울러 배우자의 선택이나 공동생활에 혼인 관계가 필수적이지 않게 되어 가족의 형태도 변하기 시작하였다.

이리하여 장기간에 걸쳐 안정적이던 생활방식과 노동 관행은 점차 일반성을 잃게 되었다. 전망하기 어려운 불투명한 상황에서 사람들의 삶은 다양성과 동시에 불안정성의 정도가 높아졌다. 그 결과 안정된 가족과 고용을 전제로 그것을 보완하는 것만으로 충분했던 고전적 복지국가 모델은 제도적 피로감을 낳게 되었다. 불안정하고 유연한 노동 사회라고 할 수 있는 탈산업사회는 노동시장의 외부－저학력과 미숙련으로 학력이 낮은 청년층, 장기실업자, 장애인, 근로빈곤층, 비정규 고용자 등－와 함께 가족이라는 공동체의 외부를 확대하게 되었다. 이러한 외부화는 사회부조의 주변에 집약되어 나타난다. 그러나 사회부조도 산업사회의 주변부의 구빈과 최저생활보장 제도로 설계되었다. 새로운 외부는 과거의 그것과 질적으로 다른 더욱 심각한 새로운 사회적 리스크를 만들어냈다. 또한 경제 및 인구성장을 기대할 수 있었던 안정되고 획일적인 노동사회에서 발전된 사회보험 제도는 전제 조건이 변화되면서 사각지대 발생 등 심각한 기능상의 결함을 노출하게 되었다.

3) 사회적 배제와 사회적 리스크

오늘날 인간의 복지 향상을 위하여 발달을 거듭해 온 사회제도와 과학기술은 한편으로 새로운 사회적 리스크를 불러일으켰다. 독일 사회학자 벡(Beck)은 근대화 과정은 그 연장에 부를 분배하는 사회 상황에 더하여 새롭게 리스크를 분배하는 사회 상황을 낳았다는 점을 지적하였다(Beck, 1986 : 26). 예를 들어, 체르노빌이나 후쿠시마 원전 사고, 사회적 고립 문제는 근대사회의 발달단계에서의 새로운 리스크라 할 만하다. 현재 세계적인 코로나 팬데믹도 새로운 사회적 리스크와 무관하지 않을 것이다. 복지국가는 근대사회가 초래한 경제사회의 여러 문제를 근대적인 기술로 대체하거나 보완하려는 발상에서 출발하였다. 그러나 20세기 후반에 등장한 리스크 상황은 고전적 복지국가와 그 전제에 있는 생각 자체를 무너뜨렸다. 지금까지 복지국가는 다양한 사회정책 프로그램을 통해 사람들의 생활 안전을 제공해 왔다. 그리고 산업사회에 의해 생산된 재화에 의해 근대사회가 만들어낸 다양한 문제를 집합적으로 해결하는 것이 복지국가의 과제였다. 이러한 고전적 복지국가 상은 사람들의 리스크는 조정 가능하며 기술적으로 안전성을 달성할 수 있다는 근대주의적 발상에 근거를 두고 있다.

반면 복지국가 이후를 논의하는 리스크 사회론은 안전성을 확보하려는 시도 그 자체가 리스크를 발생시키고 있다는 점을 강조하며 그러한 상황에서는 안전성 추구가 매우 어렵다는 점을 지적하고 있다. 이는 곧 케인즈-베버리지 복지국가의 한계를 말하는 것이기도 하다. 복지국가는 산업주의·도시화·집산주의와 같은 근대의 부산물이며 경제성장을 통한 재화의 생산과 사회제도를 통한 재화의 공정한 분배에 관여해 왔다. 그러나 산업사회에서 리스크 사회로의 이행에 수반하여 이러한 복지국가의 전통적 역할 자체가 리스크 발생의 원인이라는 것이다. 복지국가의 주요한 기술인 사회보험은 어디까지나 보험으로 커버할 수 있고 집합적인 생활 과정에서의 리스크를 분산시키는 것이다. 그것들은 안정된 고용이나 개별 역할분업을 전제로 하는 것이다. 그러므로 비정규 고용이나 시간제 일자리에 종사하는 사람들이나 돌봄 역할을 동시에 담당하는 취업 여성

등의 개인적인 리스크에 충분히 대응할 수 없고, 오히려 사회보험으로부터 배제되는 리스크를 낳고 있다(Fitzpatrick, 2011 : 122-123). 이러한 해석과 진단이 올바르다면 개인화된 리스크와 사회적 배제에 대한 대응을 요청받고 있는 현대 사회는 새로운 복지국가의 사회정책을 준비해야 하는 상황에 직면해 있다.

4) 사회적 배제에 대한 대응

20세기의 고전적 복지국가는 안정된 고용과 가족이 리스크를 흡수한다는 것을 전제로 이를 보완하는 형태로 구축되었다. 그렇지만 고전적 복지국가의 기조를 이루는 집합적 리스크 관리에 주력하는 사회보험과 수동적인 사회부조로는 사회적 배제에 대응하기 어렵다. 때문에 유럽을 비롯하여 선진 복지국가는 사회적 포용을 향한 다양한 대처를 해왔다. EU는 노동시장을 주요 포용의 장으로 삼아 취업 지원 정책을 전개하는 고용 활성화 방식에 주목하였다. 그런데 활성화의 유형은 국가마다, 복지 레짐에 따라 다르다. 대체로 활성화의 대응유형은 네 가지로 구분할 수 있다(Van Berkel & Mø ller, 2002 : 51-56).

첫째, 복지로부터의 자립주의 접근이다. 신자유주의 등 우파의 사고방식에 가까운 활성화를 추진한다. 이 관점에서 완전한 시민권(full citizenship)은 자유로운 시장에서 자립적인 생산자이며 소비자와 같은 의미로 간주된다. 실업급여나 공공부조와 같은 복지국가의 소극적인 사회정책 프로그램은 취업 의욕이나 가족 규범을 해치는 것이며 복지국가의 축소나 부재야말로 사람들을 취업이나 혼인을 통한 포용으로 향하게 만드는 진정한 활성화다. 이 접근에서 활성화는 과도하게 시장화되고 가족화된 접근방식으로 지나치게 과거 지향적이라는 비판을 받을 수 있다.

둘째, 가부장주의 접근이다. 이 접근은 소극적 집합주의에 친화적인 활성화를 추진한다. 이는 복지국가의 감시와 처벌의 전통을 계승하면서 과거의 구빈법 시대의 작업장에 기원을 둔다. 여기서는 태만하며 자발성을 잃어버린 사람들을 강제적으로 교육훈련과 같은 활동에 참가시켜 자립할 수 있도록 하는 것이 사회적 포용을 자극하고 그것이 당사자에게 이익이 된다고 간주한다. 이 접근에서는 수동적 사회정책을 통해 포용을 위한 노력에 대해서 보수를 제공하는 역할이 강조된다.

셋째, 자율주의 접근이다. 이는 완전 기본소득이라고 하는 무조건 급여를 지지하는 좌파적 사고 방식에 친화적인 방법을 추진한다. 여기에서는 기본적인 욕구만 충족되면 사람들은 스스로의 능력을 활용하여 자발적으로 사회의 다양한 활동 영역으로 참가하는 활동을 할 것이라 간주한다. 이 접근에서 완전한 시민은 욕구, 특히 임금노동에서 해방되어 자율적·정치적인 활동을 전개할 수 있는 자유로운 상태에 있는 것이다. 그러므로 국가의 주도에 의한 포용을 위한 사회참가를 촉진하기 위한 활성화 정책은 필요 없다. 즉, 사람들은 처음부터 능동적인 존재임에도 불구하고 능력을 발휘하여 주체적으로 참가할 수 없도록 방해받고 있었다. 그 이유는 특권화된 임금노동을 전제로 하는 노동시장의 구조적 불균형에 의해 기본적인 욕구가 충족되지 못하고 있었기 때문이다. 그러므로 이 접근은 자산조사는 물론 취업 및 자립 지원도 수반되지 않는 조건 없는 현금급여로서의 기본소득을 요구한다.

넷째, 참가 활성화 접근이다. 이 접근은 문자 그대로 사회적 참가의 활성화를 가장 우선하는 것이며 자율주의와 마찬가지로 사람들이 다양한 활동 영역이나 지역사회에 자발적으로 참가하고 공헌하면서 포용되도록 추진한다. 자율주의의 참가는 조건이 아니지만, 활성화의 참가는 목적이라 할 수 있다. 인간은 사회적 참가 상태에 있을 때가 완전한 시민이라고 간주한다. 그렇지만 이 접근법은 피배제자는 참가를 통한 포용에 필요한 자원이 없는 경우도 존재한다는 점을 인정한다. 그리고 포용에 필요한 자원을 제공하는 것이 사회부조를 비롯한 국가의 수동적 사회정책의 역할로 간주한다. 이 접근에서 활성화는 실용적이며 자율주의와 마찬가지로 무조건 급여를 통해 사람들이 자발적으로 참가와 포용을 달성하도록 이끄는 것도, 가부장주의와 마찬가지로 참가를 조건으로 급여를 제공하는 것도 모두 가능하다고 간주하다. 단, 그 참가를 노동시장으로만 제한하지 않는다.

이상의 네 가지 유형은 이념적 성격을 띠고 있으며 '완전한 시민은 어떤 존재인가', '누구를 어디에 어떻게 포용해야 하는가'의 차이에 따라 다양한 관점으로 만들어질 수 있다. 사회적 배제 그 자체도 이러한 이념의 차이에 따라 다르게 해석할 수 있었다(Levitas, 2005). 복지로부터의 자립이나 가부장주의 접근은 사회적 배제의 도덕주의 담론(MID), 자율주의 접근은 재분배주의 담론(RED), 참가 활성화 접근은 사회통합주의 담론(SID)과의 관계가 강하다고 할 수 있다. 이러한 이념적 유형과 담론은 서로가 옳음을 주장하면서 해석상의 주도권과 정책적 영향력을 획득하고자 상호 경쟁하고 있다. 따라서 사회적 포용론의 복지국가 정책에의 반영은 상호 경쟁을 통해 정치적 선택을 획득해 가는 정치와 관련될 것이다.

그렇다면 포용으로의 정치를 위한 전략적 관점을 프레이저의 재분배와 승인론을 참고로 고찰해보자(Fraser, 2003: 41). 탈산업사회에서 출현하는 배제형 사회(Young, 1999)라고도 하는 상황에 대하여 다양한 분석과 정치적 대응책이 등장하였다. 최근 포용 및 배제의 도식에 있어서 포용은 개개인의 인생 여정 속에서 특정한 조직이나 집단에 귀속되는 것 또는 해당 사회에서 주류로 되어 있는 활동이나 영역에 참가할 수 있다는 것을 의미한다. 그리고 배제와의 관계에서 문제가 되는 것은 귀속이나 참가의 결여 전체가 아니라 삶의 과정에서 필수적인 귀속이나 참가, 다시 말하면 사회적 욕구를 충족하는 데에 있어 주요한 경로가 되는 집단이나 활동에 귀속되고 참가하는 것이 불가능한 상태를 말한다. 이러한 귀속과 참가를 방해하는 사회적 배제는 경제적 측면－고용 · 소득 · 주택 · 교육과 같은 자원의 결핍－뿐만 아니라 문화적 측면－차별 · 억압 · 타자화－을 가진다. 두 가지를 분리하지 않고 경제와 문화를 연결하여 이해하는 것이 중요하다. 사회적 포용은 경제적 문제로만 돌리거나 문화적 문제로 한정할 수 있는 과제도 아니라면 동시에 대처하는 전략을 끌어내는 데에 집중해야 할 것이다.

이처럼 경제적 또는 문화적 배제에 대한 대응 방향은 프레이저의 '재분배'와

'승인'의 이론을 참고할 수 있을 것이다. '재분배'란 경제적 차원에서 정의롭지 못한 것(부정의)에 대한 전반적 대응책을 의미하는 것이며, '승인'이란 문화적 차원에서 그렇지 못한 것에 대한 대응책이다(Fraser, 2003 : 25). 재분배가 필요한 경제적으로 정의롭지 못한 것의 대표적인 전형은 '계급'이라는 집합체이며, 승인이 필요한 문화적으로 정의롭지 못한 것의 대표적인 전형은 '성(sexuality)'이라는 집합체다.

프레이저는 재분배와 승인의 각각에 대하여 '긍정'과 '전환'이라는 대조적인 접근을 설정한다(Fraser, 2003 : 36). '긍정'은 사람들의 자원이나 지위에 관한 사회적 배치의 불균등한 결과에 대하여 사회적 기반을 혼란스럽게 하지 않고 표면적인 차원에서 수정하려는 접근이다. '전환'은 부정의를 낳는 사회적 기반의 틀을 근본적인 차원에서 재구성하려는 접근이다. 정치적 구조까지 다루는지, 그렇지 않은지에 따라 긍정적인 재분배 전략인 '자유주의 복지국가', 전환적인 재분배 전략인 '사회주의'로 정치적 태도가 구별된다. 또한 가치와 관련된 문화구조까지 다루는지, 그렇지 않은지에 따라 긍정적인 승인전략인 '주류 다문화주의', 전환적인 승인전략인 '해체'로 구분하여 네 가지 전략을 제시하였다(圷洋一, 2012 : 154).

〈표 9〉 프레이저의 재분배와 승인론

	긍정 (Affirmation)	전환 (Transformation)
재분배 (Redistribution)	자유주의 복지국가 (The liberal welfare state) • 기존 집단 간 표면적 재분배 • 집단 차별화 지원 • 비승인 발생 가능	사회주의(Socialism) • 생산 관계의 근본적인 구조조정 • 집단 차별화 약화 • 일부 형태의 잘못된 승인의 수정
승인 (Recognition)	주류 다문화주의 (Mainstream multiculturalism) • 기존 집단의 정체성에 대한 표면적인 승인 • 집단 차별화 지원	해체(Deconstruction) • 승인 관계의 근본적인 구조조정 • 집단 차별화 약화

출처 : Fraser(1997), p. 27. 그림 1-1.

어떠한 불공정과 부정의도 정도의 차이가 있지만, 경제적·문화적 측면을 동시에 가지고 있으며, 재분배와 승인 모두 사회정의를 관철하는 데 있어 필수적이라는 것이다. 그렇다면 사회적 포용은 재분배와 승인의 어느 한쪽이 아니라 통합적으로 이해해야 할 것이다. 문화적 부정의에 대한 대책은 구체적으로 성차별이나 연령차별을 금지하는 법과 같은 사회규제와 차이나 정체성의 존중을 요구하는 각종 사회운동 등은 문화적 부정의에 대항하여 승인을 관철하려는 요구라 할 수 있다.

딘(Dean)은 오늘날의 사회적 배제 현상을 전제로 할 때 논리적으로 생각할 수 있는 복지국가의 미래에 대한 시나리오를 제시하고 있다. 각 시나리오의 개요는 다음과 같이 정리할 수 있다(Dean, 2012 : 122-130).

첫째, 국가 없는 복지다. 신공공관리(NPM), 준시장, 워크페어, 사회지출의 삭감 압력과 같은 동향을 통해 이해할 수 있는 것과 같이 최근 복지국가의 역할은 서비스를 직접 제공하는 데에서 각 개인의 리스크에 대한 관리 능력을 높이기 위한 전략으로 변하고 있다. 그러한 현대적 추세에 국가 없는 복지를 추구하는 경향이 강화되고 있다. 어쩌면 국가 없는 복지는 유토피아적인 복지사회에 대한 논의와 연결된다. 또한 취지는 같지 않지만, 과거에 마르크스 공산주의론이, 최근에 자유시장 방임론이 국가 없는 복지사회를 주장하고 있다.

둘째, 반(anti)자본주의다. 리스크 사회의 도전에 대하여 사람들의 복지를 위협하는 자본주의를 민주적으로 억제함으로써 리스크를 제거하려는 전략이다. 예를 들어, 세계화를 반대하는 운동에 있어서 반자본주의적 요소를 종합하여 각종 리스크를 완화하기 위한 급진적인 대책을 요구하는 것이다(Callinicos, 2003). 제3세계에 대한 부채탕감, 토빈세 도입, 노동시간 단축, 공공서비스의 보호와 민영화 산업의 재국유화, 부와 소득의 재분배 및 공공서비스의 확충을 위한 누진세 강화와 같은 사회정책이 포함된다.

셋째, 제3의 길이다. 제3의 길은 국제적으로 실제 선택되고 있는 시나리오다. 리스크 사회에 직접적으로 대응을 하려는 전략이다. 이 본질은 신자유주의의 경제정책을 도입한 중도 좌파정권에서 신공공관리에 의거하여 공공서비스의 현대화 노선을 선택하는 경우를 통해 알 수 있다. 영국의 경우, ① 자유로운 노동을 위한 복지 전략으로서 저임금은 공공부조를 통해 보전해주고 취업을 원할 경우, 보육 대책을 수반한 취업의 지원, ② 사회민주주의적인 재분배 전략으로서 아동의 빈곤에 대한 대책, ③ 신보수주의적인 처벌전략으로서 제재와 단속 위주의 권위주의적 대응, ④ 공동체주의에 바탕을 둔 능동적 시민권을 확대하는 전략이다.

넷째, 욕구 해석의 정치다. 인간의 복지는 위험회피와 같은 소극적 관점만이 아니라 욕구의 충족과 같은 적극적 관점으로부터도 정의할 수 있다. 사람들은 지금까지 스스로의 욕구를 집합적으로 표현해 왔지만, 개인화가 진행되는 상황에서는 그러한 욕구의 집합적 표현은 어려워진다. 이러한 가운데 욕구의 본래 정의를 회복하는 것이 프레이저의 욕구 해석의 정치라 할 수 있다. 쟁점은 재분배와 승인과 관련된 투쟁을 어떻게 연결할 것인가에 달려 있다. 다양한 사람들이 참가하여 개인적 욕구를 공유하며 소통할 수 있는 민주적 제도의 발전이 필수적이다. 이런 관점으로 보면 복지정책의 결정 과정은 개인별 위험관리가 아니라 욕구를 서로 승인하고 집합적인 책임을 확대하기 위한 교섭의 장으로 이해해야 한다. 상향적 의사결정 참여를 통한 공론화 과정을 통한 결정이 방법이 될 수 있다.

지금까지 서술한 시나리오의 내용 중 일부는 고용 활성화를 위한 접근과 유사한 측면이 있다. 관점이나 방법의 차이는 있지만, 여기서는 사회적 포용의 형태를 깊이 통찰하기 위한 이론 모델로 간주하여 횡적으로 비교하고자 한다.

'국가 없는 복지'와 '복지로부터의 자립주의', '반자본주의'와 '자율주의' 그리고 '제3의 길'과 '참가 활성화 접근'의 연결은 분명하다. '가부장주의'는 고전적 복지국가에 가까운데, 그것은 리스크 사회론이 대두하기 이전부터 존재하는 전통적인 발상이라 할 수 있다. 그리고 '욕구 해석의 정치'는 일종의 사고 실험이며 사람들의 참가와 소통 등 능동성이 중요하게 부각되는 점에서 '자율주의'

와 서로 부합한다. 그렇다면 이러한 이론 모델을 통해 재분배와 승인을 연결해 보면 다음과 같이 정리할 수 있다(圷洋一, 2012 : 155-158).

첫째, '복지로부터의 자립주의' 접근은 복지국가의 시장화를 진행하며 측면에서 개인의 노력을 지원하는 국가를 추구할 것이다. '국가 없는 복지'의 시나리오에 부합하므로 자유로운 복지국가에서의 엄격한 재분배조차 축소를 지향할 수 있다. 모든 사람을 경제활동의 주체로 승인하지만, 그 이외의 속성이나 정체성은 제외해 버릴 것이다.

둘째, '가부장주의' 접근은 생산활동에 공헌하기 위한 표면적인 재분배는 이루어진다. 또한 노동시장으로 포용하기 위한 노력에 대하여 전문가나 관료에 의해 권위주의적인 형태로 승인이 이루어진다.

셋째, '자율주의' 접근은 사람들의 자율성이나 능동성을 중요하게 여기는 점에서 프레이저가 주장하는 '사회주의'와 '해체'와 겹치는 부분이 있다. 먼저 경제적 부정의를 초래하는 정치 경제구조의 전환을 노리는 변혁적인 재분배를 통해, 또한 다양한 차이와 정체성을 승인하여 문화적인 부정의를 변혁함으로써 자율성과 능동성을 방해하는 요소를 제거할 것이다. 이러한 민주적이고 변혁적인 전략은 '욕구 해석의 정치'를 통해 새로운 재분배와 승인을 낳을 가능성을 기대할 수 있을 것이다.

넷째, '참가 활성화' 접근은 매우 실용적이며 앙글로색슨 및 북유럽형의 활성화 모두 선택지에 포함된다. 하지만 정치경제 구조의 변혁에까지는 이르지 못한다는 의미에서 표면적인 재분배를 지향하는 것이다. '제3의 길' 노선에 부합하여 위험을 기회로 바꾸려는 능동적 주체로서 개인을 승인하지만, 그것은 시장에서의 자립한 생산자이며 소비자로서의 자립을 의미하므로 변혁적 주체까지 포함하는 것은 아니다.

5) 사회적 포용의 과제

사회적 포용은 빈곤에도 적용될 수 있을 것인가. 빈곤은 낮은 소득이나 구매력 부족 등의 경제적 문제와 관련된다. 또한 열악한 주거환경이나 식료품이나 의료품 부족 등 기초적이고 물질적인 욕구가 불충분한 상태로 이해되는 경우도 많다. 빈곤 문제를 돈이나 물질적인 것만으로 집약할 수는 없다. 따라서 사회적 배제론의 관점에서 비물질적인 차원까지 고려하면서 빈곤을 포괄적으로 파악하려는 노력이 필요하다(Lister, 2004). 빈곤은 사회적·문화적 영역의 연결 고리를 갖고 있다. 즉, 용납할 수 없을 정도의 물질적 박탈을 경험하고 있지만 그러한 사태는 당사자들이 생활하고 있는 사회와 문화의 영향을 받아 다양한 형태의 의미로 나타나는 것이다. 물질적이고 경제적인 결핍과 박탈을 당한 결과로 가난한 사람들이 사회구조의 희생자 또는 복지의 의존자와 같은 수동적 존재로 방치되어서는 안 된다. 오히려 물질적이고 경제적인 측면과 함께 관계적·상징적·문화적 측면을 가진 역동적 과정으로 이해하면서 스스로 주체적 능력을 발휘하여 어려운 경험을 극복해 나가는 능동적 존재로 볼 필요가 있다. 이처럼 빈곤에 대한 시각을 전환하면 주변부로 겉돌기 쉬운 빈곤과 사회적 배제의 논의를 시민권과 민주주의에 관한 논의로 격상시킬 수 있다. 복지국가의 대응책을 검토하는 데 빈곤을 관계적이고 상징적 차원에서 이해하려는 입장은 중요한 함의를 준다. 가난한 사람들이 어떻게 배제되는지, 그들의 어려움에 어떻게 응답할 것인지와 같은 근본적 문제에 관한 대응 방향을 시사하는 것이다.

가난한 사람들은 그렇지 않은 사람의 언어나 태도, 행위를 통해 타자화되면서 배제를 경험한다. 리스터(Lister)는 그 과정을 구체적으로 서술하고 있다(Lister, 2004 : 100-103). '타자화'란 우리와 그들을 서로 다르게 구분하고 동시에 강자와 약자로 구분하는 과정이며 이러한 과정을 통하여 사회적인 장벽이 만들어진다(Lister, 2004 : 101). 또한 타자화는 고정관념이나 낙인과 밀접히 관련되어 있다. 특정 집단이나 개인의 문화적 차이를 과장하면서 타자화가 이루어지며 사회제도나 언론, 학술적 연구를 통해 더욱 촉진되어 가난한 사람들에 대한 사회적 인식과 처우가 결정된다는 것이다. 더욱이 타자화 과정은 '우리'의 정체성은 강화하는 한편 '그들'은 대상(objects)화하여 사회적 · 문화적 정체성을 박탈한다. 이리하여 '우리'의 특권과 '그들'에 대한 착취와 억압은 정통성을 확보한다(Lister, 2004 : 102-103). 따라서 언어와 이미지에 의해 빈곤에 대한 사람들의 행위나 인식이 영향을 받을 뿐만 아니라 타자화에 의해서도 좌우된다고 할 수 있다. 그렇다면 복지국가의 사회정책도 빈곤 문제와 마찬가지로 배제당하는 사람에 대한 대응에 있어서 이러한 메커니즘이 작동될 수 있는 것이다.

그렇다면 타자화의 기원은 언제부터일까? 멀리는 16세기까지 거슬러 올라가 영국 구빈법의 빈곤에 대한 징벌적이며 부정적인 이미지, 구제할 가치가 있는 빈민과 없는 빈민이라는 구별, 그리고 열등처우와 같은 구제원리의 형성에서 찾을 수 있을 것이다. 이는 서구 사회뿐만 아니라 빈민 처우를 둘러싼 공공부조의 기저에 있는 전형적인 구제원리가 되었다. 특히 자조의 원리를 바탕으로 빈민은 의존자로서 범주화되고 동시에 위험한 계급으로서 도덕적 규범이나 사회질서를 위협하는 존재로 간주되어 왔다. 20세기가 되면 빈곤 문화론과 같이 주로 가난한 사람들의 특이한 행동에 초점을 둔 병리학적 담론이 등장하였다. 그리고 이러한 연장선에서 등장한 하층계급(underclass) 빈곤 담론이 1980년대부터 1990년대 초에 걸쳐 영미 사회의 미디어와 여론을 석권하였다. 이러한 하층계급 담론이 복지의존 담론과 함께 서구 사회에 널리 침투한 데 대하여 리스터는 사회적 · 인종적인 분열과 급격한 사회변동이 일으키는 불안이 반영된 결과이며 주변화된 개인의 행동으로 문제를 왜소화시켜 계급 · 젠더 · 인종 사이의 불평등이나 구조적 요인으로부터 사람들의 관심을 돌리게 했다고 지적한다(Lister, 2004 : 110). 사회학자 바우만(Bauman)은 빈곤이 범죄화되고 가난한 사람은 폐기물처럼 취급되어 시민사회로부터 추방되었다는 진단을 내리고 있다(Bauman, 2004 : 117). 이러한 상황을 영(Young)은 배제형 사회라 부르고 있다(Young, 1999).

복지국가의 빈곤은 대체로 경제적 · 물질적 문제로 설명되었다. 예를 들어, 노동시장으로부터 일시적 · 장기적으로 탈락하여 실업에 빠지고 그 결과 저소득, 노동 불가능, 구매력 부족 등으로 빈곤의 문제를 이해한다. 주로 경제적 언어로서 빈곤이 설명되는데 노동빈곤(working poor), 적극적 노동시장 정책, 워크페어(workfare), 취업지원과 같은 용어도 그러한 예로 들 수 있다. 이들은 오늘날 자본주의 경제의 자립(self-help) 문화에 적합한 '구제할 가치가 있는 빈민'은 '우리'에 포함하여 우대하기 위한 현대적 개념이며 취업에 소극적인 '구제할 가치가 없는 빈민'은 타자화하여 쉽게 배제하는 경향을 낳을 수 있다.

리스터(Lister)는 빈곤과 사회적 배제에 대한 대응을 '승인과 존중의 정치(politics of recognition & respect)'로 끌어내고 있다. 이는 프레이저(Fraser)의 논의를 근거로 도출한 것이다. 즉, 경제적 차원에서의 부정의에 대한 치유책을 '재분배(경제적 정의의 추구)'로, 문화적 차원에서 부정의에 대한 치유책을 '승인(문화적 정의의 추구)'으로 정리하였다. 그리고 재분배와 승인을 서로 연동하는 과제로 보고 발생할 수 있는 딜레마를 극복하면서 양쪽을 동시에 추구하기 위한 전략을 제시하였다. 리스터(Lister)는 승인의 정의에 존중(respect)이라는 요소를 가미하였다. 여성이나 장애인, 동성애자 등은 차이나 정체성에 대한 승인을 요구하지만, 빈민의 경우는 차이나 정체성보다도 공통적인 인간성과 시민권 또는 평등한 가치의 승인을 요구하는 차이가 있다는 것이다(Lister, 2001 : 188). 즉, 가난한 사람은 하층계급으로서 규정되기를 거부하며 빈곤하지 않은 사람과 다른 처우를 요구하는 것이 아니라 평등한 시민으로서의 대등한 존중을 요구하는 것이다. 빈곤에 대해서는 젠더나 인종 문제와 다르게 평등과 차이의 딜레마[2)]는 심각한 문제가 되지 않는다는 것이다.

결국 중요한 것은 복지국가의 사회적 배제와 빈곤을 어떻게 이해할 것인지가 사회정의를 추구하고 포용 대책을 전개하는 데 있어 기본 전제라는 것이다. 빈민의 타자화로 인한 자존심의 박탈은 롤즈의 기본적 재화에 포함된다는 것을 상기할 필요가 있다. 가난한 사람들을 어떻게 이해할 것인가는 다양한 사회문제와 그에 대한 응답의 형태, 즉 복지에 대한 관점을 전반적으로 재검

2) 평등화는 존중해야 할 차이를 없애고, 차이의 존중은 평등화를 방해하는 것

토하는 것이기도 하다. 사회적 배제에 대해 포용정책과 사회보장 등의 대응 전략을 찾는 데에 있어서 욕구와 시민권은 기본적인 전제가 될 것이다. 이때 욕구를 제한적으로 해석하면 제한적인 시각과 대응으로 연결될 것이며 시민권을 좁게 해석하면 빈민과 사회적 소수자의 권리나 의무는 협소해질 것이다. 복지국가에 대한 우리들의 이해와 사고를 보다 심층적으로 재검토할 필요가 있는 것이다.

10. 복지국가와 복지세계론

복지국가의 포용적 대응을 고민할 때, 과연 포용의 범위가 국가 내부에 한정되어야 하는지는 주요한 논점이다. 시민의 자격으로서 복지급여와 서비스를 이용할 권리가 있다면, 그 시민의 욕구를 반드시 국가적 범위 내로만 한정하는 것이 과연 옳은가. 이는 복지의 포용 범위가 한 국가 내의 국민으로만 한정되어야 하는지의 문제와 관련된다. 복지가 인간의 자기실현에 관련되는 것이라면, 인간의 복지를 저해하는 전쟁을 비롯한 재난과 각종 사회문제 등에 대한 개입은 국민과 국가적 범위를 초월한 세계국가 차원에서 검토되어야 할 것이다. 이는 곧 복지세계에 대한 논의의 출발과 관련된 문제의식이기도 하다. 이와 관련하여 여기서는 복지세계 구상에 대한 논의의 계보를 살펴보고자 한다.

1) 국민의 정체성

20세기 이후 복지국가는 전환의 시기를 맞고 있다. 국내의 산업구조와 인구구조, 가족구조 등의 변화를 수반하는 새로운 사회적 위험의 증가와 대외적으로는 세계화 경쟁의 격화, 이민의 증가 등 현재 복지국가에 가해지는 도전적 상황은 새로운 대응 전략을 요구하고 있다. 특히 전 지구적 차원의 코로나 팬데믹 위기에서 국제적인 시야로 복지국가의 문제를 인식하려는 논의에 다시 주목할 필요가 있다.

예를 들어, 뮈르달은 일찍부터 복지세계 구상을 제시함으로써 복지국가 이후 단계를 설명하고자 하였다. 아직 세계적 범위로 확장된 복지국가 이후의 세계를 기대하기는 어렵다. 복지국가의 경계 사이에 국경이라는 굳건한 장벽이 있기 때문이다. 시장경제에 기반을 둔 거래는 이미 국경을 초월하여 이루어지고 있지만, 아직 민주화나 사회적 연대는 국경 외부로 구심점을 확장하지 못하고 있다.

이러한 국경 내·외부의 차이는 어디에서 기인할까. 이에 대해 논의하기 위해서는 국민의 정체성이 무엇인지 성찰해야 할 것이다. 현재 우리는 특정한 국경을 경계로 국민이라는 의식을 공유하고 있다. 예를 들어, 한국에 거주하는 대부분은 한국 국적을 가지며 한국인으로서의 자의식과 연대의식이 통하고 있다. 그런데 한국에 거주하는 외국인에게 이와 같은 동질성을 요구하지 않는다. 한국은 대륙과 해양의 교차지점에서 지정학적으로 중요한 위치를 차지하고 있지만, 고유의 언어를 유지하며 민족적 정체성을 고수했다. 하지만 이와 같은 민족의식은 고대부터 전해져 내려왔다고 할 수 없으므로 과거로부터 고정된 의식이라 하기는 어렵다. 서구 사회는 베스트팔렌 조약 이후부터 국가라는 단위에 의해 국제 질서가 확립되었다. 유럽대륙의 경우 17세기는 전쟁의 시대였지만, 1648년 베스트팔렌 조약의 체결로 30년 전쟁이 끝나고 주권국가를 단위로 하는 국가 간 체제가 성립되었다(藤田, 2017). 그 이전까지의 중세국가는 가톨릭교회의 권위에 의지하면서 국내에 산재하는 제후 세력에 의해 유지되었지만, 베스트팔렌 체제에 의해 국제 질서는 여러 국가가 외부권력으로부터 독립한 형태로 자율적으로 통치하는 구조가 되었다. 국가 사이에 통일적인 권력이 존재할 수 없었으므로 부조화가 발생하면 전쟁으로 해결하는 만인에 대한 투쟁과 같은 상태가 생겨났다.

그러나 조약의 체결이 즉시 국민의 탄생으로 연결되지는 않았다. 당시 국가는 16~18세기에 걸쳐 유럽에서 볼 수 있었던 절대주의 체제로서 몰락한 봉건영주와 새롭게 부상하는 시민계급과의 권력균형을 이용하여 무제한 왕권을 추구했기 때문이다(正村, 2009 : 29). 절대주의 국가가 국민국가로 전환되는 과정은 다수 국가에서 시민혁명을 거치는 격동의 시대였다. 영국의 청교도 혁명

(1640~1660)과 명예혁명(1688~1689), 미국의 독립혁명(1775~1783), 프랑스 혁명(1789) 등 혁명의 시기였다. 이러한 시민혁명을 통하여 시민계급은 비로소 봉건적 권력을 타도하고 사유재산제에 근거하여 경제적 자유와 참정권과 같은 정치적 자유를 쟁취하였다. 이와 같이 국민국가는 혁명의 성공에 따라 출현하였다. 국민국가는 국가의 영토에 속하는 민족을 국민과 동등하게 규정하고 그 국민을 주권자로 하는 국가다. 국가는 주권자인 국민에 의해 구성되고 국민은 정치에 참여한다. 반대로 국민은 그러한 정치적 결정에 따르게 된다. 그렇지만 현실적으로 민족과 국민은 반드시 일치하는 것이라 할 수 없다. 오히려 국민적 일체감에 대한 감각이나 태도가 존재하는지가 중요하다. 더욱이 국민이라고 해도 대부분 일면식도 없는 사람들에 의해 구성되므로 가상의 공동체라 할 수 있다(이명현, 2020 : 179). 하지만 공동체 의식이 만들어진 국가는 그것을 사회적 심리적 기반으로 하여 민주주의나 사회적 연대가 발전하면서 국민의 정체성을 발휘할 것이다. 20세기 복지국가는 이렇게 성립된 국민국가의 발전된 형태라 할 수 있다.

2) 복지세계의 구상

국민이라는 정체성이 성립되기 이전에 사람들은 과연 어떤 정체성을 가지고 있었을까. 고대 그리스의 경우, 도시국가를 구성하고 도시의 시민뿐만 아니라 노예도 포함된 사회였다. 신분적인 차별이 있어도 당시에는 그것이 당연한 것이었다. 시민의회 등을 통한 직접 민주주의가 실시되어 좁고 제한된 지역에서 익명성이 낮은 사회에 살던 사람들은 동일한 폴리스 주민이라는 귀속 의식이 강했을 것이다. 이후 등장한 로마제국 역시 도시국가로 출발하여 극단적으로 광활한 영토를 보유하게 되었다. 이 세계의 일부 철학자들은 세계시민으로서 스스로를 인식하고 있었다. 키케로(Cicero)는 로마제국의 세계적 확장이라는 관점에서 단일한 세계시민(cosmopolitanism)에 대한 구상을 펼쳤다. 그의 주장은 30년 전쟁을 경험하고 「전쟁과 평화의 법」(1625)을 집필한 국제법의 아버지라 부르는 네덜란드 법학자 그로티우스(Grotius)로 계승되었다. 프랑스에서도 생피에르(Saint-Pierre)의 「영구평화론」(1713)이 등장하였다. 이와 같은 여러 논의는 칸트의 「영원한 평화를 위하여」(1795)의 탄생에 큰 영향을 끼쳤다(藤田, 2017 : 147). 이러한 동향은 개별 국가의 자율성을 인정하면서 세계평화를 목표로 하는 국제체제의 형태를 논의하는 것이었다. 따라서 평화의 보장을 복지의 기본적인 전제로 생각할 경우, 대체로 국민국가 성립 후 민족성에 기반을 둔 20세기 복지국가의 형성이 있었다는 점을 고려하면, 상대적으로 복지세계에 대한 사상적 계보가 결코 뒤늦게 출발하였다고 볼 수는 없다.

(1) 세계평화론

칸트(1724~1804)는 71세에 「영원한 평화를 위하여」(1795)를 발표하였다. 집필 동기는 1795년 4월 혁명 후 프랑스와 프로이센 사이에 교환된 바젤평화조약에 대한 불신 때문이었다고 한다(藤田, 2017 : 147). 칸트는 함께 생활하는 사람들 사이의 평화 상태는 자연 상태가 아니라고 보았다. 오히려 자연 상태는 전쟁상태이므로 평화가 만들어져야 한다고 주장하였다. 평화 상태를 만들기 위해 어떻게 해야 할까. 그는 법의 구조에 주목하였다. 모든 법 체제는 법적 인격에 대한 다음 어느 하나에 해당한다고 보았다. 즉, 단일 민족에 속하는 인간의 시민법에 기반을 둔 체제, 그리고 상호관계에 있는 국가의 국제법에 근거하는 체제다. 이들 법적 체제가 각자의 영역에서 충분한 효력을 가져야 영원한 평화를 이루는 데 효력이 있다고 보고 그에 대응하는 조건을 제시하였다.

첫 번째는 각국의 시민 체제는 공화적이어야 한다는 원칙이다. 공화적이라는 것은 계약의 이념에 의해 생기는 유일한 체제로서 사회성원이 자유롭다는 원리다. 또한 모든 성원이 유일하게 공동입법에 종속되도록 하는 원칙, 아울러 모든 성원이 국민으로서 평등하다는 법칙이다. 입법체제는 이러한 원칙에 근거하여 성립되어야 한다는 것이다(藤田, 2017 : 147). 이러한 공화제 체제에서 전쟁을 수행하기 위해서는 국민의 동의가 필요하지만, 전쟁으로 인하여 겪게 되는 엄청난 고통을 피하려 할 것이므로 공화제는 전쟁을 방지하는 작용을 할 것이다. 반대로 공화적이지 않은 체제는 지도자가 국가의 성원이 아니라 소유자가 되므로 전쟁이 일어날 가능성이 상대적으로 높아질 것이다.

두 번째는 국제법은 자유로운 국가의 연합적인 제도에 기초해야 한다는 것이다. 개인과 마찬가지로 국가 간의 관계는 전쟁상태이므로 여러 민족은 각자의 안전과 권리가 보장되도록 국제적인 연합의 결성을 요구해야 한다. 그 구조는 하나의 전쟁의 종결을 목표로 하는 평화연합으로서 모든 전쟁을 영원히 종결시키는 것이 목표다. 국제연합의 결성은 어떤 국가적 권력을 획득하는 것이 아니며 특정 국가를 위한 자유와 그와 연합한 다른 국가의 자유까지 유지하고 보장하는 것에 그쳐야 한다. 칸트 시대에 이러한 국제연합이나 평화연합은 존재하지 않았지만, 만일 강력하고 계몽적인 민족이 공화국을 만들 수 있다면, 해당 공화국이 다른 국가들에 대하여 연합적 결사를 시도하는 역할을 발휘할 수 있을 것이라 보았다. 참여하는 국가의 자유는 국제법 이념에 따라 보장되며 그러한 연합은 점차 모든 국가로 확대되어 영구적인 평화의 길을 열 수 있을 것이라 예상하였다.

세 번째는 세계 시민법은 보편적인 우호를 추구할 수 있는 조건으로 제한되어야 한다는 것이다. 예를 들어, 이동의 권리를 보장하는 조건 등이다. 외국인이 다른 국가를 방문하는 것만으로 적의를 가지고 억압해서는 안 된다. 이는 모든 인간의 기본적 권리를 보장하는 것이다. 세계 시민법이 지구상의 모든 장소에서, 다양한 공동체에, 모든 인류 공동의 법으로 침투할 수 있을 때까지 국내법이나 국제법을 보완해야 할 필요가 있다는 점을 강조하였다.

칸트는 국가들의 연합에 의해 세계평화가 영구적으로 유지될 것이라 믿었지만, 특정 초강대국이 등장하여 다른 국가들이 무너지는 것은 바람직하지 않다고 보았다. 즉, 다자 간의 힘의 균형을 통해 평화를 추구하는 방향을 강조했다고 볼 수 있다.

(2) 연방주의론

영국 LSE의 경제학자들 －로빈스(Robins), 베버리지(Beveridge), 하이에크(Hayek)－의 연방주의론도 주목할 만하다. 이들은 제1차 세계대전 종전과 국제연맹 성립을 확인하였지만, 당시 상황으로 세계평화는 영구적으로 확보될 수 없다고 생각하고 연방주의에 근거하는 세계체제를 추구하였다. 후생경제학에 비판적 입장을 가진 자유주의 이론가로 알려진 로빈스와 영국 복지국가의 개척자로서 명성이 높은 베버리지, 대표적 복지국가 비판론자로 알려진 하이에크가 서로 연방주의 방향에 찬성하고 있다는 점이 흥미롭다. 로빈스와 베버리지는 영국인으로서 1930년대에 학부장을 역임하는 등 학내에 큰 영향력을 가지고 있었다. 하이에크는 로빈스가 학부장일 때 초빙하여 1931년 LSE에 부임하였다.

로빈스는 1938년 「경제계획과 국제질서」의 간행을 통해 본격적으로 연방주의론의 논의에 뛰어들었다. 그는 국가의 주권을 문제삼음으로써 연방주의의 유익함을 강조하였다. 각국의 보호적 대책이 국제적인 경제 효율성을 해치고 있을 뿐만 아니라 전쟁의 근본적 원인이 되고 있다고 보았다. 따라서 국가의 주권은 과거와 같은 성격으로 유지되어서는 안 된다. 또한 국제연맹과 같은 주권국가의 연합도 전쟁을 충분히 억제할 수 없으므로 세계적 차원의 통치기구를 포함한 연방제를 요구하였다(Robins, 1937 : 238).

베버리지의 연방주의론은 「연방주의에 의한 평화」(1940), 「왜 나는 자유당원인가」(1945)의 간행을 통해 전개되었다. 국제적인 경제 효율성과 달리 베버리지는 개별 국가의 안전보장을 강조하였다. 국제분쟁에 대한 여러 국가의 대응방법이 자주적 방어와 군사동맹 이외에 없던 때에 국제연맹이 창설되었다. 하지만 다른 국가의 도움을 얻더라도 안전이나 평화는 확보되지 않는다는 것이 명백해지고 있으므로 초국가적 권위를 가진 연방정부의 필요성을 인정하였다. 그는 연방제에서 국가와 별개의 독립적인 사법・입법・행정 조직의 필요성을 강조하였다.

평화가 없으면 복지도 없다. 로빈스와 베버리지 모두 국가 주권의 남용이 국제 질서의 혼란을 초래하고 있다고 생각하고 군비나 외교에 관계되는 국가 주권을 국제적으로 가장 높은 지위에 있는 통치기관을 만들어 이양하도록 주장하였다. 그들은 문화적·종교적 배경이나 차이를 생각하여 연방제는 우선 유럽에 한정하여 실시할 것을 주장하였다.

하이에크는 「국가 연방주의의 경제적 조건」(1939)의 간행을 통해 국가 간 연방이 사람, 재화, 자본의 국가 이동에 관한 장애물을 제거하고 공통적인 법의 지배, 단일의 금융제도 및 공동의 통신관리를 가능하게 하는 것이 올바른 방향이라며 찬성하는 견해를 나타냈다. 또한 국가 간 연방의 중요한 목적이 평화를 확보하는 것이라 주장하였다(Hayek, 1939 : 343). 그의 연방주의론은 평화를 위해서는 정치적 통합뿐만 아니라 공동관세, 금융 및 재정정책과 같은 경제적 통합이 필요하며. 그 실현을 위하여 각국의 경제정책은 대폭 제한되어야 한다는 점을 강조하였다. 연방이 실현 가능한 체제가 되기 위해서는 모든 측면에서 작은 정부가 되어야 한다는 것이다. 국가권력은 상위조직으로 이양될 뿐만 아니라 하위조직으로도 이양되어야 하므로 연방정부로의 권력이양뿐만 아니라 지방자치단체 또는 더 작은 단위로의 권력이양이 필요하다고 주장한다(Hayek, 1939 : 358).

연방주의의 실현 가능성에 대해서는 매우 신중하였다. 무엇보다도 개별 국가들이 합의에 이를 가능성이 거의 없다고 생각하였다. 노동시간 제한과 강제적인 실업보험, 환경보호에 관한 입법은 가난한 지역과 부유한 지역 사이에서 찬반이 충돌할 것이다. 민족국가는 사람들의 상대적 균질성, 공통적인 이념과 전통의 존재 등이 여러 가지 문제와 관련하여 갈등을 최소로 할 수 있지만, 연방 차원에서는 확신할 수 없다는 것이다(Hayek, 1939 : 353-354).

하이에크에 있어서 연방주의란 자유주의와 민주주의, 국제주의가 결합된 것으로 현실의 자유주의의 실패에 대항하는 이상적 구상이었다. 따라서 국제적인 민주주의 정부를 위하여 지불해야 하는 대가가 정부의 권력과 범위를 제한

하는 것이라면 지나치게 높은 대가를 치르는 것이 아니며 민주주의에 대한 믿음을 신봉하는 사람들은 그러한 대가를 기꺼이 치를 각오가 되어 있다고 보았다(Hayek, 1939 : 362).

LSE의 연방주의 논의는 제1차 세계대전 이후부터 2차 세계대전에 걸친 기간에 가장 활발하였다. 전후 로빈슨과 베버리지의 이론은 다시 분화되었다. 로빈슨은 1955년 세계연방은 실현 불가능하며 바람직하지 않다는 생각으로 바뀌었다. 냉전 구도가 출현하면서 로빈슨은 유럽이라는 지역에 한정된 범위로만 연방제도가 중요하다고 판단하였으며 그것조차 충분히 기능하기는 어려울 것이라는 견해를 표명하였다(Robinson, 1955 : 288). 그에 대하여 베버리지는 세계정부가 가능하다는 입장을 견지하였다(小峯, 2007 : 384). 하이에크의 경우 자본주의권 선진 산업국가에서 복지국가가 형성되고 성숙되는 과정에서 자유주의와 민주주의, 국제주의를 옹호하는 입장에서 연방주의 논의는 복지국가의 과도한 중앙집권적 경향과 민족주의에 대한 비판과 맞물려 뮈르달의 복지세계론과 유사한 부분까지 나타나고 있다.

(3) 복지세계론

제2차 세계대전 후 선진국은 고도 경제성장을 달성하고 복지국가는 황금기로 향하였다. 이러한 시대를 배경으로 스웨덴 출신 경제학자 뮈르달(Myrdal)은 「복지국가를 넘어서」(1960)를 통해 복지세계론에 대한 견해를 밝혔다. 뮈르달은 1930년대 스웨덴에서 불황 시의 재정정책을 요구하며 보편주의 복지정책의 필요성을 주장하였다. 이후 제2차 세계대전 중 미국의 흑인문제를 조사하였고 전후 1947년부터 10년 동안 유럽경제위원회를 거치면서 세계 경제를 시야에 둔 복지국가 주창자로 변모하였다. 그는 스웨덴을 복지국가의 선진국으로 보았지만, 복지국가는 미완성이며 더욱 넘어서야 하는 존재라는 점을 강조하였다. 그때 중요한 개념이 복지세계로서 부유한 국가와 가난한 국가 모두 국제적 결속력이 늘어나는 것, 그것을 기초로 세계적 규모에서 기회를 균등하게 하는 국제협력의 추세가 상승하는 것을 의미하였다(Myrdal, 1960 : 219).

뮈르달이 말하는 복지세계는 세계를 시야에 포함하여 유럽에 초점을 둔 연방주의와 차이가 있다. 자본주의권의 선진국가는 국민적 통합이 진행되었지만 저개발국 대다수는 제2차 세계대전 후에 식민지 지배체제에서 벗어나도, 여전히 경제적 빈곤과 불안정한 내전상태에 시달리며 국민적 통합이 아직 달성되지 못했다. 또한 냉전 구조가 형성되고 남북 국가의 경제적 격차가 확대되어 소수의 복지국가만 형성되는 등 국제적 분열이 진행되고 있었다. 이러한 상황에서 뮈르달의 관심사가 유럽을 벗어난 세계 전체의 문제를 대상으로 했던 것은 당연한 귀결이었다고 할 수 있다.

뮈르달의 복지세계와 관련된 문제의식은 두 가지 개념을 통해 이해할 수 있다.

첫째, 순환적・누적적 인과관계에 근거하는 세계경제론이다. 자유로운 시장의 다양한 힘은 무역과 이민, 자본이동을 통하여 선진국과 재개발 국가 사이의 격차확대를 낳을 경향이 있다고 보았다. 그는 자유무역의 장점을 여러 차례 강조했지만, 그것은 어디까지나 동일한 출발선에 있는 국가에 해당되는 이야기였다. 선진국과 저개발국은 서로 대치되는 관점을 가지고 있었으므로 경제활동에 의해 국경을 초월한 통합이나 결합이 일어날 가능성은 크게 보지 않았다.

둘째, 복지국가의 국민주의적 한계이다. 복지국가의 가치 규범은 자유・평등・우애이며 국내적 차원에서 그러한 가치가 복지국가의 발달을 통해 더 크게 실현될 것으로 생각하였다. 그러나 국제 관계에서는 이상에 부합하는 성과를 올리지 못할 것이라 예상했는데, 그 이유는 복지국가의 국민주의에 있다고 주장하였다. 따라서 평등・자유・우애와 같은 보편적인 복지의 가치는 복지세계로 향하고자 하는 경제적・정치적 노력에 의해서만 달성될 수 있다는 것이다(Myrdal, 1960 : 16). 그를 위해서는 개별 국가의 경제계획 과정에 근본적인 변화가 일어나야 한다. 이는 현재 상황에도 적용될 수 있는 지적이다. 오늘날 경제적 또는 문화적으로 개방과 교류의 요구는 높아졌지만, 오히려 선진국은 복지국가로 발달하였음에도 동시에 국민주의를 강화하여 보편적 인권 또는 자유와 평등이라는 이상을 인류 전체의 복지로 확장해서 적용하려는 구체적 성과로 발전하지 못하고 있으며 외국인 등 소수자에 대한 배제와 혐오문제가 대두되고 있다.

뮈르달은 국민적 통합과 국제적 통합이 부딪히는 문제 상황을 고민하였다. 선진국의 복지국가는 성숙되었으나 식민지배에 있던 저개발 국가들은 독립을 얻은 후에 경제적 독립도 획득하려는 과정에서 국제적 분열이 진행될 수밖에 없다. 복지국가에 의해 국가의 통합은 발전했지만, 역으로 복지국가의 발전에 의한 국제적 통합이 이루어질 가능성은 확신할 수 없었던 것이다. 세계는 경제와 정치, 사회의 모든 측면에서 세계화되었지만, 국제적 통합은 국민경제와 복지 관련 정책을 국제적으로 조화롭게 조정하고 통합하는 것을 의미한다(Myrdal, 1960 : 163).

뮈르달은 복지국가의 이상적인 미래의 모습을 두 가지로 제시하였다. 첫째, 복지사회로의 진행이다. 이를 위해 조직의 하부구조 발달을 바람직한 동향으로 전제하고 하부구조에서 공공정책의 입안 및 실시가 이루어지는 분권화가 진행되어야 한다. 둘째, 복지세계로의 진행이다. 복지국가의 국민주의를 극복하여 지구적 차원의 복지를 지향한다. 이 두 방향은 모순되는 것 같지만, 복지국가를 넘어서는 주체는 각 개인이며 복지국가를 넘어서고자 하는 개인으로 이루어지는 사회에서 복지문화가 생겨날 수 있다고 생각하였다(藤田, 2009). 즉, 복지세계는 국가 엘리트에 의한 하향적인 민족주의적 통제가 아니며 개인에 의한 상향적·지역적·세계적 수준의 다층적 거버넌스로부터 출발할 수 있는 것이다.

하이에크는 복지국가에 대해 뮈르달과 대조적으로 평가하고 있지만, 이미 지적한 대로 이전부터 계속 연방주의론을 전개하고 있었다. 예를 들어, 「법과 입법과 자유」 제2권(1976)에서 논의되고 있는 이상세계는 국경이 인간의 자유로운 이동에 장애가 되지 않는 상태였다. 그는 국가의 경제 계획화뿐만 아니라 국제적인 경제 계획화에 대해 부정적이었다. 특정한 규제를 가하여 다수의 전문화된 기능을 창출하려는 목적이 있으므로 진정한 국제법의 제정은 어렵고 세계국가 건설은 불가능하였다. 따라서 개인적 자유의 보호가 더 확실히 보장될 때까지 단일한 세계국가 창설은 반드시 전쟁보다 더 큰 위험이 될 것이라 경고하였다(Hayek, 1976 : 16). 따라서 연방제를 통해서만 권력을 분할하고 지방정부로 이양할 수 있으며 국제법과 세계법의 이념을 실현할 수 있다고 생각하였다. 자유로운 사람들에 의해 구성되는 국가의 집합으로 이루어지는 하나의 공동체가 하이에크의 이념적 세계상이었지만, 그러한 구상은 지역적 범위에 한정되는 것이었다. 그의 이념에 따르면 국제연합이 무기력한 것은 세계적 범위를 포함하고 있기 때문이다.

하이에크와 뮈르달의 복지세계 관련 논의에서 공통적으로 복지국가의 국민주의적 성격을 비판하고 있다. 반면 뮈르달의 복지세계는 더 평등한 국경과 국민의 차별이 없는 세계, 즉 모든 사람이 자신의 희망대로 이동하며 평등한 조건으로 자신의 행복을 추구할 수 있는 세계를 강조한다. 복지세계는 정치적으로 모든 국민의 의사에 따라 민주적으로 통치하는 하나의 세계국가를 말한다(Myrdal, 1960 : 162). 단, 국민적 통합을 유지하면서 어떻게 국제적 통합으로까지 갈 것인지가 주요한 연구 과제라 할 수 있다.

뮈르달에 의하면 복지국가의 형성과정에서 사람들의 가치관이나 사고가 누적적으로 변하면서 복지국가의 퇴보는 쉽게 일어날 수 없게 되었다고 한다. 1980년대 이후 복지국가의 변화 추이를 보면 개별 국가의 합의 또는 타협의 복지정치의 발달로 인하여 복지국가의 재편의 그러한 동향이 반영되었다. 국민은 복지국가의 생활에 익숙해졌으므로 과거로 되돌릴 수 없다. 현재까지의 경험을 바탕으로 성립될 미래에 과거와 닮아 있는 부분이 있더라도 똑같은 경험을 밟지는 않을 것이다.

현재도 국제적 통합은 경제적 측면에서는 진행되지만, 정치적 · 사회적 측면에서 거의 진행되지 않고 빈곤이나 불평등 문제는 격화되고 있다. 선진 국가뿐만 아니라 저개발국도 포함한 전체 자본주의권의 복지세계의 실현은 아직 미완으로 남아 있는 것이다.

국가 간 연방설립에 의한 경제적 통합이 동시에 정치적 통합을 성립하는 것은 아니다. 하이에크는 민주주의가 통합 내지 조정의 수단으로서 만능이 아니라고 지적하였다(Hayek, 1939). 즉, 민주주의는 최대한의 사람들을 일치시키는 최소한의 분모에 지나지 않는 것이다(Hayek, 1944 : 179). 모든 인간이 동등한 위대한 사회의 이념과 패쇄적인 소규모 사회의 여러 가치를 동시에 보호하는 것이 가능하다는 신념은 환상에 불과하다고 하였다(Hayek, 1976 : 188). 복지세계는 열린 위대한 사회를 지향하지만, 복지국가는 상대적으로 지역적이며 부족적인 사회다. 이러한 속성이 그대로 있는 상태로 열린 복지세계로 갈 수는 없다.

인간은 언제나 새로운 길을 찾고 있었다. 과거로부터 연장된 미래를 해쳐나가면서 해결책을 찾아 왔다. 지금까지의 복지국가 경험 속에서 복지세계는 구상될 수 있으며 현재의 세계 전체를 대상으로 해야 가능한 것이다. 경제의 세계화에 비하여 정치나 사회의 세계화는 진전되지 않을 수도 있다. 하지만 복지국가는 분명 존재하는 역사다. 그리고 복지국가 이후도 복지국가 미래의 역사다. 어떤 궤적을 그릴 수 있을지 복지국가 이후의 국가와 국민, 시민의 안전 및 생활보장의 세계에 대하여 복지 세계의 유용성을 조화롭게 탐구해 나갈 필요가 있다.

11. 복지국가의 과제와 미래

1) 과제

(1) 경제적 효율성

복지가 경제적 효율을 높일 수 있는지는 복지국가 논의에서 계속 제기되는 과제다. 복지는 사회보장, 정의와 평등 등으로 대변할 수 있지만, 경제적 효율이란 경제성장 등과 가까운 의미이므로 복지와 경제적 효율을 병행하기는 쉽지 않다. 복지에 치중하면 노동 동기가 삭감되어 경제적 효율이 낮아진다는 주장, 복지 강화를 위하여 세율을 인상하면 저축이나 투자가 저해된다는 신념이 매우 강하다. 즉, 복지와 경제적 효율은 대립적 관계에 있다는 견해가 전통적인 시각이다.

그러나 복지국가의 평등주의적 제도개혁이 국내적으로 지역과 경제주체 사이의 격차를 축소하여 전반적으로 발전시키는 파급효과를 가져온다는 반대 주장도 있다. 인간의 잠재적인 생산능력을 더욱 완전하게 이용할 수 있도록 조건을 정비하는 역할을 함으로써 오히려 성장을 촉진할 수 있다. 따라서 복지국가에서 국민적 통합이 달성되면서 평등과 고도성장의 선순환 구조가 만들어진다는 것이다. 일찍이 1930년대 스웨덴의 인구 논의를 통해서도 복지는 단순한 비용이 아니며 인적자본에 대한 적극적 사회투자라는 것을 알 수 있다. 스웨덴 복지국가는 단기적인 수요 창출 대책뿐만 아니라 장기적인 노동생산성 공급을 향상시킴으로써 저출생 고령화 대책의 일환으로서 보편적 복지정책이 출발하였다. 이와 같은 경제 친화적 복지관은 대중과 폭넓게 결합한 인구대책의 논의를 통하여 스웨덴 등의 북유럽 국가에 정착하였다. 더욱이 제2차 세계대전 후 복지국가의 황금기에 스웨덴의 경제적·사회적 성공을 배경으로 국가적 통합은 그것이 작동할 기회를 얻게 되면 국민적 통합이 개별 복지국가에서 이루어진 것과 마찬가지로 통합 자체에 의해 경제적인 확장이 이루어질 것이라고 여겨졌다(Myrdal, 1960 : 173). 즉, 복지국가의 범위가 국제적으로 확장된다면 세계적인 경제성장도 기대할 수 있다는 것이다. 이러한 관점은 복지국가의 위기가 부각되는 시대에는 소수였지만 최근 복지와 경제적 효율의 관계는 다시 평가되고 있다. 예를 들어, 2000년대 초반 각 국가의 데이터를 기반으로 GDP에서 차지하는 사회지출 비율과 1인당 GDP는 인과관계가 없다는 연구가 제시되었으며 1990년대 내생적 경제성장 이론의 연구에서 불평등이 경제성장을 저해한다는 실증적 분석이 제시되었다. 또한 기업이나 산업의 특수한 기능이 형성되는 과정에서 고용이나 임금 보호와 같은 복지대책이 성장을 지탱해 준다는 복지와 생산의 선순환을 주장하는 연구도 제시되고 있다(Pontusson, 2005 : 166; Alesina & Rodrik, 1994).

이러한 결과는 복지는 인적자본에 대한 투자라는 복지관을 공유하는 논의로서 북유럽 국가의 역사적 경험이 반영해 있다. 사회적 투자전략은 공공교육이나 직업훈련 프로그램, 아동의 돌봄이나 소득보상 프로그램을 통한 교육 향상이 포함된다. 이러한 논의에 의하면 잘 정립된 사회안전망은 실업자인 성인의 고용 가능성을 높이는 데 효율적으로 기능한다. 아동에 대해서도 기초학습 부족이나 불평등의 주요 요인이 취학 전 단계에 있으므로 0~6세 아동에 대한 투자가 가장 높은 성과를 낳는다고 한다. 따라서 출생 후 1년 동안의 유급휴가와 이용료가 저렴한 질 높은 보육 서비스의 조합이 아동의 학교 접근성의 균등성을 높여 투자 대비 성과를 높인다는 것이다(Esping Andersen, 2009 : 134-138). 즉, 유소년기의 교육환경에 대한 복지정책의 개입이 경제적 효율성을 낳고 일생에 걸친 불평등을 삭감하므로 사회정책의 효율성 문제 때문에 혼란스러워할 필요는 없다. 따라서 공공의 재원은 제한되어 있지만, 인적자본에 대한 복지투자가 경제적 효율성 측면에서도 정당하며 사전적인 재분배가 포용력을 크게 하고 경제효율과 노동생산성을 높이는 데에 훨씬 효과적이라는 지적에 주목해야 한다(Heckman, 2013 : 40). 하지만 국제적으로 낮은 출생률과 고령화가 진행되는 가운데, 사회투자 전략이 기대한 만큼의 성과를 올릴지 알 수는 없다. 치열한 국제경쟁이나 재정 상황이 엄중한 가운데 어떠한 복지국가가 경제적 성과와 양립하면서 여전히 복지와 경제적 효율성을 지켜내면서 발전할 수 있을지가 중요한 과제가 되고 있다.

복지국가가 경제성장에 부정적 영향을 끼치는지는 복지제도의 내실과 관련이 깊다. 무조건 경제적 효율성을 해치는 것은 아니지만 현재의 사회경제적 상황은 복지국가의 지속 가능성과 타당성 자체를 다시 고민해야 하는 시점이기도 하다. 노동생산성 중심의 복지국가로부터 환경 효율성으로 전환해야 한다는 지적도 제기되고 있다. 즉, 복지를 고용과 같은 경제적 관점으로만 평가할 것이 아니라 인간이 자신의 인생을 살아갈 수 있도록 조건을 만드는 관점이 중요하다는 것이다(齊藤, 2004 : 8). 하지만 여전히 현재의 사회적 공정뿐만 아니라 경제적 효율성도 중요한 논점이 될 수밖에 없다. 복지와 경제는 동전의 양면과 같기 때문이다. 따라서 양립할 수 있는 복지공급의 형태를 찾고 정치적 합의를 형성하는 것이 과제이다. 이는 복지국가 재편의 주요한 문제이면서 동시에 복지국가 이후의 세계로의 확장 가능성과 관련되는 문제라 할 수 있다.

(2) 국민주의와 세계주의의 조화

복지국가는 본질적으로 국민주의적 성질을 가지며 대외적으로 배타적으로 될 수 있다. 하지만 개별 국가 내의 국민적 통합을 위해서는 긍정적이다. 국경을 초월한 지구적 차원의 정의에 논의한 베이츠(Beitz)의 「국제질서와 정의(Political Theory and International Relations)」(1979)에 의하면 롤즈의 정의론은 그 범위를 국민국가로 범위를 제한하는 것이라고 비판하며 국제적으로 상호의존과 교류가 늘어나고 있는 현실에서 새로운 지구적 규모의 정의가 필요하다고 강조하였다. 국가 중심의 정의론은 한계를 맞이했으므로 국가와 국익에 매달린 국민주의적 관점이 아니라 지구 시민적 관점으로의 전환을 주장한다. 이는 복지국가를 넘어 복지세계를 지향하는 뮈르달의 시각을 계승한 것이다(進藤, 1989 : 282).

현대의 세계주의 사상은 과거 로마제국의 문맥에서 패권적 시각의 논의가 아니라 경제의 세계화를 주요 배경으로 하고 있다. 복지국가의 전환 방향이 불분명한 현실에서 특정 국가의 국민이 아니라 세계 속에서 개인의 복지와 안전을 보장하려는 세계주의가 새롭게 논의되고 있다. 세계주의의 대표적 논객 중 한 명인 포게(Pogge)에 의하면 정의는 해악을 끼치지 않는 소극적 의무, 어떠한 대응을 해야 하는 적극적 의무로 구분된다. 우리는 국내를 향한 소극적 의무는 수용하는 반면, 세계화된 경제 체제에 대해서는 그것을 수용하지 않고 있으므로 그러한 이중적 태도는 국민주의 사고 때문이라고 비판한다. 그의 세계주의 태도는 국가주의를 배척하고 각 국가가 동일한 차원의 정의에 관한 의무를 수행함으로써 세계 속의 개인의 복지를 확보할 수 있다는 것이다. 따라서 국가의 통치권리를 특권으로 보고 분산시킬 것을 제안하였다. 단순히 집권적 세계국가만으로 지지를 받을 수는 없으므로 규제와 균형 기능이 충분히 확보된 다층적으로 세계화된 거버넌스를 강조하였다(Pogge, 2008 : 277).

하지만 이러한 논의에 대해서 자유주의적 국가주의론 관점의 비판이 제기된다(Miller, 1995). 국민주의의 근대적 요소에 평등이나 연대와 같은 건설적 역할이 포함되어 있으므로 결코 무시할 수 없다는 것이다. 민주주의나 사회정의가 달성될 수 있는 것은 구성원이 공통적인 정체성과 같은 유대로 서로 연결된 공동체를 이루고 있기 때문이다. 복지국가는 지금까지도 항상 국민주의를 기반으로 하고 있으며 공동체 구성원이 서로 돕고 존중할 수 있도록 보장하는 기초위에서 정당화되었다. 우리는 국가 내부적으로는 연대하면서 동시에 윤리적인 외교정책을 강조하는 국민주의를 목표로 해야 한다. 각 국가는 민주적 절차에 의한 독자적 문화를 갖추고 있으므로 어느 정도의 세계적 불평등은 각

국가의 문화적 가치를 반영한 정책의 결과이므로 불가피한 것이며 부정의라 할 수 없다고 하였다(Miller, 1995 : 338-339). 하지만 전 인류에게 부과되는 최소 기준은 필요하며 그것은 기본적 인권이라 이해해도 좋을 것이다. 국제주의적 애국자는 만인이 같은 뿌리를 갖는 세계인으로서 복지세계의 가능성을 수용할 수 있다고 한다(Appiah, 1996 : 48). 또한 민주국가는 애국주의를 기초로 하지만, 국가적 범위를 초월한 문제에서도 연대를 강화해 왔으므로 세계인으로서의 연대는 필요하다. 즉, 인간은 세계주의자면서 동시에 애국자라 할 수 있다. 단, 보편주의적 유대관계를 통한 열려 있는 애국주의로서 폐쇄적인 국민주의에 대항하여 투쟁하는 것을 의미한다(Taylor, 1996 : 2003). 이는 곧 국민주의와 세계주의의 양립 가능성을 의미한다. 세계주의 자체가 개인의 자연스러운 정체성과 현실성을 초월하는 실체가 없는 환상에 불과하므로 위험하다는 비판도 제기된다(Himmelfarb, 1996 : 131-132). 하지만 세계주의에서 지적하는 인간의 문화와 언어, 생활양식의 다양성은 복지국가의 경계와 포용성과 관련된 논의에서 충분히 경청할 가치가 있다. 세계주의가 강조하는 다양성의 우선성은 '좋은 것'보다 '옳은 것', 즉 정의를 우선하는 복지국가의 정체성에 대한 과제로 이해해야 할 것이다.

(3) 다양성과 보편성의 추구

복지국가는 자유・평등・우애라는 근대적 가치를 실현하는 체제로서 확장되었다. 하지만 복지국가를 근대적 계몽주의의 산물이며 다양성이나 다원적 가치를 부정하고 규격화나 감시를 강화하는 구조라는 비판이 제기되었다. 물론 복지국가 옹호론자는 상품화나 시장 자유주의 중심의 세계화 현상을 무시한 것이며 그 결과 새로운 빈곤 문제를 은폐하려는 이데올로기적 연막이나 복지국가를 해체하려는 술수에 불과하다고 반박한다(新川, 2014 : 108). 복지국가의 재편에서 다양성과 보편성은 대항적인 관계로 보일 수도 있지만, 국민주의와 세계주의 관점에서도 병행하여 생각할 필요가 있다. 특히 불평등, 환경재앙,

코로나 팬데믹 등 국경을 초월한 위험이 존재하고 있는 현 상황에서 이질적인 공동체가 공존하는 방법을 고민해야 한다. 사회적 경계를 초월하여 다른 문화 사이의 대화와 선택의 기반이 되는 공통적인 가치(Common Values)를 찾으려는 노력이 필요하다(Bok, 1995). 윤리학자 보크(Bok)는 최소화 가치를 세계 속에 보편적으로 확보해야 한다는 점을 강조하였다. 즉, 최소화 가치는 보편적으로, 최대화 가치는 특수하게 추구함으로써 공통가치를 확보할 수 있다고 하였다. 집단 전체의 생존에 필요한 기본적 가치는 모든 사회적 경계를 초월하여 최소주의 가치로 정할 수 있다. 그러한 가치는 개인, 가족, 공동체, 국가와 국제관계 등 모든 차원에서 인간의 공존을 위해 제외할 수 없다. 공동의 가치와 다양성은 함께 긍정할 수 있으며 그러할 때만이 민족·종교·정치적 이유로 가해지는 학대에 대하여 비판할 수 있다. 이질적 문화 사이의 대화를 위해 사회가 어떠한 공통의 기반을 가져야 한다면, 기본적 가치 중 무엇이 문화적 경계를 넘어 공유될 수 있는지 시급히 조사하고 대응해야 할 것이다.

또 하나의 관련 논의로서 누스바움(Nussbaum)의 잠재능력 리스트도 주목할 만하다. 잠재능력은 그 수준 이하로는 도저히 인간다운 기능을 달성할 수 없는 최저수준을 의미하며 사회의 목표는 그 수준 이상이어야 한다는 것이다(Nussbaum, 2000 : 6, 92-95). 인간의 기능적 잠재능력은 10개 항목으로 구성된다. ① 생명, ② 신체적 건강, ③ 신체적 보전 : 자유로운 이동과 비폭력, ④ 감각·상상력·사고, ⑤ 감정 : 자신의 주변 사물이나 사람에 대한 애정, ⑥ 실천이성 : 바람직한 생활의 구상과 인생 계획에 대한 비판적 숙고, ⑦ 연대 : 다른 사람과의 연대와 공존, 자존감의 사회적 기반의 형성, ⑧ 자연과의 공존, ⑨ 유희, ⑩ 환경의 통제 : 정치참가와 자산의 형성이다.

다양성은 보호해야 하지만 문화적 다양성은 서로 다른 요소가 충돌할 수 있으므로 어떠한 것을 준수할지를 평가하는 기준은 있어야 할 것이다. 보편성을 반영하는 종합적인 기준과 특수한 환경이나 문화에 관한 상세한 기준 모두 필요한 것이다. 아시아적 가치와 부합하지 않는 서구 중심의 가치를 강요해서도 안 되지만, 공통의 인권과 정의에 기반한 복지의 가치를 무시해서도 안 될 것이다. 따라서 두 가지로 나누어 생각해야 한다. 즉, 최소주의 가치와 잠재능력의 충족을 보편적으로 요구하면서 최대주의 가치와 다양성을 추구하는 것이다.

(4) 디지털 혁명과 사회격차

최근의 디지털 혁명의 가속화는 장단점을 동시에 갖고 있다. 가장 큰 장점은 디지털 혁명으로 현재 정책이 더욱 효율적으로 개선되고 혁신적・효과적으로 설계될 것이다. 더 많은 정보와 성과 체계가 구축될 것이며 조세 회피도 상당 부분 개선할 수 있을 것이다. 또한 인공 지능과 빅 데이터 정보의 활용으로 대기 시간이나 낙인 과정 없이 희망하는 사람을 복지기관으로 연결하여 사각지대를 상당 부분 해소할 수 있을 것이다.

하지만 인간을 대체할 수 있는 인공지능 로봇이 등장하여 경제활동과 소득재분배를 수행한다면 문제가 발생할 수 있다. 분명히 생산성은 증가할 수 있겠지만, 누군가의 임금은 저하될 것이다. 로봇 소유자가 생산물의 이윤을 대부분 가져가고 불평등은 더욱 확대할 수 있다. 많은 사람이 비정형적이고 일시적 노동으로 내몰리거나 사회보장과 무관한 자영업에 종사하게 될지 모른다. 새로운 노동방식은 노동안전이나 복지제도의 보호를 받지 못할 것이다. 이러한 공유경제를 포함한 디지털 경제는 노동법의 적용을 매우 애매하게 할 것이다. 만일 이러한 모습이 디지털 혁명에 의한 복지국가의 미래라면 사회적 격차 확대로 인하여 안정적인 지속 가능성은 매우 불안해질 것이다

복지국가의 사회적 격차는 교육, 결혼, 고용, 범죄, 시민참가, 신뢰 등 여러 방면에서 확대될 것이다. 가진 계층과 그렇지 못한 계층 사이의 연대는 깨어지고 국내뿐만 아니라 국가 간 안정성은 위협받게 될 것이다. 이러한 격차는 소득격차와 연동될 것이다. 격차를 줄이기 위한 경제적 지원을 확대해도 단기간에 뚜렷한 효과를 보기는 어려울 것이다. 사회적 격차의 원인은 매우 다양해서 재정적 차원의 격차만 해소된다고 문제가 해결되지 않기 때문이다. 의료

적 서비스, 인터넷 접근, 좋은 일자리, 과거보다 개선된 삶의 질 등 복합적 원인이 관계된다(이명현, 2020 : 215). 특히 노동조건은 매우 중요하다. 디지털 혁명에 의해 기존 임금노동이 상당 부분 대체되는 영역이 발생한다. 그런데 디지털 혁명으로 인하여 인간의 생활시간 참가 기회가 확대되고 비임금 노동은 새로운 사회적 노동으로 자리 잡을 수도 있다. 따라서 디지털 혁명과 새로운 노동의 효과적 연결이 가능한 노동조건의 정비가 필요하다. 물론 이러한 과제는 국내뿐만 아니라 국제적인 복지제도 설계에 대한 정치적 정당성과 합의를 어떻게 할 것인가에 따라 달라질 것이다. 인구학적 변화에 따른 복지국가 프로그램의 변화에 찬성하면서도 특정한 욕구 충족을 위한 변화에는 반대할 수도 있다. 복지제도는 살아 있는 유기체와 같이 현실의 상황에 매우 민감하다. 사라져야 할 구시대의 유물이 아니라 앞으로도 여전히 작동 가능한 훌륭한 유산이다.

(5) 저출생과 고령화

기술혁명과 의료기술 발달 등으로 인간의 수명이 연장되면서 현재의 복지국가 체제는 지속 가능한 재편을 서둘러야 할 처지에 있다. 특히 유럽의 복지국가는 초기 연금 수령자가 적고 퇴직 이후 사망까지의 기간이 비교적 짧은 시기에 출발하여 관대한 연금제도로 출발하였다. 하지만 노인의 기대수명 연장으로 퇴직 후 생활주기가 길어지면서 예상되는 지출을 감당하기 어려울 것이라는 비관적 전망이 제기된다. 또한 노인인구 부양 비율이 높아지면 생산인구의 조세부담이 증가하여 사회적 연대가 파괴되어 파국을 맞이할 위험도 있다. 여기에 의료비 지출도 증가할 것이라 예상할 수 있으므로 소득보장과 의료보장의 압박은 복지국가를 크게 흔들 수 있다.

인구구조의 고령화에 가장 큰 영향을 미치는 요인으로 출생률을 제외할 수 없다. 출생률이 계속 높게 유지된다면 고령화 쇼크에 견딜 수 있기 때문이다. 한국의 초저출생률이 앞으로 계속 유지될지는 쉽게 단언할 수 없다. 마찬가지로 기대수명도 계속 연장될지 장담할 수 없다. 일정 기간 바닥을 치고 인구구조의 고령화는 완화될 수도 있다. 앞으로 저출생 고령화로 인구가 계속 줄어든다면 국경을 초월한 노동력의 자유 이동 문제가 대두될 것이다. 세계화 현상의 보편화로 사회적 덤핑이 전 지구적 범위로 증가하고 복지국가 단위의 인구 문제는 또 다른 국면을 맞이할 수도 있다. 장기적으로 인구구조가 어떤 양상으로 귀결될지 불확실하지만, 복지국가의 중요한 과제인 것은 분명하다.

노인인구 부양 비율이 높은 국가라도 높은 수준의 연금제도 운영이 불가능한 것은 아니다. 노동시장 참여율과 동시에 생산성도 높은 수준으로 유지될 경우, 공적연금을 비롯한 충실한 사회보장 제도의 운영이 불가능한 것은 아니다. 또한 고소득층 노인 및 젊은 세대가 상대적으로 더 많이 부담할 수도 있으며, 반대로 저소득층 노인 및 젊은 세대가 더 적게 부담할 수도 있을 것이다. 이와 관련하여 계급보다는 복지정치의 방향에 따라 개혁방향이 선택될 것이다. 즉, 출생률과 고령화, 부양 비율 등 객관적 위기의 조건이 존재하지만, 기계적으로 복지국가의 붕괴로 연결되지는 않을 것이다.

현재의 복지국가 생산성을 유지하기 위해서는 더 많은 사람이 지금보다 더 오래 일해야 할 것이다. 고령인구의 노동시장 참가를 늘리고 은퇴 이후의 노동활동이 촉진될 수밖에 없다. 뿐만 아니라 연금이나 보건의료 등 건강 관련 정책을 포괄적으로 통합하는 대응도 필요하다. 55~64세 인구의 고용 증가는 연금제도의 지속 가능성뿐만 아니라 노동력 감소를 보충하는 방법으로도 중요하다. 1990년대까지 유럽의 고용자 고용률은 조기퇴직 등의 영향으로 전반적으로 줄어들었지만, 2000년대 이후부터는 더 오래 일하는 기조로 방향이 전환되었다(이명현, 2020 : 148).

〈표 10〉 세계의 고령자 고용률(2020년 기준, %)

한국	미국	독일	영국*	일본	호주	프랑스	스웨덴	OECD 평균
66.6	60.3	65.3	63.6	76.7	63.6	53.8	77.8	60.4

*영국은 2016년 기준.

자료 : OECD, Stats, OECD.org

〈표 11〉 한국의 고령자 고용률(%)

2016	2017	2018	2019	2020	2020 12월	2021 1월	2021 2월	2021 3월	2021 4월	2021 5월
66.2	67.5	66.8	66.9	66.6	65.7	63.2	63.6	65.2	66.1	67.1

자료 : 국가통계포털(KOSIS). 고령자 고용동향.

고령자 고용률은 2020년 기준 OECD 평균 60.4%를 기록하고 있다. 한국은 상대적으로 높은 수준이다. 고령자가 일을 많이 하는 현상을 활기찬 노후 정책의 성공적 사례라 평가할 수도 있겠지만, 노년층 스스로 생계를 책임지는 경우가 많기 때문일 수도 있다.

조기퇴직을 유도하는 정책은 높은 실업률을 줄일 수 있는 효과적인 대안이라 할 수 없다. 은퇴인구의 비중이 높아지고 그에 따른 비용이 증가하면 이 방법은 고령화된 복지국가에 더욱 큰 부담이 될 수 있다. 조기 퇴직자가 늘어날수록 상대적으로 연금제도의 부담은 늘어날 것이므로 오히려 수급 연령을 상향 조정하는 방안이 유리할 것이다. 하지만 그러한 개혁은 많은 저항과 사회적 논란을 불러일으킨다. 연금개혁이 연금 삭감과 수급 연령의 상향과 같은 재정의 지속 가능성에 비중을 두면 노동자와 수급자는 기존의 연금권에 대한 위협으로 느끼고 조직적으로 저항할 수밖에 없을 것이다.

조기퇴직을 유도하기보다 점진적으로 은퇴를 준비할 수 있도록 시간제 근로를 통한 보충소득을 보장하거나 임금피크제 등의 정년연장과 부분적인 소득이 결합된 활동적인 시니어(Active Senior) 대책이 더 나을 수 있다. 하지만 조기퇴직 제도가 완전히 실패한 제도라고 섣부르게 평가할 수는 없다. 계속 일을 할 것인지, 조기퇴직을 할 것인지는 소득 및 교육 수준에 따라 차이가 있을 수 있으므로 쉽게 단언하기 어렵다. 정년연장 등 은퇴 시기를 연장하는 것이 오히려 조기퇴직을 유도한다는 지적도 있다(중앙일보 2019. 10. 18. 경제 2면). 고령자의 퇴직 문제 이상으로 정년연장이 노동시장 진입을 앞둔 청년세대의 고용을 저해하는 문제로 발생하지 않도록 조정하는 것도 중요한 과제라 할 수 있다.

고령화 문제에 대한 복지국가의 과제는 경제환경 변화에 대한 예측이 매우 중요할 것이다. 고령자의 노동 수요가 계속 증가할 것인지, 조기퇴직 제도가 계속 유지될지 정확한 예측이 필요하다. 특정 산업과 직업에 따라 대응이 달라야 한다. 고용주와 노동자의 관계에서 은퇴 후 계속 고용하는 문제에 대해서 이해관계가 날카롭게 대립할 수 있다. 실업률 해소와 노동조건의 개선, 좋은 일자리 창출, 근로시간 단축, 기업의 노동비용 부담의 증가와 경쟁력 강화, 규제 완화의 요구 등 복지와 성장의 조화를 위한 복지국가의 조정 능력은 지속적인 도전에 직면할 것이다.

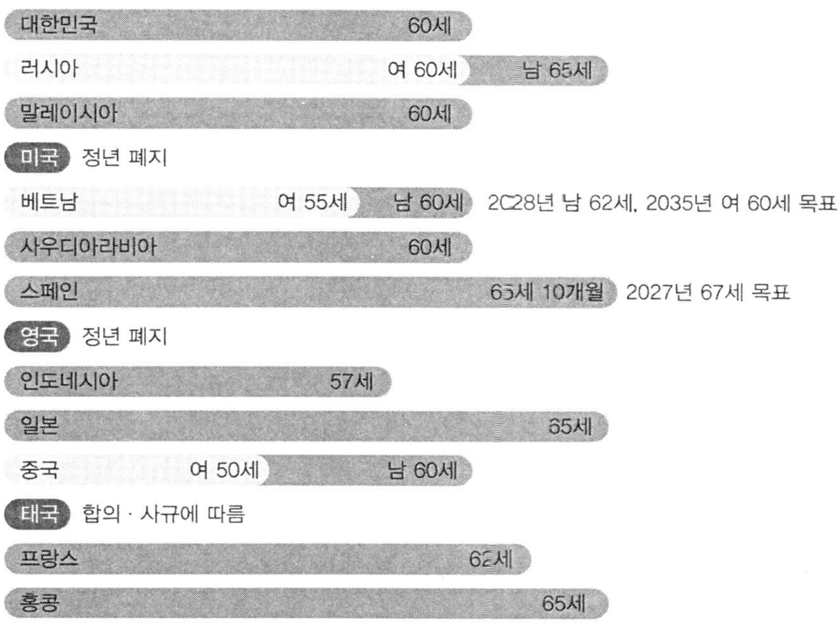

| 그림 7 | 세계 주요국의 정년 현황

자료 : 세계법제정보센터(https://world.moleg.go.kr/) 자료실>법제동향>세계 주요국의 정년제도(2020. 3) 2021. 7. 12. 추출.

(6) 가족의 변화

복지국가의 사회보장 제도는 정규직 남성 중심의 핵가족을 전제로 하였다. 하지만 가족구조의 소규모화와 여성의 탈가족화는 기존 복지국가에서 볼 수 없었던 변화다. 전통적인 복지국가의 경우 이혼과 한부모가족의 비율 모두 문제가 되지 않았기에 굳이 국가가 가족의 역할을 위해 개입할 필요가 없었다. 그러나 전반적으로 이혼과 혼외 출산의 증가 등 전통적인 핵가족 구조는 변모하고 있다.

〈표 12〉 인구 1000명당 이혼율[1](%)

구분	1990	1995	2000	2005	2010	2011	2012	2013	2014	2015	2016	2017	평균
한국	1.1	1.5	2.5	2.6	2.3	2.3	2.3	2.3	2.3	2.1	2.1	2.1	2.1
오스트레일리아	2.5	2.8	2.6	2.6	2.3	2.2	2.2	2.1	2.0	2.0	1.9	2.0	2.3
덴마크	2.7	2.5	2.7	2.8	2.6	2.6	2.8	3.4	3.4	2.9	3.0	2.6	2.8
핀란드	2.6	2.7	2.7	2.6	2.5	2.5	2.4	2.5	2.5	2.5	2.5	2.4	2.5
프랑스	-	2.1	1.9	2.5	2.1	2.0	2.0	1.9	1.9	1.9	1.9	-	1.7
독일	1.9	2.1	2.4	2.4	2.3	2.3	2.2	2.1	2.1	2.0	2.0	1.9	2.1
그리스	0.6	1.0	1.0	1.2	1.2	1.1	1.3	1.5	1.3	1.4	1.0	1.8	1.2
아일랜드	-	-	-	0.8	0.7	0.6	0.6	0.6	0.6	0.7	-	-	0.4
이탈리아	0.5	0.5	0.7	0.8	0.9	0.9	0.9	0.9	0.9	1.4	1.6	1.5	1.0
네덜란드	1.9	2.2	2.2	2.0	2.0	2.0	2.0	2.1	2.1	2.0	2.0	1.9	2.0
노르웨이	2.4	2.4	2.2	2.4	2.1	2.1	2.0	2.0	1.9	1.9	1.9	2.0	2.1
스페인	0.6	0.8	0.9	1.7	2.2	2.2	2.2	2.0	2.0	2.1	2.1	2.1	1.7
스위스	2.0	2.2	1.5	2.9	2.8	2.2	2.2	2.1	2.0	2.1	2.0	1.9	2.2
터키	-	-	-	1.4	1.6	1.6	1.6	1.6	1.7	1.7	1.6	1.6	1.2
영국	2.7	2.9	2.6	2.6	2.1	2.1	2.0	2.0	1.9	1.7	1.8	-	2.0
미국	-	4.4	4.0	3.6	3.6	3.6	3.4	3.3	3.2	3.1	3.0	2.9	3.2
평균	1.3	1.9	1.9	2.2	2.1	2.0	2.0	2.0	2.0	2.0	1.9	1.7	1.9

자료 : OECD. Stat. Family Database : Indicator-The structure of families 〉 Crude divorce rate.

1) 저자가 북유럽, 유럽대륙, 남부유럽을 임의로 추출하였음.

〈표 13〉 혼외 출산율(births outside marriage)(%)

구분	1990	1995	2000	2005	2010	2011	2012	2013	2014	2015	2016	2017	2018	평균
한국	1	1.2	1.2	1.8	2.1	2.1	2.1	2.1	1.9	1.9	1.9	1.9	2.2	1.8
오스트레일리아	21.9	26.8	29.2	32.6	34.4	34.2	34.5	34.4	34.4	34.5	34	34.8	35.3	32.4
덴마크	46.4	46.5	44.6	45.7	47.3	49	50.6	51.5	52.5	53.8	54	54.2	54.2	50.0
핀란드	25.2	33.1	39.2	40.4	41.1	40.9	41.5	42.1	42.8	44.3	44.9	44.8	44.6	40.4
프랑스	-	-	43.6	48.4	55	55.8	56.7	57.2	58.5	59.1	59.7	59.9	60.4	47.3
독일	15.3	16.1	23.4	29.2	33.3	33.9	34.5	34.8	35	35	35.5	34.7	33.9	30.4
그리스	2.2	3	4	5.1	7.3	7.4	7.6	7	8.2	8.8	9.4	10.3	11.1	7.03
아일랜드	14.6	22.3	31.5	31.8	33.8	33.9	35.1	35.3	36.3	36.6	36.7	37.6	37.9	32.6
이탈리아	6.5	8.1	9.2	15.4	21.8	23.7	25	26.9	28.8	30	31.5	32.8	34	22.6
네덜란드	11.4	15.5	24.9	34.9	44.3	45.3	46.6	47.4	48.7	49.8	50.4	51	51.9	40.2
노르웨이	38.6	47.6	49.6	51.8	54.8	55	54.9	55.2	55.5	55.9	56.2	55.7	56.4	52.9
스페인	9.6	11.1	17.7	26.5	35.5	37.4	39	40.9	42.5	44.5	45.9	46.8	47.3	34.3
스위스	6.1	6.8	10.7	13.7	18.6	19.3	20.2	21.1	21.7	22.9	24.2	25.2	25.7	18.2
터키	-	-	-	-	2.6	2.7	2.6	2.7	2.8	2.8	2.9	3	2.9	1.9
영국	27.9	33.5	39.5	42.9	46.9	47.3	47.6	47.5	47.6	47.9	47.7	48.2	-	40.1
미국	28	32.2	33.2	36.9	40.8	40.7	40.7	40.6	40.2	40.3	39.8	39.8	39.6	37.9
평균	15.9	19.0	25.1	28.6	32.5	33.0	33.7	34.2	34.8	35.5	35.9	36.3	33.6	30.7

자료 : OECD. Stat. Family Database : Indicator-The structure of families 〉 Share of births outside of marriage.

유럽의 복지국가에 비해서 한국은 혼외 출산율이 절대적으로 낮게 나타나고 있다. 특히 프랑스와 덴마크, 네덜란드, 노르웨이 등 유럽의 복지국가는 최근 50% 이상의 높은 혼외 출산율을 기록하고 있다. 가족주의 성향이 강한 이탈리아 등 남부 유럽의 복지국가는 상대적으로 낮은 혼외 출산율이 보였지만 가파르게 상승하고 있다. 합계출산율이 높은 국가일수록 혼외 출산율도 높아지는 경향이 보인다(김두섭·하나영, 2020).

가족구조 변화와 여성의 취업률 증가는 그동안 남성 가장에게 높은 수준의 가족 임금을 보장하고 다양한 복지제도로 가족 전체의 복지 향상을 추구해 왔던 체제를 다시 검토할 수밖에 없다. 더욱이 노동 변화와 기술발전, 젠더 평등이 더해지면서 전통적인 성별 분업 중심의 복지국가 모델은 효과적이지 않게 되었다. 따라서 비임금 노동에 기반한 가족의 부양과 양육지원 등의 돌봄 활동을 어떤 형태로든 노동시장에 편입하여 상품화로 연계하지 않을 수 없다. 또한 새로운 사회적 돌봄과 참여를 통해 사회적 고립을 극복하기 위한 대책을 준비해야 할 것이다.

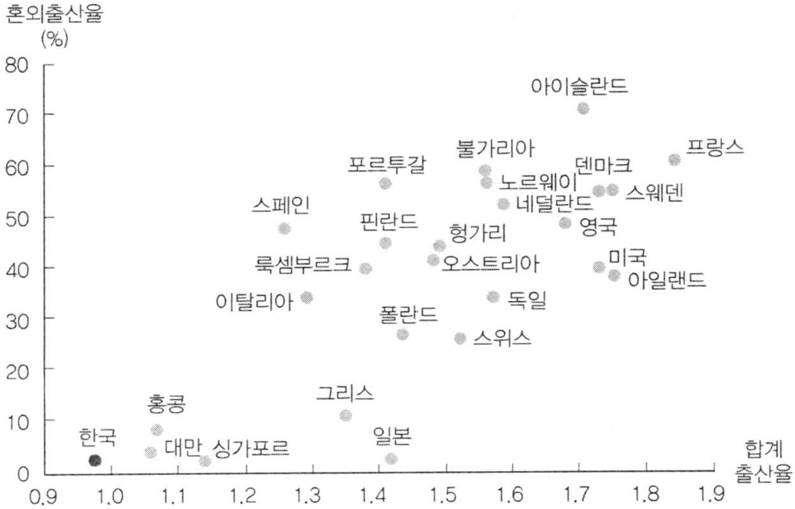

| 그림 8 | 합계 출산율과 혼외 출산율의 상관관계

자료 : OECD family Database(https://www.oecd.org/els/family/database.htm); 김두섭 · 하나영(2020), p. 51 재인용.

광범위한 돌봄서비스와 보편적 사회서비스가 발달한 사회민주주의 복지국가는 여성의 경제활동 참가율이 높게 나타난다. 여성의 고용은 돌봄서비스 출산 및 육아휴직 제도에 영향을 받는다. 뿐만 아니라 가족에 대한 현금지원 및 세제 혜택과 보육 서비스의 제공, 출산 및 육아 관련 휴가 등 가족정책이 활성화된 복지국가는 출생률이 상대적으로 높게 나타난다. 스웨덴, 프랑스 등은 출산 및 양육의 국가책임에 대한 사회적 합의가 이른 시기에 형성되면서 일정한 성과를 거두었다. 특히 스웨덴의 동거법, 네덜란드의 동반자 등록법, 프랑스 시민연대계약(PACS), 독일의 파트너 등록법 등은 다양한 가족 형태를 지원하는

정책으로서 출생률에도 영향을 미치는 것으로 보인다.[2)]

현금지원 및 세제 혜택의 경우, 모든 소득계층에 대해 아동수당을 지급하고 양육비 보조와 세제 혜택을 추가로 제공할 수 있다. 스웨덴과 프랑스는 자녀 수가 늘어날수록 아동 1인당 수당이 증가하는 구조로 되어 있다. 반면 영국, 아일랜드는 자녀 수에 따른 차등 지원이 없다. 프랑스는 가사 도우미에 대한 양육비 지출을 보조하고 있으며 아일랜드는 저소득 노동자 가정에 대해 추가 수당(working family payment)을 지급한다. 또한 프랑스와 영국 등은 자녀가 있는 가구에 대한 환급형 세액공제를 운영한다(한국은행 국제경제리뷰, 2019 : 10).

보육 및 교육서비스의 경우, 정부 차원에서 영유아 육아를 지원하기 위한 보육서비스와 취학 자녀의 교육비 부담을 줄이기 위한 서비스를 적극적으로 제공한다. 스웨덴과 프랑스의 보육시설 중 70% 이상이 공립이므로 3세 미만 아동의 기관보육 등록이 매우 높다. 초·중·고 과정의 교육비는 공립의 경우 대부분 무상이며 대학 교육비도 영국을 제외하고는 대부분 낮은 수준이다(한국은행, 국제경제리뷰, 2019 : 12).

출산휴가 및 육아휴직의 경우, 스웨덴은 남녀 모두 육아휴직 이용이 활성화되어 있으며 프랑스는 여성 노동자의 50% 이상이 육아휴직을 이용한다. 출산 30개월 이내 재출산 시 육아휴직 급여는 기존 소득의 100%가 지급되며 복직 이후에도 종전 급여 및 근무지 유지 등 불이익을 당하지 않는다. 스웨덴의 경우 부부에게 할당된 육아휴직 중 남성만이 사용 가능한 육아휴직 기간이 할당되어 있으며 사용하지 않으면 소멸된다. 또한 가정 상황에 따라 탄력적으로 이용할 수 있는 돌봄 휴가와 간병을 위해 사용 가능한 부모 휴가제도를 운영하고 있다.

---

2) 스웨덴 동거법은 1988년 시행되었으며 동거 커플에 대한 법적 사실혼을 인정하며 임신·출산·보육의 차별 없이 지원한다. 네덜란드 동반자등록법은 1998년 시행되었으며 계약 동거를 허용하며 혼인가족과 동일한 법적 의무와 권리를 인정한다. 프랑스 시민연대계약(PACS)은 1999년 시행되었으며 독신자도 가족수당, 소득세 계산 등에서 혼인 가구와 같은 혜택을 제공한다. 독일의 파트너 등록법은 2001년 시행되었으며 동서 동거인도 법적 파트너로 등록이 가능하다(중앙일보, 2018. 3. 30. https://news.joins.com/article/22490927/#none).

여성의 취업이 사무직이나 서비스업으로 확대되면서 가정에서 여성이 담당해왔던 육아와 수발 등의 돌봄 노동을 상품화할 필요가 생겼지만, 이를 해결하지 못한 국가는 출생률 저하가 진행되었다. 동시에 1인 가구도 증가하면서 가족의 구조가 다양해지고 의료보험·실업보험·연금만으로 이에 대응할 수 없게 되었다. 가족구조의 변용은 새로운 사회적 리스크를 낳게 되었다(Taylor-Gooby ed., 2004 : 2-6). 그런데 경제발전이 필연적으로 낮은 출생률을 초래하는 것은 아니며 정책적인 대응에 따라 출생률이 회복되는 국가와 급격히 진행되는 국가로 구분될 수 있다. 물론 여성 취업이 전통적인 가족 유대를 약하게 하여 낮은 출생률을 초래할 것이라 생각할 수 있다. 하지만 여성의 노동력 비율이 높은 국가일수록 출생률이 높다. 남녀의 역할분업이 강하게 남아 있는 국가는 육아와 일자리를 선택할 수밖에 없어 저출생이 진행된다. 앞서 살펴본 바와 같이 혼외자 비율이 50%를 넘어서는 프랑스나 북유럽은 출생률이 높고 2% 근처에 머무는 한국과 일본은 출생률이 매우 낮다. 즉, 전통적 규범이 강한 국가일수록 가족을 형성하는 데 다양한 부담이 수반되어 저출생이 진행된다고 볼 수 있다. 저출생 문제는 불가피한 현상도 아니며 여성의 취업 때문에 초래된 현상도 아니다. 오히려 전통적인 가족 규범이 강하게 남아 있고 남녀 역할분업이 고정된 국가일수록 진행되는 것이다. 따라서 남녀 누구나 가족에 의존하는 일 없이 다양한 생활양식을 선택할 수 있도록 지원하는 탈가족주의 정책을 어떻게 형성하고 발전시켜 나갈 것인지가 중요한 과제가 될 것이다.

탈가족주의 정책의 진행과 관련하여 1980년부터 2000년까지 30개 국가에 대해서 보육서비스에 대한 공공의 지출요인을 비교한 연구에 의하면 좌파정권에서 공적인 사회지출 전체가 증가하지만, 보육서비스에 대한 영향력은 크지 않았다. 공공 보육서비스 지출에 가장 큰 영향을 끼친 것은 의회 내의 여성 의원의 규모였다(Bonoli & Reber, 2010 : 114). 연금 등 전통적 사회문제에 대한 지출 부담이 증가하기 전에 여성 의원이 많았던 국가는 보육서비스 지출을 늘리기 쉬웠지만, 저출생 고령화가 진행되어 연금지출이 늘어난 국가는 두 지출 사이에 경합이 생겨 보육 지출의 증가는 정치적으로 어려워졌다(Bonoli & Reber, 2010 : 114). 이러한 요인은 복지국가의 장기적인 가족 정책을 설계하는 데 중요하게 고려되어야 할 것이다. 1990년대 이후는 복지국가의 주요 수익자인 남성과 선택기회를 제약당해 온 여성의 분단을 해소하는 것이 과제가 되었다. 그 방법으로서 보육서비스의 규제 완화와 노동시장의 유연화를 통해 여성의 취업을 이끄는 정책, 반면 공공 보육서비스의 확충과 공적인 취업 지원을 통해 일과 가정의 양립을 지원하는 정책이 구분되었다(田中, 2018 : 257). 두 방향 모두 정당이 여성을 지지층으로 편입하거나 그들의 이익을 대표하는 운동이 정책에 영향을 미치는 민주적인 통로가 있어야 가능하다고 할 수 있다.

(7) 불평등

현대 복지국가는 새로운 리스크에 대응하는 노동시장 정책, 가족 정책의 형태가 불평등에 대응하는 관건이 되고 있다. 정책 결정 과정의 차이가 대응책의 차이를 낳고 있다는 점도 주목할 필요가 있다. 경제의 세계화 속에서 복지국가의 정책이 전적으로 신자유주의로 수렴된 것은 아니었다. 최근 세계화는 기세가 약해지는 경향을 보이지만 분명히 불평등은 확대되었다.[3] 2014년 토마스 피케티의 「21세기 자본」이 세계적으로 주목을 받는 것에서도 알 수 있듯이 불평등의 확대는 복지국가에서 가장 주목해야 하는 현상 중 하나다. OECD는 2008년 「불평등은 확대하고 있는가(Growing Unequal?)」를 간행하여 처음으로 격차를 주제로 다루었다. 이 보고서에서 주로 논의된 것은 불평등의 정의였다. 격차 및 빈곤은 특정 시점에서의 세대 소득의 차이에 그치지 않고, 교육 및 보건 서비스의 형태, 자산의 분포, 장기적인 계층이동까지도 고려해야 한다. 불평등의 확대는 사람들이 생각하는 것보다 완만하며 그것이 세계화에 의해 촉발되었는지도 단정할 수 없다(OECD, 2008). 즉, 그 시점에서 불평등 그 자체

3) 세계화는 2008년 금융위기, 미중무역분쟁, 불확실한 경제 상황 등으로 인해 지난 10년간 교역 증가율이 감소하는 등 그 영향력이 약해지고 있다는 분석이 제기되고 있다(The Economist, 2019; WTO, 2020).

가 문제인지에 대한 합의는 형성되지 않았다.

그러나 2008년 세계금융 위기 이후 2011년 보고서 「불평등 확대의 진실(Divided We Stand : Why Inequality Keeps Rising?)」에 의하면 불평등 확대는 부정할 수 없는 추세가 되었다. 과거 20년 동안 OECD 거의 모든 국가에서 부유층 10%의 소득은 빈곤층 10%의 소득보다 더욱 증가하였다. 지니계수 평균은 1980년대 중반 0.29에서 2000년대 후반 0.316으로 증가하였다. 더욱이 상위 1%의 소득 점유율도 상승하였다. 이러한 원인은 세계화와 기술혁신에 의한 노동시장의 변화 때문이다. 고급 숙련기능에 종사하는 사람은 더 많은 소득을 얻게 되었고 교육수준이 낮고 기능이 낮은 사람들 사이에서 임금의 양극화가 진행되었다. 조세와 사회보장과 같은 국가에 의한 재분배는 불평등 확대를 억제하는 데 성공하지 못하였다. 2015년 보고서 「불평등 축소를 위하여(In it together : Why Less Inequality Benefits All)」는 불평등의 확대를 분명히 인지하고 그에 대응하는 것이 주제였다. 주목할 점은 불평등의 확대가 경제성장을 저해한다는 주장이다. OECD 국가의 경제수준을 비교하면 소득 불평등과 경제성장 사이에 명확한 부정적 상관관계가 있다(OECD, 2015 : 68). 소득 상위계층으로부터의 부의 집중을 줄이기 위하여 재분배는 효과적이지만, 그것만으로는 충분하지 않다. 저임금으로 불안정한 직종에 종사하는 비정형 노동자에게 취업 지원을 제공하는 것, 여성에 대한 취업 지원을 통해 일하는 여성을 늘리는 것, 아동에 대한 교육을 강화하고 모든 아동에 균등한 기회를 보장하는 것이 불평등과 싸우는 효과적인 수단으로 제시되었다. 이처럼 오늘날 국제적 차원에서 세계화와 기술혁신이 불평등을 확대하고 경제성장을 저해하고 있다는 것은 널리 인정되고 있다.

그런데 불평등에 대한 복지국가의 대응은 차이가 있다. 어떤 복지국가는 정부 차원의 규모가 큰 재분배를 하지만, 또 다른 복지국가는 작은 재분배가 이루어진다. 합리적 선택모델에 의하면 민주주의 제도에서 중위투표자(median voter)가 어떤 재분배 형태를 원하는지에 따라 정책이 결정된다. 소수의 고소득자와 그렇지 못한 다수의 소득자가 존재하는 복지국가의 경우, 중위투표자는 고소득자에 과세하여 그 외의 사람들에게 재분배하는 것을 선호할 것이라 예상한다. 반대로 소득격차가 작은 복지국가는 중위투표자의 소득과 평균 소득의 차이가 작아 중위투표자는 소규모의 재분배 정책을 선호할 것이라 예상한다. 즉, 이 모델에 의하면 소득격차가 큰 국가는 재븐배가 커지고 소득격차가 작으면 재분배도 작아질 것이다. 하지만 미국과 같이 처음부터 소득격차가 큰 국가일수록 재분배가 작고, 스웨덴과 같이 처음부터 소득이 평등한 국가일수록 재분배가 크다는 결과, 즉 처음부터 재분배가 필요할 정도로 불평등한 국가일수록 정부에 의한 재분배는 작다는 다른 연구도 제시되었다(Perotti, 1995; Alesina & Glaeser, 2004; Iversen & Soskice, 2009).

재분배에 대한 계급의 정치에 주목할 경우, 사회민주주의 체제는 중산계급도 재분배의 수익자로 포함하므로 지지가 높고 자유주의 체제는 저소득층만 수익자로 하므로 지지가 낮을 것이라 경로의존적 설명이 가능하다(Esping-Andersen, 1996). 하지만 복지국가의 재분배에 대한 지지의 정도가 복지레짐에 따라 차이가 나지 않는다는 결과도 있으며, 오히려 스웨덴의 재분배에 대한 지지가 서유럽이나 남유럽보다 낮고 일본과 큰 차이가 없다는 연구도 제시되었다(Dallinger, 2010; Gelissen, 2000). 즉, 전통적 복지국가에서 재분배에 대한 지지가 무조건 크다고 단정할 수 없다는 것이다. 자유주의 체제에서 처음부터 재분배가 작고 불평등이 더 크다고는 하지만, 경로의존 관점에서 무조건 불평등에 대한 대응의 차이를 설명할 수는 없다는 것이다.

정치적 기회구조와 관련하여 선진 복지국가는 노동시장의 양극화에 따른 빈곤과 장기실업에 대해 노동과 복지의 연계 정도에 따라 차이가 있지만, 고용활성화 정책으로 대응하였다. 조정적 시장경제의 대표적 국가라 할 수 있는 독일도 최근 고용정책이나 복지정책이 크게 변하고 있다. 보수주의적 복지국가 체제가 얼마나 견고하며 어느 정도 지속성을 가지고 있을지에 대해서 의문이 제기된다. 오히려 정치적 기회구조에 주목하는 견해가 제기되고 있다(田中,

2018 : 243). 노동시장 개혁의 핵심은 장기실업자나 청년, 여성에 대한 지원이 어느 정도 이루어질 것인가 하는 점이다. 정규노동자를 지지의 기반으로 하는 전통적 좌파 정당은 반드시 그들에 대한 지원에 적극적이지는 않다(Gingrich & Ansell, 2015). 오늘날 전통적 좌우 대립에 더하여 자유지상주의 대 권위주의라는 대립이 부상하고 있다. 좌파정당이 다양한 활동 방향을 허용하고 장기실업자나 청년, 여성 등을 지지층으로 편입하거나 그들을 지원하는 반빈곤 운동이나 노동운동이 정책 결정에 영향을 끼치는 통로가 만들어질 경우, 공공 직업교육이나 취업 지원 등 고용 활성화 정책이 확대될 것이라 기대할 수 있다. 즉, 외부자에 대한 정치적 기회구조가 개방되는 것이다. 한편 정책 결정이 더욱 집권화하여 하향식으로 될 경우, 노동시장의 규제 완화가 진행되고 공공지출의 증가 없이 취업을 의무화하는 워크페어 정책이 선택될 수 있을 것이다.

최근 코로나19 팬데믹에 대처하기 위하여 정부, 기업, 개인은 경제활동을 자발적으로 축소하고 있다. 그 결과 세계적으로 계획적인 불경기(designed recession) 상태에 들어서 있다. 지구적 규모에서 실업이 발생하고 개발도상국은 절대빈곤 인구가 급증하고 선진국은 상대적 빈곤과 불평등, 격차문제가 확대되고 있다. 세계은행은 2020년 7월 보고에서 코로나에 의해 하루 1.9달러 이하로 생활하는 절대빈곤 인구가 1998년 이후 처음으로 증가로 돌아섰으며 2020년 7,100만 명이나 증가할 것으로 전망하였다(World Bank, 2020). 국제노동기구(ILO)도 2020년 9월 보고에서 펜데믹이 고용에 미치는 영향이 매우 심각할 것이라 지적하였다. 즉, 세계 총 노동인구의 94%가 코로나19 바이러스의 영향을 받고 있으며 세계의 총 노동시간은 제2분기 17.3%, 제3분기 12.1% 감소할 것으로 전망하였다. 세계의 총 노동 수입은 2019년 같은 시기에 비하여 107%나 감소하고 규모는 세계 총 GDP의 5.5%에 해당한다. 노동시간과 수입의 감소폭은 예상치를 훨씬 웃돌았다(ILO, 2020). 과거 사스(2003), 조류독감(2009), 메르스(2012), 에볼라(29014), 지카(2016)와 같은 대규모 전염병이 불평등에 미치는 영향을 분석한 결과에 의하며 팬데믹 발생 이후 소득 불평등은 더 확대되었다(윤홍식, 2021). 복지국가의 주요 대응과제인 불평등에 팬데믹으로 인한 불평등의 심화가 가중되는 것을 극복하기 위해서 기존의 사회보장과 노동시장 정책의 횡단적 조합과 전환이 필요할 것이다.

2) 미래의 방향

제2차 세계대전 후 복지국가는 노사관계와 정당의 경쟁이 체제 구분의 주요한 요인으로 되었다. 여기서 쟁점이 된 것은 최저소득보장이나 사회보험의 급여 자격과 급여 수준을 어떻게 설정할 것인지에 대한 것이었다. 복지국가 형성을 주도한 담론의 핵심에 생활의 자유선택 원리가 잠재되어 있다는 것에 주목해야 할 것이다. 예를 들어, 영국의 베버리지는 사회보장의 목적을 최저생활수준(subsistence)의 급여를 통하여 개인이 거기에 자신의 생활을 자유롭게 구축할 수 있도록 보장하는 것이라 표명하였다(Beveridge, 1942 : 10). 프랑스의 라로크는 사회보장의 목적을 모든 개인에게 '불안정의 리스크'로부터 보호를 제공하고, 특히 노동을 통하여 자립할 수 있는 조건을 보장하는 것이라고 하였다. 독일은 자조와 보충성이라는 원칙이 제창되고 사회민주당 강령에서는 '사회정책은 개인이 사회 속에서 자유롭게 자기를 발전시키고, 자기의 책임에서 생활을 형성할 수 있게 하기 위한 기본적 조건을 창출해야 한다'고 명시하였으며 스웨덴 사회민주당의 경우 사회정책의 이념으로서 '자유 선택'을 내세웠다(田中, 2018 : 223-233).

이와 같이 복지국가는 개인의 자유로운 자기발전, 각자의 의사와 선택에 근거하는 자립적인 생활을 위한 기초적인 조건을 보장하려고 하였다. 그것은 일하는 사람의 완전고용을 전제로 하고 있으며 자본주의와 원리적으로 대립하는 것은 아니었다. 즉, 노사 계급대립의 산물이기보다도 일정한 노사화해의 산물이었다. 그렇지만 자본주의 시장만으로 모든 개인에게 자유의 조건을 보장할 수는 없다. 자본주의 시장이 다양한 불안정과 불평등을 억제하고 기초적인 소득을 모든 사람에게 보장하는 것이야말로 자유의 조건이라 생각하였다. 단지 복지국가가 보장하는 자유는 다음과 같은 제약이 수반되었다. 복지국가는 브레튼우즈 체제와 포디즘이라는 두 축에 편입되어 있었다. 브레튼우즈 체제는 국경을 초월한 자본이동을 규제하고 포디즘은 규격화된 노동과 소비, 남성 주소득자형 가족 모델을 개인에게 강요하는 측면도 있었다. 누구나 동일한 노동에 종사하고 동일한 모델의 제품과 가족을 형성한다. 이러한 획일적 생활 방식의 대가로 풍요한 사회가 실현되었다.

1970년대 이후 복지국가는 두 방향으로 재편 압력에 노출되었다. 첫째는 경제의 세계화와 산업구조의 변화에 수반하는 경쟁의 압력이다. 국경을 초월한 자본이동의 규제가 철폐되고 해외 직접투자나 환율거래가 확대되고 생산의 국제적 분업이 진행되었다. 선진국의 산업은 제조업으로부터 정보 및 서비스업으로 이행되어 간다. 이러한 변화에 수반하여 국가에 의한 고용규제나 높은 수준의 사회보장은 경제성장에 걸림돌로 간주되었다. 특히 국제경쟁에 직면하는 민간기업의 사용자와 노동자, 통치 엘리트 계층은 새로운 경제 상황에 적응하는 고용 및 복지정책의 변혁을 추구하게 된다. 사상적 차원에서도 이 시기는 하이에크나 프리드먼의 신자유주의가 광범위한 영향력을 획득하였다. 프리드먼에 의하면 정부가 의식주의 획일적인 기준을 설정하고 국민의 생활 수준을 보장하려는 것이라면, 개인의 자기책임, 다양성, 창의성이 손상되어 자유가 압살되어 버린다. 정부의 권력을 억제하고 자본주의 시장을 활성화하는 것이야말로 자유를 실현하는 조건이 된다(Friedman, 1980).

그러나 새로운 경제적 상황에 대한 적응만이 문제가 된 것은 아니다. 이 시기에 나타난 또 하나의 변화는 도시 지역의 신흥 중산계급을 중심으로 전후의 규격화된 노동이나 소비, 생활양식에 대한 비판이 높아진 것이다. 생활 수준이 향상된 노동자 일부는 생산의 자주적인 관리, 경영 참가, 유연한 노동방식을 요구하는 파업이나 노동운동에 참가하였다. 중간계급 일부는 전후 생산지상주의를 재검토하고 반공해·환경 운동, 반원전운동, 지역운동 등의 새로운 사회운동의 주체가 되었다. 페미니즘 운동도 활성화되었다. 이러한 운동은 다양한 노동방식이나 생활방식을 선택하고 스스로 결정할 수 있는 사회를 요구하는 것이었다.

1980년대가 되면서 규격화된 노동 및 생활방식을 전제로 하는 전후의 고용 및 복지정책에서 배제되고 비전형 노동이나 1인 가구의 증가 등 새로운 사회적 리스크에 노출된 사람들이 늘어났다. 기존의 정책에 의해 내부자와 외부자의 분단이 생겨나고 있다는 인식이 확대되었다. 새로운 리스크에 노출된 사람들과 자유선택을 중요시하는 일부 중간계급은 다양한 생활양식을 보장하는 고용정책, 복지정책으로 전환을 요구하였다. 동일한 시기에 사상 차원에서도 자유주의의 재정의가 논의되었다. 롤즈는 1971년 「정의론」을 발간하고 자유주의 복권에 큰 역할을 하였다. 누구나 스스로 인생의 목표를 자유롭게 선택하고 추구할 수 있는 공정한 사회를 실현하기 위해서는 기본적인 권리(정치 · 경제 · 시민적 자유)를 보장하는 것만으로는 충분하지 않다. 사람들 사이에서는 출생에 의한 빈부의 격차나 능력의 격차도 존재한다. 실질적인 기회균등을 보장하기 위해서는 인생의 출발점에서 이러한 격차를 메우는 재화나 서비스의 재분배가 필요하다(Rawls, 1999). 롤즈의 구상을 계승한 센은 '잠재능력(capability)'을 내세워 누구나 동등하게 가능성을 보장하고 다양한 선택지 속에서 자신의 인생을 선택할 수 있어야 한다고 주장하였다. 잠재능력을 평등화하기 위해서 동일한 재화나 서비스를 분배할 뿐만 아니라 개인이 처한 환경, 신체적 특징, 능력 등에 따른 정밀한 재화의 분배, 공적 서비스의 제공이 필요하다. 이처럼 복지국가는 자유라는 가치를 어떻게 실현할 것인지에 대하여 시장의 메커니즘을 중요시할 것인지, 국가에 의한 재화나 서비스의 정밀한 분배를 중요시할 것인지를 두고 선택지의 경쟁을 해왔다.

현재 복지국가는 경제적 · 정치적 차원의 전환 압력에 노출되어 전통적 복지체제의 구분을 초월하여 변하고 있다. 먼저 경제적 측면에서 경제 세계화에 맞춰 산업구조를 재편하여 금융규제 완화, 소득세 감면, 복지 감축 등의 금융주도형 대응을 하고 있다. 이는 세계화에 수반하는 필연적인 귀결이라기보다도 노동조합 및 중간계급의 정치적 영향력의 쇠퇴와 금융업계나 대기업 경영자에 대한 권력 집중이라는 고유의 정치적 상황에서 초래된 것이었다. 영국이나 독일은 제3의 길을 내걸고 인적자원에 대한 투자를 주장하였지만, 적극적 노동시장 정책에 대한 지출이 증가한 것은 아니었다. 실제로 이루어진 것은 노동시장의 규제 완화, 수동적인 실업급여나 공공부조의 삭감, 취업을 조건으로 하는 급여로의 전환 등이었다. 스웨덴의 우파 연립정권은 적극적 노동시장 정책에 대한 지출을 줄이고 취업 의무를 강화하는 개혁을 진행하였다. 공통적으로 교육, 의료, 돌봄서비스와 같은 공공 서비스에 대한 시장원리의 도입도 진행되었다.

정치적 측면에서 새로운 리스크에 노출된 사람이 정책 결정에 참여가 이루어질 경우 소위 스웨덴 사회민주당이 강조하는 자유 선택형 정책이 채택되었다. 예를 들어, 스웨덴은 1980년대부터 복지국가의 서비스화와 여성에 대한 양립지원이 추진되어 2000년대가 되면 자유 선택을 정책이념에 포함하여 취업지원과 일·가정 양립을 지원하는 대책을 시행하였다. 프랑스는 반빈곤 연합체나 가족 연합체가 정책 결정에 참가하고 자유 선택을 키워드로 하는 가족정책이나 사회적 배제에 대한 높은 수준의 포용정책이 이루어졌다. 자유 선택형 정책은 전후 복지국가가 전제로 했던 규격화된 노동의 형태, 남성 주소득자 모델의 가족을 비판하고 보다 다양한 노동방식, 가족 형태의 변화에 맞는 세밀한 정책으로 추진되었다. 즉, 노동시간의 유연화, 전일제와 시간제 노동의 균등한 대우와 선택제, 공적인 보육 서비스와 민간비영리 서비스의 선택제, 가사·지역사회 활동·공공 및 민간 섹터에서의 취업 선택제 등이다. 이처럼 복지국가는 기존 복지체제를 초월하여 자본주의를 바탕으로 권력 자원의 당파성을 횡단하면서 복지정치의 확장을 통해 재편의 방향을 선택해 왔다.

현재 전 지구적으로 매우 빠르게 확산되고 있는 코로나 팬데믹의 근본 원인으로 성장지상주의와 황금 만능주의, 물신주의가 초래한 환경파괴 및 그로 인한 기후 변화를 지목하고 있다(김미곤, 2020 : 11). 환경파괴는 코로나 팬데믹을 초래하고 누적적으로 경제 및 공동체의 위기와 함께 다양한 욕구의 분출과 복지국가의 대응 체제 전환에 대한 요구로 이어질 것이다.[4] 경제위기는 공동체 위기를 초래하는데, 예를 들어 미국의 경우 실업률이 약 12배 증가하여 대공황 이후 최악인 14.7%를 기록하고 집세 거부운동으로 이어졌다. 재난은 사회변혁의 토대가 되기도 하였다. 토마 피케티에 의하면 1918년 스페인 독감 때 유럽과 미국에서 인구의 0.5~1%가 사망했지만, 인도에서는 6%가 사망했다. 재난의 불평등은 현재 진행형으로 코로나 19에 의한 미국인 사망자의 70%가 아프리카계라는 기사도 있다. 이처럼 공동체의 위기는 시민의 다양한 욕구 분출로 이어지고 시민의 생명과 안전을 지켜 주지 못하는 국가에 대하여 '국가란 무엇인가'와 '어떤 국가를 만들어야 하는가'에 대해 고민하게 만든다(김미곤, 2020 : 12-13). 따라서 복지국가의 사회정책 패러다임의 전환이라는 미래 방향의 문제가 등장하고 있다.

우리나라는 코로나19의 지역사회 확산에 선제적으로 대응함으로써 K방역 모범국으로 도약하였다. 하지만 위기 상황이 지속되면 취약계층뿐만 아니라 일반 근로계층도 경제적 충격에 휩쓸릴 수 있으므로 보건의료적 방역 대책과 함께 사회경제적 대응까지 추진되어야 할 것이다. 특히 한국 복지국가는 소득지원 측면에서 우려되는 점이 제기되고 있다(여유진, 2020 : 176-177). 즉, 기존 사회보험제도나 소득지원제도의 사각지대가 넓다는 점이다. 정규직 근로계층을 중심으로 사회보험 제도가 정비되어 있으므로 사실상 가장 취약한 긱 노동자(gig worker), 임시일용직 근로자, 자영업자 등의 사각지대가 넓다는 의미다. 전체적으로 경제활동인구 중 거의 절반 정도가 영세자영업자 중심의 비임금

---

4) 코로나19로 인한 사회경제적 변화는 다음과 같이 정리할 수 있다. ① 환경파괴(변종 바이러스 등장의 일상화, 환경파괴 및 기부 변화에 대한 인식제고, 성장지상주의에 대한 회의), ② 감염병 예방(물리적 거리두기, 비대면 산업 활성화, 재택근무 확산 등 노동환경의 변화, 온라인 유통 확산, 온라인 강의 확대 및 사이버교육 제도화, 대중문화사업 축소 및 개인문화 확대, 위생・환경・안전을 위한 국가 개입 허용), ③ 경제위기 대응(재난 지원 확대, 자국이익 우선, 리쇼어링과 GVC, 기본소득 필요성에 대한 인식 제고), ④ 세계질서 재편(감염병 퇴치에 대한 국제협조 확산, 외국인 혐오와 국수주의 확대, 서구・백인・기독교 중심주의의 균열, 반세계화, Tuchididdes과 G0시대, 선진국 신화의 몰락). 김미곤(2020) "코로나 시대의 사회변화와 사회정책 패러다임", 보건복지포럼(2020. 12), p. 13 참조.

근로자와 임시일용직 등의 불안정 계층이라고 할 수 있다. 실업부조 등을 통해 불안정 계층의 안전망을 어떻게 보완할 것인지가 중요한 과제 중의 하나로 부상하고 있다. 또한 현재의 고용지위를 유지하기 위한 고용유지지원금, 상병급여, 육아휴직 등의 제도를 보완해서 일자리도 유지하면서 고용주의 부담을 줄여주는 방법을 고안하는 것도 과제라 할 수 있다. 실제 팬데믹 위기를 맞아 유럽 복지국가는 상병급여 제도와 육아휴직 제도를 활용하는 등 기존 사회보장 시스템을 작동하여 대응하였다. 하지만 우리나라와 미국, 일본과 같이 상대적으로 복지국가의 보편성이 낮은 국가는 일시적인 현금지원 대책을 시행하였다. 긴급 대응과 같이 위기 시에 활용도는 높을 수 있지만, 지속 가능한 안전망으로서는 부족한 것이 사실이다. 결국 국민의 안전이 위협받을 때 효과적인 대응책은 복지국가의 기존 안전보장 시스템의 보편성 정도에 따라 대응 방식이 달라질 것이라 예상할 수 있다.

앞으로 코로나 팬데믹을 계기로 이전부터 사회경제적 상황변화와 위기 대응력이 부족하다고 비판받던 복지국가의 전환에 대한 논의는 한층 더 가속화될 가능성이 크다. 하지만 사회보장과 복지서비스의 수준이 높은 복지국가는 팬데믹으로 인한 근본적이고 지속적인 변화가 일어날 것으로 보이지 않는다. 부분적인 급여요건의 조정이나 일시적인 지원금의 보충은 있을 수 있지만, 고용연계형 복지국가 정책을 대체하는 대전환이 일어날 것이라 확신하기는 어렵다. 상대적으로 보편성의 수준이 낮은 복지국가가 사회수당의 확충이나 사회보험의 수급자격 확대를 예상할 수도 있겠다. 하지만 기존 복지국가 체제를 보완하는 소재로서 특정 인구학적 대상에 대한 사회수당 확대나 급부금 지급, 사회보험 적용 범위의 확충 등을 예상할 수 있겠다. 그렇지만 현재와 같은 소득보장 중심의 복지국가에서 고용과 연계된 적극적인 재분배 정책을 통해 자유 선택을 확대하려는 보편적 복지국가의 욕구는 더욱 강력해질 것이다.

현실 복지국가의 사회개혁은 이상과 현실의 타협을 통하여 실현 가능성이 높아진다. 스웨덴 복지국가의 사회민주주의 이념을 구축한 비그포르스는 사회개혁에서 잠정적 유토피아의 필요성을 주장하였다. 즉, 현실과 이상의 조화에 의한 실용적인 제도 수립을 강조하였다(宮本, 1999 : 49). 자칫하면 유토피아적 사고는 전체주의로 연결될 위험이 있다. 오히려 부분적인 개량주의가 실효성을 가지기 위해서도 일정 부분 잠정적 유토피아 구상이 필수적이다(Tilton, 1990 : 44). 사회개혁 아이디어는 실현 가능한 유토피아를 위한 방법론과 연결되어야 한다. 이상과 현실의 대립적 사고가 아니라 협동 가능성을 찾는 것이다. 이 조합은 얼핏 모순된 표현된 관계라고 생각할 수도 있지만, 이론의 목적이 현실의 가능성을 이상적인 수준까지 끌어올리는 데에 있다고 전제하면, 지금보다 더 좋은 복지국가를 만들기 위한 전제 조건이라고 이해할 수 있을 것이다.

복지국가의 변화는 경로 의존적으로 정해지는 것이 아니라 위기 또는 충격 이후 어떤 역할을 하는지에 좌우될 것이다. 국가적 경계 내의 내부자만을 위한 배제적이고 소극적 역할에 그칠 수도 있지만, 보편적 인간성과 기본욕구 보장에 초점을 두고 소득 및 서비스의 확대와 다양한 고용을 지원하는 적극적 역할을 강화할 수도 있을 것이다. 마찬가지로 복지 수준이나 권력 자원의 영향력에서 약한 복지국가로 평가할 수 있는 우리나라의 복지국가는 팬데믹 이후 이상과 현실을 조합하여 어떤 '복지' 역할과 '국가' 역할을 조율해야 할지 중요한 도전에 직면해 있다.

참고문헌

강동훈(2018). "지방선거 이후 문재인 정부 노동정책 신자유주의 규제완화+노동유연화", 노동자연대. 2018. 6. 29.

강한솔(2018). "네덜란드 알바생이 먹고 살만한 이유", 공돌이의 네덜란드 세렌디피티. 2018. 12. 23(https://brunch, co. kr/magazine/daytime)

김두섭 · 하나영(2020). "혼외 출산행태의 주요변화와 특성", 한국의 사회동향 2020, 통계청 통계개발원

김미곤(2020). "코로나 시대의 사회변화와 사회정책 패러다임", 코로나바이러스 감염증-19, 사회정책분야의 현황과 대책, 한국보건사회연구원 정책자료 2020-01.

김연명(2002). 한국 복지국가의 유형화에 대한 비판적 검토, 김연명 편, **한국복지국가 성격논쟁Ⅰ**, 서울 : 인간과 복지.

김종진(2019). 디지털 플랫폼 노동 논의와 쟁점 검토, KLSI ISSUE PAPER, 한국노동사회연구소, 제112호, 2019-11호.

김현경 · 김기태(2020). "유연안정성 모델 국가들의 코로나 19 대응 노동정책 : 덴마크와 네덜란드. **국제사회보장리뷰, 2020 여름호**(13), 36-46.

남찬섭(2002). 한국 복지체제의 성격에 대한 경험적 연구 : 에스핑-앤더슨의 기준을 중심으로, **상황과 복지, 11**, 163-202.

심창학(2004). 사회적 배제와 사회복지 정책적 접근. **비판사회정책, 19**, 13-54.

여유진(2020). "코로나 19에 대응한 긴급지원 대책의 주요 내용과 과제", 코로나바이러스 감염증-19, 사회정책분야의 현황과 대책, 한국보건사회연구원 정책자료 2020-01.

윤도현(2017). **복지국가론**. 경기 : 정민사.

윤홍식(2019). **한국 복지국가의 기원과 궤적 1**. 서울 : 사회평론 아카데미.

______(2021). "코로나19 팬데믹과 복지국가 : 북유럽 복지국가는 왜 지원에 인색했을까?". **사회과학연구, 28**(2), 91-119.

이명현(2020). **복지국가론**. 경기 : 공동체.

장하준(2004). Kicking Away the Ladder. 형성백 역. **사다리 걷어차기**. 서울 : 부키.

정의룡 · 양재진(2012). 서구와 한국 복지국가의 변화와 지속 : 퍼지셋 이상형 분석을 중심으로. **한국정치학회보, 46**(1), 309-336.

정희정(2008). 덴마크와 네덜란드의 유연안정성 모델 비교. **국내노동브리프**, 23-36.

최영준(2011). 한국 복지정책과 복지정치의 발전 : 생산주의 복지체제의 진화. **아세아연구,**

54(2), 7-41.
한국보건사회연구원(2018). 영국의 사회보장. 경기 : 나남.
한국은행(2019). 유럽 주요국의 출산율 안정화 정책 평가 및 시사점, 국제경제리뷰, 한국은행 조사국 국제경제부 미국유럽경제팀.
한신실(2020) "한국은 어떤 복지국가로 성장해 왔는가" 한국사회정책, 27(1), 153-185.
허용창(2017). "부양의무자 기준 변천에 대한 역사적 제도주의 분석", 사회복지정책, 44(44), 127-153.

매일경제, 2020. 10. 22. "코로나 19 대유행으로 선진국 이민 작년의 반토막", 국제뉴스.

岡野八代(2009). 増補版・シティズンシップの政治学：国民・国家主義批判, 東京：現代書館.
久米郁男(1997). 日本型勞使關係の成功-戰後和解の政治經濟學, 東京：有斐閣.
堀巖雄(2007). ロールズ 誤解された政治哲学：公共の理性をめざして, 東京：春風社.
宮本太郎(1999). 福祉國家という戰略-スウエデンモデルの政治経済学, 京都：法律文化社
________(2006). ポスト福祉國家のガバナンス：新しい政治對抗,「思想」東京:岩波書店 第983号.
宮本太郎・イト・ペング・埋橋孝文(2003). 日本型福祉國家の位置と動態, G・エスピン アンデルセン編(2003). 轉換期の福祉國家-グローバル經濟下の適應戰略, 東京：早稲田大學出版部.
金田耕一(2000). 現代福祉國家と自由:ポストリベラリズムの展望, 東京：新評社.
渡辺雅男(2004). アンチ資本主義宣言, こぶし書房.
________(2013). スウェデン-社會民主主義型福祉國家の發展と變容, 鎭目眞人・近藤正基 編 2013. 比較福祉國家, 京都:ミネルバ書房
藤田菜菜子(2009) 福祉國家と福祉世界-ミュルダルの問題提起とその現代的意義, 創文月號, pp. 19-22.
__________(2017). 福祉世界, 東京：中央公論新社.
埋橋孝文(2011). 福祉政策の國際動向と日本の選擇：東京:法律文化社.
武川正吾(1999). 社會政策のなかの現代-福祉國家と福祉社會, 東京大學出版會.
________(2007). 連帯と承認:グローバル化と個人化の福祉国家, 東京大學出版會.
________(2011). 福祉社會:包攝の社會政策, 東京:有斐閣.
圷洋一(2012). 福祉國家, 京都: 法律文化社.
福原宏幸 外 編, 2007. 社會的 排除・包攝と社會政策, 京都：法律文化社.
富永健一(2001). 社會變動の中の福祉國家-家族の失敗と國家の新しい技能, 東京：中央公論新社
山森亮(2000). 貧困・社会政策・絶対性,川本隆史・高橋久一郎編, 應用倫理學の轉換：二正面作戰のためのガイドライン,ナカニシャ出版, 第5章.

石原俊時(1996). 市民社會と勞動者文化-福祉國家の社會的起源, 東京：木鐸社

盛山和夫(2006). リベラリズムとは何か：ロールズと正義の論理, 東京：勁草書房.

小峯敦(2007). ベブアリッジの経済思想-ケインズたちの交流, 東京：昭和堂.

水島治郎(2010). 雇用多變化と格差是正, 安孫子誠男・水島治郎編, 勞動-公共性と勞動-福祉ネクサス, 東京：勁草書房.

新野直彦(2002). 人間回復の經濟學, 東京：岩波書店.

新川敏光(2005). 日本型福祉レジームの發展と變容, 京都：ミネルバ書房.

_______(2011). 福祉レジームの收斂と分岐-脫商品化と脫家族化の多樣性, 京都：ミネルバ書房.

_______(2014). 福祉國家變革の理路, 京都：ミネルバ書房.

岩田正美(2008). 社會的 排除：參加の缺如・不確かなの歸屬, 東京：有斐閣.

日本イギリス哲學會編(2007). イギリス思想・哲學事典, 研究社.

畑山敏夫(2006). フランスにおける新しい右翼-ヨーロッパでの新しい右翼現像を考える, 宮本太郎 編, 比較福祉政治-制度轉換のアクタ-と戰略, 東京：早稻田大學出版部.

田中拓道(2018). 福祉政治史, 東京：勁草書房.

正村俊之(2009). グロ-バリゼ-ション-現代はいかなる時代なのか, 東京: 有斐閣.

齊藤純一編(2004). 福祉國家/社會的連帶の理由, 京都：ミネルバ書房

佐藤純一 編(2004). 福祉國家/社會的 連帶の理由, 京都：ミネルバ書房.

進藤英一(1989). 譯者解題-國際倫理についての斷章, 進藤英一 譯, 國際秩序と正義, 東京：岩波書店.

鎭目眞人・近藤正基 編(2013). 比較福祉國家, 京都：ミネルバ書房.

川本隆史(1997). ロールズ：正義の原理, 東京：講談社.

阪(塩)野谷祐一(2002). 經濟と倫理-福祉國家の哲學, 東京：東京大學出版會.

Alesina A. & Glaeser, E(2004). Fighting Poverty in the US and scruggsope. 전용범 역. 복지국가의 정치학：누가 왜 복지국가에 반대하는가? 서울：생각의 힘.

Alesina and Rodrik(1994). Distributive Politics and Economic Growth. Quarterly Journal of Economics, 109, 465-490.

Appiah & Kwame Anthony(1996). Cosmopolitan Patriots, in Nussbaum Martha C., with Respondents(Joshua Cohen ed.), For Love of Country：Debating the Limits of Patriotism, Boston：Beacon Press.

Arts, W. & Gelissen, J.(2002). "Three Worlds of Welfare Capitalism or More?" Journal of European Social Policy, 12(2), 137-158.

Aspatier, C. 2005. - Aspalter, C. 2002. "Exploring old and new shores in welfare state theory." Christian Aspalter ed. 9-37. Discovering the welfare state in East Asia. London : Praeger.

Beck, Ulrich.(2002). Macht Gegenmacht im globalen Zeitalter : New weltpolitische Ökonomie, Frankfurt am main : Suhrkamp Verlag. 島村賢 譯, ナショナリズムの克服-グローバル時代の世界政治経済学, NTT出版, 2008.

Bell, Daniel(1960). The End of Idelogy : On the exhaustion of political ideas in the fifties. Cambridge, Massachusetts, Harvard University Press.

Beveridge, W. H(1942). Social Insurance and allied service. London : HMSO.

Bhagwati, Jagdish N(2004). In Defense of Globalization. New York : Oxford University Press.

Bok, Sissela(1995). Common Values. Columbia : University of Missouri Press, 2nd Edition.

Bonoli, Guiliano & Reber, Frank(2010). The political economy of childcare in OECD countries : Explaining cross-national variation in spending and coverage rates. European Journal of Political Research, 49, 97-118.

Bradshaw, J. H.(1972). "The Concept of Social need". New Society, 30.

Burden, T(1998). Social Policy : A Clear Guide. Pluto Press.

Callinicos, A(2003). An Anti-capitalist Manifesto. Cambridge : Polity Press.

Camfors, Lars & John Driffill(1988). "Barganing Structure, Corparatism and Macroeconomic Performance". Economic Policy, 3(6), 13-61.

Collins COBULID Advanced Dictionary of English, Harper Collins Publisher, 2009.

Dallinger(2010). Public support for redistribution : what explains cross-national difference?. University of Trier, 20(4), 333-349.

Dean, H(2012). Social Policy, second edition, Cambridge : Polity Press.

Dean, H. Understanding Human Need, Bristol : Policy Press.

Doyal L. & Gough, I(1991). A Theory of Human Need. Basingstoke : Macmillan.

Dwyer(2010). Understading Social Citizenship : themes and perspectives for policy and practice, second, Bristol : Policy Press

Esping-Andersen, G.(1990). Social Foundation of Post-industrial Economics. Oxford : Oxford University Press(渡辺雅男 · 渡辺景子 譯, 2001, ポスト工業經濟の社會的基礎, 東京: 櫻井書店)

__________________(1990). The Three World of Welfare Capitalism. Oxford : Basil Blackwell.

__________________(2009). The Incomplete Revolution : Adapting to Women's New Role, Cambridge : Polity Press.

Fitzpatrick, T.(1999). Freedom and Security : An Introduction to the Basic Income Debate, Cambridge : Polity Press.

____________(2011). Welfare Theory : An introduction to the theoretical debates in social policy, second edition, Basinstoke : Palgrave.

Fraser, N(1997). Justice Interruptus : Critical Reflections on the 'Postsocialist' Condition, London : Routledge. 仲正昌樹 監譯, 中断去れた正義 : ポスト社会主義的条件をめぐる批判的考察, 東京 : お茶の水書房.

Friedman, Milton(1962). Capitalism and Freedom. Chicago : University of Chicago Press. 龍谷尚夫・西山千明・白井孝晶譯, 資本主義と自由, マクロウヒル好學社, 1975.

Friedman, Milton & Rose(1980). Free to choose : A Personal Statement, Harcourt Brace Jovanovich. 西山千明 譯, 選擇の自由-自立社會への挑戰, 日本經濟新聞出版社, 2012.

Fujita, Nanako(2014). Historical Evolution of Welfare Policy Ideas : The Scandinavian Perspective, in Magara 2014.

Fujita, Nanako(2017). The Transformation of the Swedish Model since the 1990s : The Political Aspects of Institutional Change, in Hideko Magsra and Bruno Amable eds. 2017. Growth, Crisis, Democracy : The Political Economy of Social Coalitions and Policy Regime Change, Abingdon Routledge.

Gelissen, J.(2000). Popular support for instututionalized solidarity : a comparison between European welfare states. Internatonal Jouranal of Social Policy, 9(4), 285-300.

Giddens, Anthony(1973). The class structure of the advanced societies. New York : Harper & Row.

Giddens, Anthony,(1998). The Third Way : The Renewal of Social Democracy, London : Polity Press. 佐和隆光譯, 1999. 第3の道-效率と公正の新たな同盟, 東京 : 日本經濟新聞社.

Gingrich, J. & Ansell, B. W. 2015. The Dynamics of Social investemt : Human capital, activation, and care.

Goldthorpe, John H.(1984). Order and Conflict in Contemporary Capitalism : Studies in The Poliltical Economy of Western European Nations. Oxford : Clarendon Press.

Goldthorpe, John H., ed.(1984). Order and Conflict in Contemporary Capitalism : Studies in the Political Economy of Western European Nations, Oxford, Clarendon Press.

Gough, I.(1979). The Political Economy of the Welfare State, New York : Macmillan.

Greve, B.(2014). Welfare and the Welfare state : Present and future. New York : Routledge.

Hacker, Jacob S.(2005). "Policy Drift : The Hidden Politics of US Welfare State Retrenchment", in Wolfgang Streeck & Kathleen Thleen (eds). Beyond Continuity : Institutional Change in Advanced Political Economies. New York : Oxford University Press.

Hall, Peter A. & Soskice, David(2001). "An Introduction to Varieties of Capitalism", in Peter A, Hall and David Soskice(eds). Varieties of Capitalism : The Institutional Foundation of Comparative Advantage. New York : Oxford Universtiy Press(遠山弘德.・安孫子誠男・山田鋭夫・字仁宏幸・藤田菜菜子譯, 2007. 資本主義の多様性ー比較優位の制度的基礎, ナカニシャ出版).

Hayek, F.A.(1939). The Economic Conditions of Inter-state Federalism, New Commonwealth Quarterly, 5(2), pp.131-149. 高治原郎・嘉治佐代譯, 2008. 國家間聯邦主義の經濟的諸條件, 個人主義と經濟秩序, ハイエク全集第1期第3巻, 東京：春秋社.

Hayek, F.A.(1976). Law, Legislation and Liberty, 3 : The Political Order of a Free People, Chicago : The Universtiy of Chicago Press. 渡部茂譯, 2008. 法と立法と自由Ⅱ-社會正義の幻想, ハイエク全集第1期第9巻, 東京：春秋社.

Hayek, F.A.(1944). The Road to Serfdom, Chicago : The University of Chicage Press.

Heckman, James.(2013). Giving Kids A Fair Chance, Cambridge, Mass : MIT Press. 古草秀子譯, 2015. 幼兒教育の經濟學, 東京：東洋經濟新報社.

Hewitt, M.(1990). Welfare Ideology and Need Developing Perspectives on the Welfare State. Hemel Hempstead : Harvester Wheatsheaf.

Hicks and Mishra(1993). "Political Resources and the Growth of Welfare in Affluent Capitalist Democracies 1960-1982". The American Journal of Sociology, 99(3), 688-710.

Hills, J., Le Grand, J. and Piachaud, D.(eds.)(2001). Understanding Social Exclusion. Oxford : Oxford University Press.

Himmelfarb. Gertrude(1996). The Illusions of Cosmopolitanism, in Nussbaum Martha C., with Respondents 1996. Joshua Cohen ed, For Love of Country : Debating the Limits of Patriotism, Boston : Beacon Press.

Holiday, I.(2000). Productivist Welfare Capitalism : Social Policy in East Asia. Political studies. 48, 706-723.

ILO(2020). ILO Monitor : Covid-19 and the world of work. Fourth edition. Geneva : ILO.

Iverson, T. & Soskice, D.(2009) "Distribution and redistribution : The shadow of the nine-teenth century". World Politics, 61(3), 438-486.

Kerr, Clark, John T. Dunlop, Frederick H. Harbison, & Charles A. Myers(1960). Industrialism and Industrial Man. Cambridge, Mass., U.S.A. : Harvard University Press.

Kitschelt, Herbert.(1997). The Radical Right in Western Europe : A Comparative Analysis. Contemporary sociology, 26(1).

Korpi, Walter(1983). The Democratic Class Struggle, Routledge and Kegan Paul.

Kuznets, Simon(1966). Modern Economic Growth : Rate, Sturucture, and Spread. New Haven and London : Yale University Press.

Levitas, R(2005). *The Inclusive Society? : Social Exclusion and New Labour.* (second edition). London : Palgrave Macmillan.

Lister, R(2004). *Poverty.* Cambridge : Polity Press.

_______(2010). Understanding Theories and Concepts in Social Policy. Policy Press.

Mahoney, James & Kathleen Thelen(2010). A Theory of Gradual Institutional Change, *Explaining Institutional Change: Ambiguity, Agency, and Power*, edited by James Mahoney. Cambridge : Cambridge University Press.

Marshall, T. H. & Tom Bottomore(1950). Citizenship and Social Class. London : Pluto Press.

Miller, David(1995). On Nationality. Oxford : Oxford University Press.

Mishra, Ramesh(1999). Globalization and the Welfare State. Cheltenham : Edward Elgar.

Moe, M. Terry(2006). Power and Political Institution. *Rethinking Political Institution : the Art of the State,* edited by Ian Shapiro, Stephen Skowronek and Daniel Galvin, New York : New York University Press.

Myrdal, Gunnar(1938). Population Problems and Politics, *The Annuals of the American Academy of Political and Social Science,* pp. 200-215(藤田菜菜子 驛, 2015. ミュルダルー福祉・発展・制度, 京都: ミネルバ書房).

_____________(1956). An International Economy : Problems and prospects, New York : Harper & Brothers.

_____________(1960). *Beyond the Welfare State : Economic Planning and Its International Implication,* New Haven & London : Yale University Press.

_____________(1970). The Challenge of World Poverty : A World Anti-Poverty Program in Outline, New York : Pantheon Books.

Nussbaum, Martha C.(2000). Women and Human Development : The Capabilities Approach, New York : Cambridge University Press.

O'conor, James. 1973. The Fiscial Crisis of the state. New York : St Martin's Press.

O'connor. J. S. & G. Olsen(eds)(1998). Power Resource Theory. Toronto : University of Toronto Press.

OECD(1981). The Welfare State in Crisis-An Account of the Conference on Social Policies in the 1980's, OECD, Paris, 20-23 October 1981, Organization for Economic Co-operation and Development.

_____(2008). Growing Unequal : Income Distribution and Poverty in OECD Countries. OECD Publishing.

_____(2015). OECD Income distribution database : Gini, poverty, income, methods and concepts. www.oecd.org/social/income-distribution-database.htm.

Perotti, Roberto(1995). Growth, Income Distribution and Democracy : What the Data Say. Columbia University.

Pierson, C.(2006). Beyond the Welfare State? : The New Political Economy of Welfare(Third edition). Cambridge : Polity Press.

Pierson, C. & Castles, F. G.(eds.)(2006). The Welfare State Reader(second edition). Cambridge : Polite Press.

Pierson, Paul(1994). Dismantling the Welfare State? : Regan, Thatcherism and the politics of Retrenchment. Cambridge and New York : Cambridge University Press.

Pogge, Thomas(2008). World Poverty and Human Rights(2nd Edition), Cambridge : Polity Press.

Pontusson, Jonas(2005). Inequality and Prosperity : Social Europe vs. Liberal America. Ithaca : Cornell University Press.

Popay J., et al.(2008(. Understanding and Tackling Social Exclusion, Final Report to the WHO Commission on Social Determinants of Health from the Social Exclusion Knowledge Network, February 2008.

Poulantzas, Nicos(1973). 정치권력과 사회계급, 1986. 홍순권 · 조형제 공역. 서울 : 풀빛.

_______________(1978). Political Power and Social Classes. London : Verso.

Rawls, J.(1999). A Theory of Justice(revised edition). Harvard University Press.

_______________(2001). Justice as Fairness : A Restatement. Harvard University Press.

Robbins, Lionel(1937). Economic Planning and International Order, London : Macmillan.

Robbins, Lionel(1955). Comment, Lekachman, Robert. ed. 1955. National Policy for

Economic Welfare at Home and Abroad, Garden City : Doubleday.

Robson, William A(1976). Welfare State and Welfare Society. London : Allen and Unwin.

Room, Graham(2000). "Commodification and Decommodification : A developmental Critique". Policy & Politics, 28(3).

Rostow, Walt W(1960). The stage of Economy Growth : A Non-communist Manifesto. London : Cambridge University Press.

Rothstein, Bo(1992). "Labour-Market Institutions and Working-Class Strength", in Sven Steinmo, Kathleen Thelen and Frank Longsterth eds., Structuring Politics : Historical Institutionalism in Comparative Analysis. Cambridge : Cambridge University Press.

Sassen, Saskia(1996). Losing Control? Sovereignty in an Age of Globalization. New York : Columbia University Press.

Schmidt, A. Vivien(2009). "Putting the Political Back into Political Economy by Bringing the State Back in Yet again". World Politics, 61(3), pp. 516-546.

Schmitter & Phillpe C.(1974). Still the Century of Corporatism?, The Review of Politics, 36(1), pp. 85-131, in Schmitter and Lehmbruch 1979. Trends toward Corporatist Intermediation. London : Sage Publications.

Sen, A.(1985). Commodities and Capabilities. North-Holland : Elsevier Science Publishers.

Stiglitz & Joseph E(2006). Making Glonalization Work. New York : W. W. Norton.

Streeck, Wolfang, & Kathleen Thelen(2005). Introduction : Institutional Change in Advanced Political Economies, *Beyond Continuity : International Change in Advanced Political Economies,* edited by Wolfgang Streeck and Kathleen Thleen, New York : Oxford University Press.

Taylor, Charles.(1996). Why Democracy Needs Patriotism, in Nussbaum Martha C. with Respondents 1996. (Joshua Cohen ed.). For Love of Country : Debating the Limits of Patriotism. Boston : Beacon Press.

Taylor-Gooby, Peter(ed)(2004). New Risks, New Welfare?. Oxford : Oxford University Press.

The Concise Oxford English Dictionary, Oxford University Press, 2004.

Tilton, Timothy(1990). The Political Theory of Swedish Social Democracy : Through the Welfare State to Socialism. Oxford and New York : Oxford University Press.

Titmuss, R.M.(1968). Commitment to Welfare. London : George Allen & Unwin.

_____________(1974). Social Policy : An Introduction, Edited by B.Abel-Smith and K.Titmuss, London : George Allen & Unwin.

Van Berkel, R. & Møller, I. H. (eds.)(2002). Active Social Policies in the EU : Inclusion through Participation?. Bristol : Policy Press.

White, S.(2010). 'Ethics' in Castles, et al, ed., Ch.2.

Wilensky, Harold. L.(1975). The Welfare State and Equality. University of California Press.

____________________(1976). The New Corporatism, Centralization, and the Welfare State. London and Beverly Hills : Sage Publication.

Wilensky, Harold. L., & Cares N. Lebeaux(1958). Industrial Society and Social Welfare. New York : Ressell Sage Foundation.

World Bank(2020). GDP growth(annual %). https://data.worldbank.org/indicator/ny.gdp.mktp.kd.zg?end=2018&star=1961&view=chart.

Young, J.(1999). The Exclusive Society : Social Exclusion, Crime and Difference in Late Modernity. London : SAGE.

저/자/약/력

■ **이명현**
경북대학교 사회복지학부

〈주요 저서 및 논문〉
핀란드와 스웨덴의 사회실험 비교(김하은 공저)
기본소득의 규범적 정당성에 근거한 옹호논리 체계화에 관한 연구(강대선 · 손지현 공저)
사회복지법제와 실천
비교사회복지
권리옹호와 성년후견
복지국가와 기본소득

복지국가의 이해 : 발달과 전환

|저자| 이명현

|1판 1쇄| 발행 2021년 8월 30일

|발행인| 김동훈
|발행처| 공동체

|주소| 경기도 고양시 일산동구 호수로 358-39, 동문타워 I 905호(백석동)
|전화| 031) 920-8305(대표)
|팩스| 031) 920-8308
|홈페이지| http://www.compub.co.kr
|전자우편| compub@naver.com
|출판등록| 2005년 10월 6일
|등록번호| 제396-2005-36호

|ISBN| 979-11-6725-058-2
정가 16,000원

MEMO

MEMO